陇上学人文存

LONGSHANG XUEREN WENCUN

陇上学人文存

王福生 卷

王福生 著 孔 敏 编选

甘肃人民出版社

图书在版编目（ＣＩＰ）数据

陇上学人文存. 王福生卷 / 范鹏，马廷旭总主编；王福生著；孔敏编选. -- 兰州：甘肃人民出版社，2022.12（2024.1 重印）
ISBN 978-7-226-05908-1

Ⅰ. ①陇⋯ Ⅱ. ①范⋯ ②马⋯ ③王⋯ ④孔⋯ Ⅲ.①社会科学－文集 Ⅳ. ①C53

中国版本图书馆CIP数据核字(2022)第228209号

责任编辑：李青立
封面设计：王林强

陇上学人文存·王福生卷

范鹏　马廷旭　总主编

王福生　著　孔敏　编选

甘肃人民出版社出版发行

（730030　兰州市读者大道 568 号）

德富泰（唐山）印务有限公司印刷

开本 890 毫米 × 1240 毫米　1/32　印张 11.25　插页 7　字数 273 千
2022 年 12 月第 1 版　　2024 年 1 月第 2 次印刷
印数：1001～3000

ISBN 978-7-226-05908-1　定价：60.00 元

（图书若有破损、缺页可随时与印厂联系）

《陇上学人文存》第六辑

编辑委员会

名誉主任：林 铎
主　任：陈 青
副 主 任：范 鹏　彭鸿嘉　王福生
委　员：管钰年　朱智文　安文华　马廷旭
　　　　王俊莲　王 琦　方忠义　李树军

学术指导委员会

王希隆　王肃元　王洲塔　王晓兴　王嘉毅
田 澍　刘进军　伏俊琏　张先堂　陈晓龙
李朝东　郝树声　傅德印　程金城　蔡文浩

总 主 编：范 鹏　王福生
副总主编：马廷旭

编辑部主任：董积生　周小鹍
编辑部副主任：赵 敏　胡圣方
学 术 编 辑：丁宏武　丹 曲　王志鹏　艾买提
　　　　　　庆振轩　孙 强　李君才　李瑾瑜
　　　　　　汪受宽　郭国昌

《陇上学人文存》第七辑

《陇上学人文存》第九辑

编辑委员会

总　序

陇者甘肃，历史悠久，文化醇厚。陇上学人，或生于斯长于斯的本地学者，或外来而其学术成就多产于甘肃者。学人是学术活动的主体，就《陇上学人文存》（以下简称《文存》）的选编范围而言，我们这里所说的学术主要指人文社会科学研究。《文存》精选中华人民共和国成立以来，甘肃人文社会科学领域成就卓著的专家学者的代表性著作，每人辑为一卷，或标时代之识，或为学问之精，或开风气之先，或补学科之白，均编者以为足以存当代而传后世之作。《文存》力求以此丛集荟萃的方式，全面立体地展示新中国为甘肃学术文化发展提供的良好环境和陇上学人不负新时代期望而为我国人文社会科学事业做出的新贡献，也力求呈现陇上学人所接续的先秦以来颇具地域特色的学根文脉。

陇原乃中华文明发祥地之一，人文学脉悠远隆盛，纯朴百姓崇文达理，文化氛围日渐浓厚，学术土壤积久而沃，在科学文化特别是人文学术领域的探索可远溯至伏羲时代，大地湾文化遗存、举世无双的甘肃彩陶、陇东早期周文化对农耕文明的贡献、秦先祖扫六合以统一中国，奠定了甘肃在中国文化史上始源性和奠基性的重要地位；汉唐盛世，甘肃作为中西交通的要道，内承中华主体文化熏陶，外接经中亚而来的异域文明，风云际会，相摩相荡，得天独厚而人才辈出，学术思想繁荣发达，为中华文明做出了重要贡献。

近代以来，甘肃相对于逐渐开放的东南沿海而言成为偏远之地，反而少受战乱影响，学术得以继续繁荣。抗日战争期间作为大后方，接纳了不少内地著名学府和学者，使陇上学术空前活跃。新中国成立之后，人文社会科学领域的专家学者更是为国家民族的新生而欢欣鼓舞，全力投入到祖国新的学术事业之中，取得了一大批重要的研究成果，涌现出众多知名专家，在历史、文献、文学、民族、考古、美学、宗教等领域的研究均居全国前列，影响广泛而深远。新中国成立之后，人文社会科学几次对当代学术具有重大影响的争鸣，不仅都有甘肃学者的声音，而且在美学三大学派（客观派、主观派、关系派）、史学"五朵金花"（史学在新中国成立之后重点研究的历史分期、土地制度史、农民战争史等五个方面的重点问题）等领域，陇上学人成为十分引人注目的代表性人物。改革开放以来，甘肃学者更是如鱼得水，继承并发扬了关陇学人既注重学理求索又崇尚经世致用的优良传统，形成了甘肃学者新的风范。宋代西北学者张载有言："为天地立心，为生民立命，为往圣继绝学，为万世开太平"，此乃中华学人贯通古今、一脉相承的文化使命，其本质正是发源于陇原的《易》之生生不已的刚健精神，《文存》乃此一精神在现代陇上得到了大力弘扬与传承的最佳证明。

《文存》启动于中华人民共和国成立六十周年之际，在选择入编对象时，我们首先注重了两个代表性：一是代表性的学者，二是代表性的成果，欲以此构成一部个案式的甘肃当代学术史，亦以此传先贤学术命脉，为后进立治学标杆。此议为我甘肃省社会科学院首倡，随之得到政界主要领导、学界精英与社会各界广泛认同与政府大力支持，此宏愿因此而得以付诸实施。

为保证选编的权威性，编委会专门成立了由十几位省内人文社会科学领域著名学者组成的专家指导委员会，并通过召开专题会议研讨、发放推荐表格和学术机构、个人举荐等多种方式确定入选者。为使读者对作者的学术成就、治学特色和重要贡献有比较准确和全面的了解，在出版社选配业务精良的责任编辑的同时，编委会为每一卷配备了一位学术编辑，负责选编并撰写前言。由于我院已经完成《甘肃省志·社会科学志》（古代至 1990 年卷，1990 至

2000年卷）的编辑出版工作，为《文存》的选编提供了坚实的基础和基本依据，加之同行专家对这一时期甘肃人文社会科学发展的研究，使《文存》能够比较充分地反映同期内甘肃人文社会科学的基本状况。

我们的愿望是坚持十年，《文存》年出十卷，到2019年中华人民共和国成立七十周年之际达至百卷规模。若经努力此百卷终能完整问世，则从1949至2009年六十年间陇上学人以"人一之、我十之，人十之、我百之"的甘肃精神献身学术、追求真理的轨迹和脉络或可大体清晰。如此长卷宏图实为新中国六十年间甘肃人文社会科学全部成果的一个缩影，亦为此期间甘肃人文社会科学学术业绩的一次全面检阅，堪作后辈学者学习先贤的范本，是陇上学人献给祖国母亲的一份厚礼。此一理想若能实现，百卷巨著蔚为大观，《文存》和它所承载的学术精神必可存于当代，传之后世，陇上学人和学术亦可因此而无愧于我们所处的伟大时代，并有所报于生养我们的淳厚故土。

因我们眼界和学术水平的局限，选编过程中必定会出现未曾意料的问题，我们衷心期望读者能够及时教正，以使《文存》的后续选编工作日臻完善。

是为序。

2009年12月26日

目　录

五　智库建设

六　思想文化

编选前言

王福生研究员 1962 年 11 月生于吉林省桦甸县（现桦甸市），籍贯为山东省胶州市。高考制度恢复以后，1979 年 9 月进入北京大学哲学系学习，1983 年 7 月本科毕业参加工作，先后在甘肃省委党校、甘肃省委讲师团、甘肃省经济体制改革委员会、甘肃省政府经济体制改革办公室、甘肃省发展和改革委员会、甘肃省社会科学院等单位工作。2005 年 5 月任甘肃省委党校副校长。2013 年 5 月至今，任甘肃省社会科学院院长、研究员，兼任甘肃省社会科学界联合会副主席、甘肃省敦煌哲学学会名誉会长、省政府决策咨询委员会委员。曾先后获"甘肃省科学技术进步奖二等奖""甘肃省第十五次哲学社会科学优秀成果奖二等奖""甘肃省第十六次哲学社会科学优秀成果奖一等奖"。

王福生研究员的著述主要为五部分组成：第一部分为改革学与经济体制改革，代表作是《大变法：中国改革的历史思考》，同时努力研究改革的诸多一般性和区域性问题。此外还有对经济改革一般问题与甘肃改革实践问题的系列文章。第二部分为《中国与丝绸之路沿线国家友好关系史丛书》及对建设丝绸之路经济带的研究著述。代表作是国际双边合作团队项目《中国—哈萨克斯坦友好关系发展史》《中国—塔吉克斯坦友好关系发展史》。第三部分为南水北调西线方案前期研究（藏水入甘），代表作是《天河——藏水入甘考察报告（上册）》《南水北调西线工程需要新思路、新方案》《南水北调中线建设成效对规划西线的启示》。第四部分为《甘肃蓝皮书》《陇上学人文存》，主要是组织智库报告与荟萃甘肃学人文献。第五部分为思想文化问题研究，代表作是《论社会主义核心价值体系与中华优秀传统文化的对接路径》等。

一、改革的一般性和区域性问题之研究在"改革学"的构建中自行呈现

（一）构建"改革学"及"大改革观"

王福生研究员认为：虽然关于改革问题的研究，从国际到国内、从历史到现状、从理论到实践，浩瀚如海，但其研究对象、研究内容是有规律性的，对基本问题的认识是有传承性的。所以，他尝试将改革问题逻辑化、系统化，从构建"改革学"体系的角度构思框架结构，撰写一部专门综合性地研究改革问题的著作。经过多年努力，最终形成专著——《大变法：中国改革的历史思考》，2010年正式出版，进入清华大学、北京师范大学、南京大学、台湾政治大学、香港浸会大学等大学的图书馆书目，成为他的代表作。

在《大变法：中国改革的历史思考》一书中，王福生研究员从构建改革学角度，提出了基于他的"大改革观"的一些观点。一是认识到中国当代改革需要确立一种"大改革观"，把当代改革放在中国改革史和世界改革史的经纬坐标中整体反思。当代中国改革是历史上特别是近代以来改革长河的延续。二是改革可以大时间段全景式比较，如果不计当代改革开放，中国历史上只有两次社会转型式改革，商鞅变法是唯一完成的社会转型式改革，以戊戌变法为标志的晚清三大改革开始了迈向现代化的尝试，当代改革开放是近代以来未竟之社会转型的延续。三是各国改革之间相互影响，中国改革曾经并仍将受世界影响，各国在改革中存在民族性格与民族精神的差异。四是历史上

的改革有外部威胁与国家民族危机、外来文化影响与新思想兴起、内部社会矛盾激化、政权生存与发展需要等四大起因与动因。五是改革的成败有政治条件、经济基础、主导力量、民心向背、战略策略、传导机制、文化传统、外部环境等八大主要原因。六是改革家的个人素质影响改革命运,历史英名大多是个人悲剧所换来,中国封建盛世后再无雄才大略的明君改革家。七是改革与革命的抉择不同,代价不同,革命比社会转型式改革更为常见是历史规律。八是当代中国改革本身发生了历史性变化,需要正视国情并挣脱传统束缚,选择正确的战略策略,宏观渐进与微观激进相结合是理性选项。

基于《大变法:中国改革的历史思考》的观点和内容,王福生研究员在一些期刊公开发表了《当代中国改革的走向和未来探析》《以更伸展的历史眼光和更宽广的世界眼光透视当代中国改革》《历史的拐点只有两次——关于中国历史上的社会转型式改革》《当代中国改革的国际比较与启示》《当代中国改革需要解决的三大问题》《论改革的起因与动因》《论改革的成败原因(上)》《论改革的成败原因(下)》等文章。

(二)思考宏观改革

对涉及全国宏观、综合性的改革问题,王福生研究员先后对一些问题进行研究并提出自己的观点。

1998 年,在国家推动政府机构改革期间,撰写刊发了《行政区划体制同政府机构一样需要改革》一文。该文章阐述了进行国家行政区划体制改革的必要性和紧迫性,提出我国现行的行政区划体系从中央至地方之架构主要为:中央政府—省(自治区、直辖市)—地级市(州、地区)—县(县级市、旗)—乡镇,以 5 级制形成了行政体系的主体结构。一方面,现行行政架构层级之多、体系之复杂,古今中外,难寻其右。在信息时代的今天,继续维持一个比烽烟传讯的古代层次更复杂的行政区划体制,而不予改革地进入 21 世纪,是不可思议的。另一方面,行政区划的多级制造成了影响政令畅通、阻碍区域经济融合发展、加重财政负担等很多弊端。他提出建议:国家行政区划体制改革的方向,是将目前的 5 级体制改为 3 级体制,减少行政区划层级,撤销地级市一层建制,建立省直辖市县的体制,实行市县分等而不分级;撤销乡镇一级行政建制,改设为县级政府的办事处。

2013 年,针对 2006 年实行地方党委常委分工负责制以来出现的新情况新问题,在问卷调查的基础上撰写发表了《2006 年以来地方党委实行常委分工负责制实际运行效果研究》。该报告对地方党委常委分工负责制效果不理想的原因进行了分析,认为改革的重点出现了偏移,改革针对了过去存在的常委会作用发挥不够这一问题,但忽视了其要害是"一把手"权力缺乏制约;改革的任务出现了偏离,改革本应重点解决地方党委权力的科学配置和有效制衡,而不是简单化地精简副职;改革的做法出现了偏差,改革本应使地方与中央的领导层级体制在实际上对应,而不是形式上对应;改革的效果出现了背离,改革本应有助于调动大多数领导干部积极性,而不是减少上升通道让大家泄劲。

2018 年,在纪念改革开放 40 周年的前夕,撰写刊发了《改革开放 40 年回顾与新时代改革》。文章认为,我们国家 40 年来成功地进行了从高度集中的计划经济体制到充满活力的市场经济体制和全方位开放,进而推动世界经济、影响世界发展的伟大历史跨越,在这一过程中,改革经历了三个阶段:20 世纪 80 年代进行了以打破旧体制为特点的农村和城市经济改革探索;90 年代进行了以建立新体制为特点的国有企业和宏观体制改革实践;进入新世纪以来,进行了以推进国家治理体系和治理能力现代化为目标的全面深化改革。体制变革反映在 9 个方面:"大、公、纯"的传统公有制,转变为公有制为主体、多种所有制经济共同发展的所有制结构;国有企业从计划经济的生产车间和政府附属物,转变为市场经济主体;农村长期实行的"一大二公"人民公社体制,被土地承包制所代替;城乡商品流通体制从过去单一的实物调拨配给方式,转变为统一开放的市场流通体系;社会保障和住房制度由国家与单位把职工完全包下来、缺失其他群体,转变为基本建成覆盖城乡的社会保障制度;就业体制城市由过去的政府统分统配、农村由过去的户籍控制和不能流动,转变为政府指导、市场择业、劳动者和用人单位双向选择;收入分配制度由大锅饭的平均主义,转变为按劳分配为主和其他多种分配方式并存;以行政手段为主的高度集中的计划经济管理方式,转变为市场配置资源为基础、运用经济和法律等多种手段的宏观经济调控;经济发展的封闭局面,转变为不断扩大开放的对外经济体制。他认为,今后的改革需要从改革开放 40 年的历程中吸取成功经验:解放思想,尊重经济规律并按经济规律办事;激励干事,创造一心一意谋发展的氛围;突出重点,抓住关键领域实现突破;试点先行,鼓励基层大胆探索;配套协调,注意克服经济领域改革的内部与外部因素制约。

此外,王福生研究员撰写发表有《扩大城乡中等收入群体的改革重点及路径》《全面深化改革的几点思考》等文章。会同原甘肃省住建厅厅长杨咏中、何苑研究员共同主编了《中国住房公积金制度的改革创新实践研究》,该书按照杨咏中先生的撰写思路,对中国住房公积金制度做了一个 30 年跨度的阶段性回顾、研判与总结,以供今后的改革借鉴。

(三)探讨地方改革

改革开放以来,甘肃各项改革与全国同步,由于历史和地域的各种局限的原因,导致进步很大,但困难也很多。围绕改革实践当中的诸多问题,王福生研究员撰写发表了大量文章。1999 年,在赴永登县、岷县实地调研的基础上，他撰写《营造改革开放宽松环境 以发展非公有制为突破口振兴县域经济》调查报告，刊登在当年的省委办公厅《送阅件》、省政府办公厅《情况通报》。其背景是，1992年邓小平同志"南方讲话"发表以后，沿海地区非公有制经济与县域经济大发展，当时甘肃确实已经出现了差距。该报告总结永登县建立非公有制经济园区、岷县将县属的小型国有企业进行民营化改制的做法与经验，有针对性地就甘肃改善营商环境、发展非公有制经济与县域经济等问题，提出了对策建议。2014年，撰写发表《甘肃国企三十五年改革回顾与展望》。该文章梳理分析甘肃国有企业改革过程，将之划分为四个大的阶段：1979年—1991年，国有企业改革起步和探索阶段；1992年—2002年，国有企业改革进入建立现代企业制度阶段；2003年—2012年，国有企业改革进入建立健全现代产权制度和国有资产监管体制改革的阶段；2013年以来，国有企业改革进入以产权多元化为核心的发展混合所有制的新阶段。

此外，王福生研究员撰写发表了《继续推进我省的思想解放和观念转变》《对非公有制企业党的建设工作"甘肃模式"的调查与思考》《推进甘肃结构性改革的思考与对策》《解开经济转型与体制转变相互制约的连环套》《激活生产要素突破制约瓶颈》《激发甘肃经济内生动力 推动构建"五个制高点"》《多措并举进一步筑牢甘肃经济基础》等一系列文章，主编出版《甘肃省"十二五"人力资源开发研究》，就甘肃改革开放诸多具体问题提出对策和建议。

二、具象创意与国际交流成为文化传承的基本样式

（一）研究地方文化资源，助推文化强省建设

2017年10月，王福生研究员任总主编编辑出版《甘肃省文化资源名录》（简称《名录》）50卷。从2013年4月起，甘肃省社会科学院

在省委宣传部领导下，承担全省文化资源普查办公室职能，开展文化资源普查工作。在省直 31 个部门和各市县直接参与下，历时两年，完成普查和数据录入工作；又经过两年时间整理完善、拾遗补阙、校对编排，终于在 2017 年下半年完成全省文化资源普查成果分类编辑，将《名录》付梓出版。

《名录》汇总甘肃文化资源的精华，完成了打造华夏文明传承创新区的一项基础性工作。《名录》将文化资源分为二十大类，分别是：文物；红色文化；重要历史事件与人物；重要历史文献；民族语言文字；非物质文化遗产；自然景观文化；宗教文化；文学艺术；饮食文化；建筑文化；节庆、赛事文化；文化之乡；地名文化；文化传媒；社科研究；文化类高等教育；文化艺术机构团体；文化产业；文化人才。每类文化资源按属性又分若干子条目，每个子条目都有严格的界定。同时，将文化资源级别分为省级和市州级。推出《名录》，对于推进华夏文明传承创新区建设、甘肃文化大省建设、丝绸之路黄金段建设意义深远。《名录》不仅仅是记录甘肃文化资源种类和数量，也使甘肃文化资源的资源类别、品相级别、蕴藏情况、流布地域、传承范围和衍变情况得以准确和清晰化地公之于世。

在开展全省文化资源普查和编辑《名录》的基础上，王福生研究员牵头打造了"甘肃省文化资源云平台"，进而升级扩展为"华夏文化资源云平台"（简称"云平台"）。"云平台"作为华夏文明传承创新区建设的重要品牌，是主动顺应国家《关于实施中华优秀传统文化传承发展工程的意见》有关构建"中华文化资源公共数据平台"等要求，打造的目前国内最大的集合文化资源存储、服务和产业开发等多种功能的综合性大数据平台。中央文改办曾编发《文化体制改革和发展工作简报》向全国推广；先后被甘肃省委、省政府有关文件列为"十三五""十四五"华夏文明传承创新区建设、中华优秀传统文化传承发展工程的重点项目;曾荣获 2017 年度全省宣传思想文化工作创新"原创奖"。"云平台"首创了文化资源分类新标准,伴随手机 APP"华夏文化云"上线、大数据功能不断提升,其实践做法、标准结构在全国具有唯一性,在"一带一路"国际文化传播中发挥着愈来愈大的作用。

2018 年 9 月,王福生研究员主编出版《甘肃省文化建设成果报告》。该报告是在甘肃省委宣传部领导下,在全省各市州及有关省直单位支持下,对甘肃省 2013 年—2018 年建设华夏文明传承创新区五年多文化领域成果资料进行整理归纳、系统分类的基础上编纂而成,是对甘肃文化建设发展成果的一次正式盘点。五年来,甘肃文化领域抢抓国家实施文化强国战略和"一带一路"倡议的机遇,始终坚持"保护祖业、繁荣事业、发展产业"三业并举,迎难而上,砥砺奋进,文化建设成果丰硕。该报告本着突出重点、反映亮点的原则,全书框架结构分为文化平台、文化工程、文化遗产、红色文化、文艺创作、文化服务、文化旅游、文化产业、文化人才、节庆赛事、文化会展、智库建设等十二个部分,介绍 2013 年—2018 年甘肃文化建设领域的突出成果和主要业绩,既有历史追踪,又有现状反映;既有整体图景的勾勒,又有重点领域的聚焦;同时还以"大事记"的形式对五年来甘肃文化领域发生的大事予以梳理,进行历史记录。

(二)牵头实施国家之间智库合作编写《中国与丝绸之路沿线国家友好关系发展史丛书》

自 2016 年起,为了助力"一带一路"建设,加强与丝绸之路沿线国家人文交流和民心相通,在王福生研究员主持下,展开与丝绸之路沿线有关国家的官方智库合作,编撰《中国与丝绸之路沿线国家友好关系史丛书》。该丛书就框架结构而言,没有可资借鉴的参考,完全是在研究实践中的自主创新。立足"一带一路"宏大时代主题,展现中国与各有关国家在丝绸之路 2000 多年的友好历史,在推进"一带一路"倡议背景下的宽广未来。

王福生和陈富荣、马廷旭三位研究员与哈方共同主编的《中哈史》，框架结构是按世界史的断代方法布局，在体例上以时间为主线，串联重大历史事件、重要历史人物和历史故事。《中哈史》基本框架：古代时期内容为，先秦时期中哈之间的早期交往、张骞西使——中西文化交流的先行者，哈萨克斯坦与"祁连、敦煌"间的乌孙人，敦煌——月氏人的故乡，汉简中的康居，乌孙"天马"与武威"铜奔马"，沙井文化和骟马文化——月氏与乌孙的历史遗存，细君和解忧——西嫁乌孙的汉朝公主，常惠——汉乌交往史上一个值得铭记的人，汉代西域都护府和乌孙；中古时期内容为，西域重镇碎叶城与盛唐文化、怛逻斯城——唐帝国与大食帝国的角逐、盛唐文化与突厥文化的融合；突骑施钱币、漫漫取经路——玄奘西行途经中亚、西域胡商中粟特人的"东方梦"、突厥石人——北方草原上的独特风景、陪葬陕西昭陵的突厥王子"阿史那社尔"、突厥与大唐的"和亲"及政治交往、西辽——中亚草原上的契丹文明余晖、喀喇汗王朝与宋朝的贸易交往、从蒙古汗国钱币看 13—14 世纪中亚伊斯兰文化的发展、马可·波罗东游所看到的西域风情、"长春真人"丘处机西游中亚觐见成吉思汗、中国明朝与中亚丝绸之路的延续；近现代时期内容为，中国清朝与哈萨克汗国友好关系的建立、阿布赉——最早和中国清朝通使的哈萨克领袖、中国清朝政府和哈萨克汗国的政治经贸往来、哈萨克三玉兹与中国清朝政府的关系、中国清朝与哈萨克汗国的绢马贸易、中国茶事与中国哈萨克族的茶习俗、中哈文化联系表征——哈萨克语中的汉语词、冼星海——用音乐架起了中哈友谊的桥梁、率先承认迅速建交、霍尔果斯边境自由贸易区中的哈萨克人、阿拉木图激情传圣火；中哈友好新时代内容为，"上合组织"开启中哈全面合作新篇章、中哈两国的政治互信与合作、中哈两国的经济贸易合作、中哈两国的人文交流与合作、"一带一路"倡议与"光明之路"的对接合作。

王福生研究员牵头主编双边史丛书的第二部是《中国—塔吉克斯坦友好关系发展史》(简称《中塔史》)。该著作为甘肃省社科院和塔吉克斯坦总统战略研究中心合作编撰。《中塔史》框架结构是按薄古厚今的方法,重点放在分类叙述当代合作。基本框架:丝绸之路形成和发展时期中塔人民之间的关系,内容包括丝绸之路以及地区民族间贸易和文化关系的形成、中亚与中国合作的先驱——斯基泰人;中古时期中国与萨曼王朝的关系,内容包括中古时期的中国、中古时期的萨曼王朝、萨曼王朝时期呼罗珊和河中地区的经济文化、中古时期中国与萨曼王朝的友好交往;中塔两国的政治互信与合作,内容包括中塔两国合作的法律政策基础、高层互访的性质和意义、中塔战略互信合作伙伴关系的形成;中塔两国的经济贸易合作,内容包括贸易合作的动态和潜力、中国在塔吉克斯坦发展的外部援助中所占的地位、能源领域的合作、交通领域的合作、生产领域的合作、通信领域的合作、中塔两国经济合作发展前景展望;中塔两国的人文合作,内容包括中塔两国的人文合作历程、中塔人文法律合约基础的建立、中塔在科学和教育领域的合作、中塔在文化和旅游领域的合作、塔吉克斯坦的孔子学院;地区合作框架内的中塔交往,内容包括在上海合作组织框架内的合作、边界问题的解决为睦邻关系奠定基础、"一带一路"倡议下中塔双边合作;最后是综述,新时代中塔两国发展互利合作及全面战略伙伴关系的前景。

三、研究并推动西线调水采用新方案:
思想引领行为的意义在于能够以言行事

在 2017 年 7 月,中印边境"洞朗"事件发生。其后王福生研究员在《人民日报》看到习近平总书记批示开展青藏高原第二次综合科学考察,随即给省政府起草报告,认为随着国际形势的变化,南水北调西线工程有了实施的可能性,为了推动产生对甘肃有利的新方案,实现"藏水入甘",需要尽早启动前期研究。2017年9月经省政府批准,启动西线工程前期研究(藏水入甘)项目。省社科院联合中铁西北科学研究院、甘肃广播电视总台等单位组成课题组,从2018年6月起,对南水北调西线主要的黄河水利委员会(简称黄委会)早期方案也即上线线路、大西线、红旗河、长江水利委员会(简称长委会)林一山方案、黄委会比选新方案的下线线路等五个参考方案及其受水区,进行了7次野外线路考察。考察的目的不是提出自己的线路,而是对历史上有影响、有可能性的五个主要方案进行现场比对,提出合理化建议。

王福生研究员带领课题组在实地考察的基础上,先后撰写了诸多咨政报告,得到甘肃省委、省政府高度重视。主要有:《伟大时代需要伟大工程——基于红旗河西部调水线路实地考察的思考》,被甘肃省委办公厅《甘肃信息(决策参考)》2018年第508期采用,并同时上报中办;《南水北调西线方案比选考察及进展情况》报告,在省委办公厅《甘肃信息(决策参考)》2020年428期刊登,省上主要领导做了批示;《水利部南水北调西线工程重点督办提案座谈会上的有关情况》,在省委办公厅《甘肃信息(决策参考)》2020年第712期刊登,省委主要领导作出批示;正式向省政府提交《当前黑山峡开发问题的对策建议》;《南水北调西线黄委会新方案考察比选情况及解决黑三峡争议的对策建议》,在省委办公厅《甘肃信息(决策参考)》2021年第454期刊登,当日得到省委主要领导批示,其中有关黑山峡的内容被中央办公厅全文采用。

2019年起,国家在战略层面将南水北调西线工程提上日程。西线工程从1952年开始讨论,1959年起进入国家有关规划和文件。但方案一直没有最后确定，没有进入决策及实施层面。2019 年 11 月，国务院召开南水北调后续工程工作会议，提出"开展南水北调西线工程规划方案比选论证等前期工作"。2021 年 3 月，十三届全国人大四次会议通过《国民经济和社会发展第十四个五年规划和 2035 年远景目标纲要》，其中明确规定，"深化南水北调西线工程方案比选论证"，实施国家水网、雅鲁藏布江下游水电开发等重大工程。将西线工程与雅鲁藏布江下游水电开发都写入国家五年规划，在历史上是第一次。有关部门随即开始加快西线工程比选论证新方案步伐。

2018 年 2 月，王福生研究员撰写并发表《南水北调西线工程的新思路与新方案——西线调水应从怒江、帕龙江或雅鲁藏布江选点的调研》。他提出南水北调西线工程将是一项超越大禹治水的光耀世界水利史的治本工程，认为早期的西线从长江水系调水思路时过境迁，随着葛洲坝、三峡大坝等长江大型水利工程的建设，对长江下游生态已经产生重大影响。南水北调东线工程、中线工程已经都是为黄河中下游补水所建设，而中国北方尚未开发利用的辽阔土地资源，主要集中在上中游的甘肃、新疆、内蒙古大地，应该转换思维统筹考虑。今后应该站在系统性、根本上解决中国北方用水的角度，跳出局限于缓解黄河中下游地区用水的眼前之需、局部之需的调水思维，从战略上，从保障国家水安全、生态安全、粮食安全、边疆长治久安的高度，规划南水北调西线调水工程，系统性解决中国北方——甘肃、新疆、宁夏、内蒙古、陕西、山西、河南、河北、山东等省区的缺水问题，促进黄河全流域治理开发。

王福生研究员提出西线工程应该研究线路的新思路新方案，从水量有保障、尚未开发的怒江、帕龙江（帕隆藏布江）、雅鲁藏布江三条江当中作出选择。认为从怒江、帕龙江、雅鲁藏布江选点完全可行，一是通过设计沿青藏高原边缘绕行的调水线路，全程自流，将水调往缺水的中国北方。二是串联起西南诸河、长江、黄河和西北诸河，形成统一的中华大水网格局。三是水源有永久性的可持续保障。四是工程没有难以逾越的节点。五是工程惠及西南沿线省区，库区移民压力不大。六是大幅拉动经济增长。

2020年5月，王福生研究员主编出版《天河——藏水入甘考察报告（上册）》，提出对西线主要方案考察后的对比评估意见：

首先，历史上的五个方案都是时代条件的产物。经实地考察对比后看到：一方面，各个方案都是当时工程技术水平和经济发展水平下所能设想的产物，都有其当时的合理性，也有其时代局限性。另一方面，西线各方案在不断探索中进步，视野从长江延伸到怒江，再到雅鲁藏布江；调水线路则从高原高线方案，调整到高原边缘的低线方案。就五个主要方案的异同而言：黄委会早期上线调水方案产生于20世纪50年代，在青藏高原取捷径，从侧仿到贾曲进黄河，线路最短，投资最少，属于高原高线方案；长委会林一山怒江方案产生于70—80年代，把眼光拓展到了怒江上游，也是高原高线方案；大西线产生于90年代，把视野放到了雅鲁藏布江中游，但还是高原高线方案；2017年面世的红旗河方案，把视野转向了雅鲁藏布江下游印度洋暖湿气流覆盖的地方，属于环青藏高原边缘的低线方案。2020年4月公开的黄委会比选新方案的下线线路，则是优化了的环青藏高原边缘的低线方案。

其次，黄委会新方案的下线是最具科学性、可行性的优化线路。黄委会提交备选的具体方案有一个共同点，都是以环青藏高原边缘的下线方案作为调水量的主体，同时下线方案都是经甘肃境内的白龙江、洮河进入黄河刘家峡水电站。西线工程之所以争论了69年，焦点集中在上线方案的生态环境影响、工程安全、库区移民、工程难度及工程投资效益等方面，尤其是四川方面担心的生态安全、工程安全、库区移民问题。黄委会最新的下线调水方案解决了上述关键问题：一是环青藏高原边缘都是降水量大的区域，避免了对高原生态的影响；二是四川境内主要节点都有在建的水电站，基本不产生新的库区移民，而且只要通过打隧道串联起来即可，解决了工程安全问题。三是中国隧道技术已是世界一流，现在盾构机已可打15米直径的隧道，在四川和甘肃主要节点均已有在建与建成的水电站的情况下，工程难度大幅降低，工程投资效益明显提高。属于西北、西南、华北共赢和多赢的方案。

第三，青藏高原腹地生态状况已不宜建设上线调水工程，需要增强建设上线的合理性、必要性。历史上对西线工程的反对意见，主要集中在从青藏高原布线的上线方案。高原腹地的现场情况表明：一是降水量小，出现荒漠化现象，生态环境已经十分脆弱，趋势不容乐观；二是高原气候寒冷，一年当中有半年的冰冻期，有效调水时间太短；三是高寒气候影响钢筋水泥耐受性，加之养护队伍生活不便，后期维护运营成本高。西线工程如果以向黄河甘肃段以下及中下游调水为目的，采纳下线方案即可解决，没有必要建设上线。建设上线，应以解决青海湟水流域、甘肃河西地区用水为主，进而解决内蒙古西部、新疆东部用水。利用上线海拔高的优点，经湟水进大通河，再充分利用已有的"引大入秦"工程，经兰州新区，在白银景泰分水到河西走廊，再延伸至内蒙古、新疆。

第四，将刘家峡打造为西线工程中心分水枢纽，化解西北省区水资源争端。西北各省区面临共同的水资源总量严重短缺的困难，建设区域内调水或水电工程，存量调整只会产生矛盾，解决不了根本问题。需要借助南水北调西线工程，用增量水资源化解矛盾。只有统筹兼顾考虑线路布局，才可以最大限度解决困难。黄委会新方案的上线和下线均需要进刘家峡水电站，如果将其打造为中心分水枢纽，有助于化解西北省区水资源争端。若设计经刘家峡进河西走廊线路,则可通过黑河向内蒙古分水,经敦煌向新疆分水;如果采用"二黄河"(从刘家峡经兰州新区、白银景泰修一条人工渠进入宁夏中卫)方案,替代黑山峡建高坝,则可解决宁夏用水需求,保障其干旱缺水区域的可持续发展,彻底化解矛盾。同时,也可以缓解黄河兰州段、白银段防洪压力,兼顾各方利益。

四、结　语

细读王福生研究员的论著,我们可以清晰地感受到他在学术领域研究中对方法论掌握运用的自觉意识。首先,学术研究的先决前提条件存在于研究者对其探讨论述的主题所获得的意义之重要性的自觉领悟程度,而完全彻底地对意义的领悟体现在研究者充分意识到主题所获得的意义是在思想的结构中展现出来的。思想 结构的获取既不是对个别感性材料的直接归纳,也不是依靠某些一般原则的抽象演绎,而是建立在对一个长时段的历史现象之理解的生发过程中用语言所构造出来的。结构是通过历史的分析而呈现出来的。仅仅给出一种或几个对比是不够的,它们不过起到思想方法取长补短的弥合作用。在思想 结构所呈现的一个异质性的现象中,承认不同的部分是相互矛盾的因素,它们表现为断裂、偏差和位移。战略性地利用一个因素制衡另一个传统,并使它们的局部之间保持在一个困难又充满张力的平衡状态,依靠结构的功能展示出行动的通达道路和有效方式。王福生研究员构建改革学的尝试蕴含着上述方法论韵味。同时他对于历史价值的传统文化因素,既根据分类原则打造各具特色的文化类型,又采用国际交流的存在样式,如同地质学对不同地层走向的脉络分层和矿石结晶体在岩层中的辨识,从而实现优秀历史文化在当代社会的对接传承。最后,由于自然资源与生俱来的稀缺性、存在方式的不确定性和开发利用的复杂性，行为经济学认为任何涉及资源的社会活动，其政策制定和决策选择，都含有主观愿望及心理偏好。王福生研究员立足于经济学的运思方式，结合相关的学科知识，对涉及当地经济社会区域发展的国家大政方针，对其精神实质潜心研究，认真领会；其实施条件和路径，积极考察，勇于探索；对其政策走向方案选择精心比对，评判得失；对能够极大推进区域发展的举措，超前谋划，协调利益相关者，说服异议者。这样的举动，比如王福生研究员积极宣传推动的国家南水北调西线工程，充分发挥了社会科学工作者以话语践行实事活动的功能和职责。这是因为思想的意义要用它所导致的行为方式来衡量，而行为方式本身又要以它是如何引导我们的行为来衡量。因此，本书学术编辑完全可以言之有据地断言，王福生研究员是名副其实地构建改革学的尝试者、《中国与丝绸之路沿线国家友好关系史丛书》的开拓者和南水北调西线新方案的推动者。

孔　敏

2022 年 6 月 6 日

一　宏观改革

行政区划体制同政府机构一样需要改革

我国目前的国家行政管理体制，是计划经济条件下形成并延续下来的，政府机构重叠而庞大，行政区划体制层次过多，严重影响着经济社会的发展。为了实现在 20 世纪末初步建立起社会主义市场经济体制的目标，加快国家行政管理体制的改革势在必行。这项改革，不仅应是纵向的——从中央到地方进行政府机构改革；而且也应该是横向的——改革层次过多、地方行政建制过杂、过乱的国家行政区划体制。

第一，对于加快各级政府机构改革的紧迫性，社会各方已形成广泛共识。全国人大九届一次会议通过的《国务院机构改革方案》，在建立高效、协调、规范的政府行政管理体系方面，迈出了坚实的一步。各级地方政府随后也将展开机构改革工作，调整政府组织结构及政府部门的职责分工和权限。通过简政精兵，把政府职能转变到宏观调控、社会管理和公共服务上来，逐步解决我们国家政府机构臃肿庞大的问题，必将有力地提高政府的办事效率，极大地抑制官僚主义和由此导致的腐败，减少文山会海，也会在很大程度上减轻财政负担。

但是必须看到，深化机构改革，只是建立适应市场经济需要的国家行政管理体制的一个重要方面；另一个同样具有紧迫性的方面，就是国家行政区划体制的改革。要建立一个高效率、低成本的政府行政管理体系，完善行政运行机制，不仅要求机构精干，更要求层次合理。

第二，对于进行国家行政区划体制改革的必要性，亟待引起有关方面的关注。在信息时代的今天,继续维持一个层次复杂的行政区划体制,而不予改革地进入21世纪,是不行的。我国现行的行政区划体系,从中央至地方之架构主要为:中央政府—省(自治区、直辖市)—地级市(州、地区)—县(县级市、旗)—乡,以五级制形成了行政体系的主体结构。虽然从法律上讲,地区不是一级地方政府,但由于地区在行政、社会、管理等方面拥有与地级市、州同等的管辖权,名虚实实,成了不是一级政府的"政府",我国行政管理体系就是事实上的五级制。

一方面,现行行政架构层级多、体系复杂。从中国历史上看,自秦始皇建立大一统国家,实行郡、县制始,至唐、宋两个朝代,中国的行政区划体系都是三级制。就是在版图辽阔的大唐盛世,实行的也是中央—州、府—县三级行政架构。与世界其他国家相比,层次也明显过多。美国的行政管理体系为联邦政府—州政府—地方政府(县、市、镇)三级体制,英、法等国类似,据有关资料统计,全世界将近80%的国家,实行的是一级,二级或三级行政管理体制。这些国家中,既有大国,也有小国;既有联邦或单一制的资本主义国家,也有社会主义国家。而我国则是典型的多级制。

另一方面,行政体制的多级制造成了很多弊端。一是结构不合理,影响政令的畅通和上传下达,影响政府的办事效率。由于层级太多,扯皮太多,造成文牍主义和"中梗阻"。以省—地(州、市)—县为例,本来省直接对县或县直接对省即可解决的事情,却因地、州、市作为一级政府或起一级政府的作用,而增加了一道环节。这道环节又带来诸多工作机构,带来诸多办事程序、手续等等。二是地方行政建制过杂、过乱,造成区际冲突,阻碍了区域经济的融合发展。在现行的省—地(州、市)—县(市、旗)—乡地方行政建制中:(1)地区、地级盟与地级市、州的级别、作用一样,但法律地位与名分却不一样。(2)各种现实的利益和矛盾迫使地（市、州）竭力强化其所辖领域，争项目、争资金，导致生产布局的分散化，带来重复建设、重复布局、生产结构趋同等问题，阻碍了区域经济一体化。（3）市辖市（县级市）缺乏法律依据，组织体系的不合理，无形中增加了摩擦。（4）至于副省级市、副县级镇的设置，更是造成了行政建制体系的混乱。三是加重了财政负担。对于机构庞大造成的财政负担，人们都已经看到了；然而对于国家行政区划体系层级太多造成的财政负担，还难以估算。而这个负担，绝不仅仅是人头费的问题，更是一级政府运转费用的问题。

众所周知，当今时代，不仅有高速公路、高速铁路，还在建设信息高速公路，时空都因之缩短，交通通信条件是历史上任何一个时代不可比拟的。现代社会有什么理由非要多出几个层次？

第三，国家行政区划体系改革的方向，是将目前的五级体制改为三级体制，减少行政区划层级。一是撤销地区一层建制，建立省直辖市、县的体制。为此，在取消行政级别之分后，对原有的地级市、县、县级市实行市县分等，不同等级的市、县之间不存在行政隶属关系，大小城市之间没有管辖权，法人资格相等；但对于不同等级的市、县，其领导及工作人员待遇应有区别，机构设置与编制数量也应有区别。二是撤销乡一级行政建制，为了不削弱农村工作，改设为县级政府的办事处，只保留税务、工商、计划生育等必须的办事职能。这样，改革后我国行政区划体系的基本结构是：中央—省（自治区、直辖市）—市、县三级架构。

（原文刊登于《发展》1998 年第 5 期）

在学习实践科学发展观中建立保障
和促进科学发展的体制机制

学习实践科学发展观是中央继"三讲""三个代表""党的先进性"教育之后,组织的又一次大的集中学习教育活动。在这次学习教育活动中,中央和甘肃省委提出了"四个一""三个着力"和"四个坚持"等一系列要求。这些要求的共同点,就是推动解决工作中存在的影响科学发展的思想观念问题、体制机制问题、发展滞后问题和转变作风问题,把科学发展观真正落到实处。

在甘肃解决观念、发展、体制和作风这四个方面的问题,都受制于环境,最后都需要从解放思想、深化改革去想办法,找出路。就解决思想认识问题而言,目前干部队伍素质整体提高,趋向高学历化,对科学发展观理论,应该是大多数人都能够读懂。问题在于,如果处在一个封闭落后的环境里,往往是人没能改变环境,而环境潜移默化改变了人的意识。就解决发展滞后问题而言,甘肃不沿海、不沿江、基本不沿边的区位劣势和自然条件劣势,使加快发展面临没有省、区可以相比的难度,如目前想在甘肃找一个能源、矿产、水、电、交通、土地等要素条件齐备的大区域,建立省级工业集中区而不可得。河西区域有土地资源,但缺水资源;兰白区域有工业基础,但是缺土地资源;平庆区域有丰富能源,但也是缺水,人口集中度也过高,征地难度大。就解决干部作风问题而言,在容易产生腐败问题的土地开发、集团购买、项目建设、行政审批等领域,更主要的也是要靠建立和完善招拍挂制度、政府采购制度、审批制度等改革去解决。在环境不如人、条件不如人的情况下，如果不能大胆解放思想，不能把解放思想体现在"敢为人先"上，不能体现在敢于改革、勇于创新上，那么解放思想很可能就会空对空，很可能会流于形式而走过场。所以，当前和今后一个时期，要把学习实践活动的效果体现出来，在甘肃克服不利环境和条件的制约，在科学发展和加快发展上有新突破，就需要进一步解放思想，努力构建有利于科学发展的体制机制，在以下几个方面去下大力气。

一　围绕落实以人为本的要求，继续推进社会保障制度改革、社会分配体制改革、产品质量监督体制改革

努力配套推进改革，一是进一步加大建立城乡养老保险、基本医疗保险二项制度改革力度。早在 1993 年党的十四届三中全会就已提出建立覆盖城乡居民的社会保障体系，保障人民基本生活。十多年过去了，由于财力不足，也由于政府内部条条分割的体制阻碍，至今未能建立，使生活困难群体基本生活保障不能落到实处。现在有必要结合大部制改革，突破部门利益制约的瓶颈。一方面，促进城乡养老保险的协调发展，加快完善养老保险制度。逐步提高养老保险基金做实比例，探索城镇困难群体和高龄无保障老年人养老保障办法，制定农民工养老保险办法。努力探索在有条件的农村建立农民养老保险制度，逐步扩大覆盖范围，在试点基础上全面推进失地农民和村干部养老保险，落实被征地农民社会保障资金。另一方面，以建立城乡一体的医疗保险制度为方向，统一城乡国民待遇。鼓励有条件的市州开展城乡一体医疗保险管理试点，在一些具备条件的地方，如嘉峪关、金昌、瓜州县等市县可以率先试点。完善城镇职工基本医疗保险制度，着力解决关闭破产国有企业退休人员和困难企业职工参保的资金来源问题。完善城镇居民基本医疗保险制度，重点把握覆盖范围、筹资

标准、统筹层次、低保并轨和待遇水平五个关键问题,力争实现应保尽保。二是在分配制度改革上,既需要国家层面的所得税、遗产税等税制改革,完善个人所得税制,实行综合与分类相结合的个人所得税制,发挥个人所得税调节收入分配作用;也需要着手对引起群众普遍不满、产生收入分配不公意见的垄断和半垄断行业工资制度进行改革。以使低收入者提高收入,使高收入者在税收上多贡献一些,扩大中等收入人数,拉小贫富之间差距,为解决收入差距问题创造条件。三是改革产品质量多头监管的体制。目前产品质量的多头管理体制到了不改革不行的程度了,"龙多不治水"的问题,虽然不可能一下子全部解决,但需要从现在着手逐步理顺管理体制。

二 围绕落实全面协调可持续发展要求,进一步改革干部体制和行政体制

目前的干部体制下容易出现短期行为。一是需要抓紧建立对领导干部工作实绩进行考核评价的新的指标体系,不应仅仅考察 GDP 的增长,还应同时全面考核城镇居民人均可支配收入、农民人均纯收入、环境保护和生态建设、扩大就业、完善社会保障等其他指标,把全面协调可持续发展作为对各级干部的硬要求。二是学习沿海开始试验的做法,逐步推广基层领导干部直选,从村和乡镇直选做起,然后推到县一级人大代表和政府的直选。行政体制改革方面,除了按照中央要求继续深化省市县机构改革、乡镇机构改革,需要继续深化行政审批制度改革,解决前一段改革表面化的问题,在继续减少审批项目的同时,建立严格的审批监督管理机制,扼制利用审批寻租,从制度上根本解决问题。还需要学习一些省份已进行的做法,推动政府行政层级改革。政府机构改革进行多年,现在的症结,是现行地方四级政府体制,层级太多,效率太低,运转成本太高,通过借鉴实行省直管县

市改革。可以减少管理层级,提高行政效率,减轻财政负担。也需要加快社会事业单位改革。这一领域多年来改革滞后,没有取得突破性进展。事业单位改革比国企改革、政府机构改革情况还要复杂,需要在省一级拿出公共性、准公共性和营利性事业单位区别对待、分类改革的办法,在试点的基础上,加大改革力度。

三 围绕落实统筹城乡发展要求,进一步改革城乡二元体制

统筹城乡发展的实质,是促进城乡二元结构的转变,而城乡二元结构是由城乡二元体制造成的。十七届三中全会《决定》为我们指明了下一步农村改革的方向,就是要加快消除城乡分割的体制性障碍,有序推进土地流转,推进农民向非农产业转移,引导生产要素在城乡间合理配置,逐步解决城乡二元结构问题。在这个问题上,我们需要学习安徽凤阳县小岗村 20 世纪 70 年代末敢为人先搞承包的精神,争取在农村改革上走在前列。一是需要在为农民土地确权、建立流转市场、推动规模经营上,有实质性举措。原有的土地不能流转的承包制缺陷日益明显:它无法控制剥夺农民,计划经济时期是利用工农产品剪刀差剥夺农民,改革开放以来,是地方政府利用征地剥夺农民,据有关研究估算,世纪之交以来,平均每年有 3000 多亿元土地费用转到城市;它强化了小农经济,制约着农业产业化。世界上找不着一个国家,在土地一家一户几亩地、几分地的小农体制下实现农业产业化、现代化的先例;它无法抑制农民生育冲动,现在的农村人均耕地还不到 20 世纪 80 年代初推行承包制时的一半,不能再不考虑土地制度与人口增长两者的关联。从国外的经验看,日本农民从封建时代延续下来的长子继承制,其深层原因是,无节制的生育与均分土地,几代以后就会均分的没地了,自然对农民的生育冲动形成一种控制。在土地流转问题上,需要按照中央明确的五种有效方式,大面积展开

改革试验,促进土地适度集中和规模经营。二是坚定地推行集体林产权制度改革,全面推行"产权清晰、主体落实、责任明确、保障严格、流转规范、监督到位"的林业产权制度,探索山林权属承包到户后开展适度规模经营的模式,激发林业发展活力,扶持发展非公有制林业,真正实现森林增量、农民增收。三是更强有力地开展统筹城乡发展综合配套改革试点、县域综合配套改革试点、小城镇发展综合配套改革试点,统筹城乡配套改革。通过深化改革,尽快构建城乡相互促进、共同发展的新型体制,实行城乡统一的户籍管理制度、以养老和就业为主的社会保障制度、教育医疗制度,最终实现城乡统一的社会管理体制。

四　围绕落实统筹区域发展要求,争取国家建立规范完善的财政转移支付制度和区域资源环境保护补偿机制,深化财税体制改革

按照国家统一部署,一是亟待建立科学规范的财政转移支付制度。现行的国家与地方分税制,在强化国家财政控制能力的同时,使地方在财政上依赖于上级政府。由于转移支付制度不完善,一些省区市得到的国家的分配多一些,而其他的省区就少了,然后到市一级就又少了,到县一级、镇一级就更少。国家投入多,当然有利于当地的GDP增长和国民收入的提高,"跑步进京"的问题是制度性因素造成的,解铃还须系铃人。二是需要通过协同上游省区共同争取国家实行黄河上下游地区之间的资源环境保护补偿机制,深化区域合作,推动区域发展。有必要拿出促进区域经济合作的办法,做好黄河经济协作区甘肃方相关工作,积极衔接落实跨省区重大项目建设规划,推进建立西北五省区"1+5"区域合作机制,支持相关市州开展好陕甘川宁四省十六方经济协作区、"5+2"大西北省会城市等的联合协作,发展多种形式的省际、城市间经济协作。三是深化财税体制改革,尽快将财

税体制由企业税为主转向消费税、房产税为主,从体制上解决地方盲目上项目、产业结构趋同、增长方式粗放、低水平扩张的问题。

五 围绕落实统筹经济社会发展要求,深化社会领域的改革

推进科学、教育、文化、卫生等体制改革,切实解决经济社会发展"一条腿长、一条腿短"的问题。随着衣食住行这些问题的解决和改革的深入,经济发展中的社会问题日益凸显出来。教育、公共卫生和医疗等领域有其特殊性,政府必须承担起应负的责任,不能简单地提"市场化"或"产业化"的目标和口号。比如,目前教育体制改革滞后。发达国家一般在义务教育阶段后,政府对大部分学生是引导、帮助、资助进入职业教育渠道,以培养实用人才为主。而我们还是在固守一种应试教育体系,普通高等教育扩招后出现的就业难,使问题暴露无遗,后遗症很多,不适应经济社会发展的要求。从地方政府的角度,今后的教育资源投入取向上需要改革,以逐步加大职业教育导向和投入力度。又如,文化体制改革同样滞后。现在的文化事业和文化产业,仍然沿袭了计划经济时期的管理模式。需要根据文化事业和文化产业的特点,加快国有文化事业单位改革,发展混合经济结构的文化企业,重塑文化市场的微观主体;加快国有经营性文化事业单位转企改制;推进国有垄断性文化行业的股份制改革试点;加快文化市场体系改革,更大程度地发挥市场在文化资源和要素配置中的基础作用;还应配套推进市场流通组织改革,发展人才市场、版权市场等文化要素市场。

六 围绕落实统筹人与自然和谐发展要求,改革资源要素价格体制,健全节能减排体制机制

在宏观层面规划相关改革:一是以改革的办法解决资源要素价

格不合理而浪费严重的现状。目前我们发展方式粗放,高投入、高消耗,带来能源、材料、资源浪费严重。2006年曾经有一个统计,我们创造了全球4%的经济总量,但消耗了全球32%的钢铁、40%的水泥、25%的铝、23%的铜、30%的锌、18%的镍,石油占新增长的31%,生态遭破坏,环境被污染。解决这个问题,需要从改革资源要素价格体制入手,实行从价计征和保护资源的方法,完善资源有偿使用制度。二是健全节能减排体制机制,推动建立"两型"社会进程,增强可持续发展能力。严格实行节能减排问责制和一票否决制,继续完善多元化的节能环保投融资机制和高效节能环保产品推广的财政激励机制。争取将河西地区建设成为节水型社会建设示范带, 探索开展生态文明建设综合配套改革。三是培育和发展新的节水基地,推行节水产品市场准入管理,做好农业节水项目申报工作,以有力的政策引导,抓好常规、高效节水技术推广应用及灌溉试验成果推广,全面开展节水企业、节水小区、节水校园、节水单位创建,发展节水技术、节水产品和节水产业, 争取将全省更多的地方列入全国第三批节水型社会建设试点。

七 围绕落实统筹国内发展和对外开放要求,加大全方位开放的力度

我们现在面临着和改革开放初期甚至和十年前完全不同的外部环境,过去在封闭经济、进出口很少、引进外资很少、引进内资也不多条件下形成的体制环境需要改革。在国内各地优惠政策雷同化的条件下,需要更加着力的多方努力改善甘肃省软硬环境。一是按照国际惯例和国内先进经验,打造宽松的软环境,提高政府部门服务的效率和质量,做到在沿海一天能办到的事,甘肃不能办两天。二是坚持对内开放与对外开放并重, 充分利用经济全球化和发达地区产业转移的有利时机,立足两个市场、两种资源,拓展招商引资空间。完善以项目业主为主、政府推动、社会力量参与的招商引资工作机制,调动大企业招商引资的积极性和力量。三是大力开展产业链招商,围绕重点产业发展和产业链条延伸,策划好产业链招商项目,建立与国内外相关行业知名企业的直接联系,引进各类投资主体参与产业链拓展延伸,努力形成上下游产业链条完整、互相协作配套的现代产业体系,提高甘肃产业配套能力和发展后劲。

科学发展和加快发展有赖于制度的创新。唯其如此,科学发展观才能真正落在实处,才能真正有利于推进经济社会全面、协调、可持续地发展下去。

(原文刊登于《甘肃理论学刊》2008 年第 6 期)

2006年以来地方党委实行常委分工负责制实际运行效果研究

2006年以来,全国各地按照中央关于"减少地方党委副书记职数,实行常委分工负责制,充分发挥集体领导作用"的部署,以换届为契机对省以下地方党委领导体制进行改革,并在新体制下运转了六年多。为深入了解这次改革后运行的实际情况和出现的新问题,从2011年下半年开始,我们对甘肃省委党校地厅班、中青班、乡镇党委书记班和市县科级班的学员进行了问卷调查,实际回收有效问卷422份,其中地厅班91份、中青班74份、市县科级班67份、乡镇党委书记班190份。问卷设计了30个问题,主要包括"市县党委领导体制与决策机制长期存在的主要问题""新常委分工负责制存在的主要问题""新常委分工负责制下的干部选拔任用问题""专职副书记的作用发挥问题""纪检委书记的作用发挥问题""常委的作用发挥问题"和"下一步改革应解决的主要问题"等7个方面内容,以期获得地厅级、县处级和乡科级等不同层级领导干部,对市县党委领导体制改革后效果的实际感受和看法,并根据调查反映的问题提出下一步的改革对策。

一　问卷调查反映出的基本情况与问题

推进省以下地方党委领导体制改革,本意是为实现地方党委领导体制科学化,提升集体领导的作用。但是,问卷调查结果表明,这次改革引发了一些新问题,而且这些问题在全国具有普遍性,亟待引起高度重视。

1. 关于市县党委领导体制与决策机制长期存在的主要问题

我们围绕这个大问题设计了 3 个小问题。以地厅班为例,问卷调查显示,在回答"市县党委班子决策机制中长期存在的主要问题"时,在"A.民主不够,B.集中不够,C.目前合适"三个选项中,74.5%的学员选择"民主不够"。在回答"地方党委领导体制改革的最重要问题应该是什么"时,86.3%的学员是选择"建立有效的对地方党委'一把手'的制约、监督机制"。在回答"市县党委取消分管副书记以前主要问题是'一把手'权力过大,还是常委的职能、作用发挥不够"时,37.3%的学员选择"'一把手'权力过大",27.4%的学员选择"'一把手'权力过大与常委的职能、作用发挥不够并存",35.3%的学员选择"常委的职能、作用发挥不够"。

调查反映了地厅级干部的多数看法:即长期以来市县党委领导体制存在的主要问题,是决策机制"民主不够"与"一把手"权力过大,而并不主要是"常委的职能、作用发挥不够"。改革应解决的最重要问题是"建立有效的对地方党委'一把手'的制约、监督机制"。

2. 关于新常委分工负责制存在的主要问题

新常委分工负责制在实际运行中效果如何? 存在的主要问题是什么? 我们围绕这个问题设计了 8 个小问题。以市县科级班为例,问卷调查显示:在回答"目前地方党委新的领导体制存在的主要问题是什么"时,53.2%的学员选择"专职副书记定位不明确",25.5%的学员选择"常委会组成结构不够合理"。在回答"市县党委取消分管副书记层次后,'一把手'权力更大了还是变小了"时,76.6%的学员选择"一把手"权力变大了。在回答"市县党委实行常委负责制后,常委对'一把手'的制约作用有无明显增强时",48.9%的学员选择 "无明显增强"。在回答"地方党委实行常委负责制后,常委现有的数量和设置是否合理、科学"时,40.4%的学员选择"这不是主要问题",34.0%的学员选择"数量和设置不够合理、科学"。在回答"目前政府副职与党委常委之间职责、分工是否依然相互重叠"时,66.0%的学员选择"职责、分工依然相互重叠"。在回答"你认为地方党委常委会是否已经形成健全的协调沟通机制"时,仅12.8%的学员选择"已经形成",34%的学员选择"没有形成",53.2%的学员选择"趋于形成之中"。在回答"目前对党委'一把手'是否已经形成了良好的监督机制和氛围"时,46.8%的学员选择"监督是空白"。

问卷反映了市县机关科级干部的基本看法:即大多数认为市县减少副书记后,"一把手"权力变大了,地方党委常委会还未形成健全的协调沟通机制,政府副职与党委常委之间职责、分工依然相互重叠;近半数认为对党委"一把手"监督是空白,常委对"一把手"的制约作用无明显增强;大多数认为常委现有的数量和设置不够合理或这不是主要问题。说明2006年以来的新常委分工负责制改革,不仅没有消除原本试图解决的体制弊端,反而使问题不同程度加重。

3. 关于新常委分工负责制下的干部选拔任用问题

我们围绕这个问题设计了4个小问题。以中青班为例,问卷调查显示:在回答"市县党委选拔干部中,目前实际存在的书记、副书记、纪检书记、组织部长5人小组决策作用如何"时,82.4%的学员选择"作用一般"。在回答"目前市县党委选拔干部中实际存在的5人小组决策,与过去的书记办公会决策相比哪个更合理"时,58.8%的学员选择"差不多"。在回答"市县党委常委会在讨论干部时,是否应实行常委实名推荐制度"时,70.6%的学员选择"应该由常委实名推荐"。在回答"地方党委常委会、全委会在讨论决定干部时,实行无记名投票的方式有无正面导向作用"时,79.4%的学员选择"有作用"。

问卷反映了中青班县处级干部的多数看法：即目前市县党委选拔干部中的书记、副书记、纪检书记、组织部长5人小组决策"作用一般"，与过去的书记办公会决策相比差不多；市县党委常委会在讨论干部时应该实行常委实名推荐制度。

4. 关于专职副书记的作用发挥问题

我们围绕这个问题设计了2个小问题。以地厅班为例，问卷调查显示：在回答"实行常委负责制后，专职副书记作用发挥情况"时，66.7%的学员选择"作用发挥一般"。在回答"地方党委'减副'后，专职副书记在新体制运行中职能、定位是否加强"时，64.7%的学员选择"具有随意性和模糊性"。

问卷反映了地厅级干部的多数看法：即实行常委负责制后，专职副书记"作用发挥一般"，职能、定位具有随意性和模糊性。

5. 关于纪检委书记的作用发挥问题

我们围绕这个问题设计了2个小问题。以乡镇党委书记班为例，问卷调查显示：在回答"实行常委负责制后，纪检委书记不兼副书记后的职权变化"时，42.6%的学员选择"权力变小"，36.8%的学员选择"没有变化"。在回答"你认为纪检委书记是否应该是同级党委副书记"时，44.2%的学员选择"应该是副书记"，30.5%的学员选择"应该是常委，但列副书记之后、其他常委之前"。

问卷反映了乡镇党委书记的多数看法：即纪检委书记不兼副书记后，职权没有得到加强，甚至变小；应该提高纪检委书记的政治地位。

6. 关于常委的作用发挥问题

我们围绕问题设计了5个小问题。以中青班为例，问卷调查显示：在回答"市县党委实行常委负责制后，常委的地位、作用有无明显提升"时，47.1%的学员选择"有明显提升"，32.4%的学员选择"无明显提升"。在回答"常委的工作积极性"时，50.0%的学员选择"无明显变化"，29.4%的学员选择"显著增强"。在回答"常委的工作责任感"时，50.0%的学员选择"无明显变化"，44.1%的学员选择"工作压力增加、责任更重、责权统一"。在回答"常委的工作效率？"时，55.9%的学员选择"无明显变化"，32.4%的学员选择"工作环节减少、工作效率提高"。在回答"常委的职责？"时，47.1%的学员选择"更加明确"，32.4%的学员选择"无明显变化"。

问卷反映了中青班县处级干部的基本看法：即近半数认为实行常委负责制后，常委的地位、作用有明显提升，而工作积极性、工作责任感、工作效率等则无明显变化。

7. 关于下一步改革应解决的主要问题

我们围绕这个问题设计了6个小问题。以市县科级班为例，问卷调查显示：在回答"今后市县党委领导体制改革主要应解决什么"时，59.6%的学员选择"改进对主要领导的制约、监督机制"，25.5%的学员选择"党政职能的交叉、重叠"。在回答"目前实行的常委分工负责制，常委职数应怎样变化"时，34.0%的学员选择"应该减少"，40.4%的学员选择"目前合适"。在回答"地方党委常委会前的沟通酝酿方式最好采取什么形式"时，57.4%的学员选择"召开碰头会、专题会等形式进行会议沟通"。在回答"历史上的书记办公会最好能够保留还是取消"时，48.9%的学员选择"保留"，36.2%的学员选择"不清楚"。在回答"今后市县干部选拔任用制度改革提名环节是否应尽快公开、透明"时，93.6%的学员选择"应该"。在回答"今后市县干部选拔任用提名的初始环节应实行什么方式"时，59.6%的学员选择"常委与组织部门先行酝酿差额提名，供'一把手'参考同意后，再走其他程序"，31.9%的学员选择"分管常委先行差额提名，组织部门向'一把手'汇报后再走其他组织程序"。

问卷反映了市县机关科级干部的基本看法：即多数认为今后市县党委领导体制改革应着重改进对主要领导的制约、监督机制；大多数认为今后市县干部选拔任用的提名环节应该尽快公开、透明，提名的初始环节应该是分管常委或其与组织部门先行酝酿差额提名。

二 对新常委分工负责制效果不理想的原因分析

改革后的地方党委领导体制在具体的运行过程中，之所以没有达到当初设计的预期效果，并使一些历史上本来就存在的体制性问题变得更加突出，原因是多方面的。具体分析来看：

1. 改革的重点出现了偏移：改革针对了过去存在的常委会作用发挥不够这一问题，但忽视了其要害是"一把手"权力缺乏制约

长期以来，在地方党委领导体制建构方面，主要的弊端就是领导者个人高度集权（主要指"一把手"），常委会作用发挥不够。"一把手"个人集中或包揽了整个组织的权力，缺乏制约，其实质就是个人与组织不分，"一把手"权力凌驾于党组织之上，以个人代替组织，从而使党的领导"变成了个人领导"。这与党的性质、党的领导的本义和委员会领导体制的民主原则是根本背离的。

正因此，2006年启动地方党委领导体制改革的主要原因，就是针对常委会作用发挥得不够，因而推行常委分工负责制，目的是要充分发挥常委会的集体领导和集体决策作用。这一改革的出发点无疑是正确的。但是，在构建的新体制中，在权力的实施路径上却出现了偏移，使"一把手"权力更加高度集中、更加大权独揽。2006年地方党委领导体制改革后，基本形成了一名党委书记、两名副书记的"一正两副"领导格局。根据中央的文件规定，专职副书记的工作职责主要是"协助书记处理日常事务，受书记委托负责其他工作"。在"一正两副"模式的现实运作中，如果书记不授权，常委直接向书记汇报工作，

专职副书记就成了"虚职"。

由于在构建常委会的新权力架构时,注意了对常委的扩权,忽视了对书记的限权,把地方党委权力的实施路径,从过去的常委服从副书记、副书记服从书记,变成了目前的常委直接听命于书记一人。造成的结果:一方面,减少副书记职数后,被减副书记的职权一部分转给书记,一部分分给常委,副书记这一层的权力明显削弱,副职对于'一把手'的依附性明显增强,相比过去,制约监督作用也就严重弱化了;另一方面,"一把手"对常委晋升的作用更加重要,可以利用手中的权力直接对常委施加影响,使常委按照自己的意图办事,从而进一步强化了书记的大权独揽。

在现在的这种领导体制下,副书记和常委比以前更难对书记的权力进行有效制约和监督。对这种局面的后果,正如邓小平所指出的:"权力过分集中于个人或少数人手里,多数办事的人无权决定,少数有权的人负担过重,必然造成官僚主义,必然要犯各种错误,必然要损害各级党和政府的民主生活、集体领导、民主集中制、个人分工负责制等等。"这几年,全国各地尤其是市县层级发生的干部问题及腐败现象,恰恰印证了这一切。

2. 改革的任务出现了偏离:改革本应重点解决地方党委权力的科学配置和有效制衡,而不是简单化地精简副职

在地方党委领导体制和机制建设过程中,权力配置和科学运转涉及权力授予、权力分配、权力运用、权力制约和权力监督等多方面的内容它不仅是领导体制与机制的主要内容,也是改革所应解决的主要任务和重点问题。

从过去地方党委领导体制实际运作的情况来分析,我们不难发现,权力配置关系不科学、不规范和缺乏有效制衡,确实是长期存在的突出问题。由于副书记分管常委,限制了常委作用的发挥,书记办

公会在事实上取代了常委会。所以,2006年地方党委领导体制改革把重点放在了大幅减少副书记职数。

但是,2006年改革造成的结果是,副书记虽然减了一半以上,而常委并没有减少,更为严重的是使地方党委领导体制存在的权力配置关系不科学、不规范和缺乏有效制衡的弊端愈加凸显。

一是使权力配置关系变得更加不均衡了。在改革之前,书记、副书记、常委三个层次之间,形成了相对还有一点均衡的制约监督体系。由于分管政府、纪检、组织、宣教、政法的副书记职权都很大,副书记分管的工作领域很宽,横向协调常委、协调工作的能力很强,对书记多少都有一定制约作用。在改革之后,由于地方班子一般有10多个常委,每个常委分管的工作领域比较窄,新体制将常委之间横向打断,常委之间没有横向协调能力,都直接依附于书记一人了。

二是使集体决策变得更加不规范了。取消"书记办公会"后留下的集体领导职能空间,依靠什么科学方式来有效弥补,就变成一个难题。一些地方党委取消了书记办公会,改为召开"3+X会议","3"为书记和两名副书记,"X"为相关分工常委,对重要事项进行酝酿。但是,实际操作中,还是容易回到"书记办公会"的老路上,而且"3+X会议"的规范性、权威性还不如"书记办公会"了。

三是降低了纪检委地位及其对腐败现象的震慑作用。众所周知,在党内纪检委的地位和级别要比组、宣、办等部门高,这一情况在过去的体制中得到体现,即纪委书记兼任党委副书记。但改革后,纪委书记不兼副书记,绝大多数纪委书记成了常委,在常委会中与其他的部门常委平级,还常常排在后面。纪检委地位事实上降低,纪检部门对干部队伍不良现象的震慑作用也随之弱化了。

所以,2006年改革把"减副"当改革的成绩是本末倒置,并没有抓住问题的要害。

3. 改革的做法出现了偏差：改革本应使地方与中央的领导层级体制在实际上对应，而不是形式上对应

《党章》规定的中央领导层级体制，是"总书记—政治局常委—政治局委员（书记处书记）—中央委员"四级体制。在改革之前，原来地方党委领导体制也是四级运作架构，"书记—分管副书记—常委—委员"，地方党委分管副书记的地位、作用相当于中央政治局常委，地方党委常委的地位、作用相当于中央政治局委员。在实质上地方与中央领导层级是对应的，只是"名份"不同而已。

2006年地方党委领导体制改革后，把各地方原来的"书记—副书记—常委—委员"四级架构，改变为 "书记—副书记或常委—委员"三级运作架构。在形式上解决了原来地方党委有副职而中央没有副职的问题，但实质上却使改革后的地方党委领导层级体制与中央变得完全不对应了。

从结果看，当时改革没有考虑到地方党委没有中央的政治局委员这一层级，"减副"实际上是减掉了发挥中央政治局常委作用的地方分管副书记层级。由此造成改革后产生的地方党委常委会，其成员多半是部门型的，如组织部长、宣传部长、统战部长、办公室主任、武装部长、公安局长等。由于他们的分工相对独立，涉及面窄，其职责、视野和利益主要在部门，所以决策过程中往往考虑本部门比较多，对全局特别是涉及其他部门的决策事项，或者不了解，或者不愿发表意见，最终是使"一把手"权力更加高度集中，达不到决策民主化、科学化的目的。

对此结果，不难想象：如果中央为发挥政治局委员作用，而减掉了政治局常委层级，会出现什么局面？

4. 改革的效果出现了背离：改革本应有助于调动大多数领导干部积极性，而不是减少上升通道让大家泄劲

在过去的地方党委领导体制下，干部工作长期以来已经形成了一套相对固定的模式，有一个相对稳定的干部升迁去留路径。干部对政治成长的预期比较明确，客观上形成了"常委—副书记—书记"这种干部成长的模式和路径。

但随着 2006 年以来地方党委领导新体制的确立，这个升迁路径受到极大冲击。"减副"使副书记这样一个升迁的层级减少，且党政一把手各只有一个，对于地方党委班子中的大多数常委来说，一些人就会提前预计到自己升迁已经"到顶"。尤其是对 40 岁上下的常委，若是无特别机遇，可能一干就是 10 多年，影响领导干部的积极性。新体制使全国减了省级约 90 个、地级约 900 个、县级约 8000 个左右的副书记，使一部分领导干部对自己的未来丧失了比较明确的预期，或者是奋斗的憧憬。这样，无疑对各方面工作和干部队伍的成长产生了负面效应。

三　下一步深化改革的建议方案

地方党委作为地方经济社会发展的领导核心，担负着贯彻落实科学发展观和全面建成小康社会的重要职责。进一步深化地方党委领导体制改革，对于改进和加强领导班子和干部队伍建设，提高新形势下治党管党的水平，具有十分重要的作用。针对 2006 年地方党委实行常委分工负责制后在运行过程中逐渐暴露出来的各种问题，我们应解放思想，实事求是，探索更有效的改革新路子、新方案。

方案一：地方党委设立与中央政治局对应的执委会（执行局），大幅减少常委职数并与中央常委的职能对应，取消副书记。

建立"书记—常委—执委（执行局）—委员"四级架构，使省、市县委领导层级体制与中央完全对应。地方党委常委对应中央常委的职能；地方党委设立执委会（执行局）暨执委，与中央政治局暨政治局委员职能对应。在此基础上,大幅减少常委人数,取消副书记。

(1)减少常委人数。通常情况下,省级7人左右,市县级5人。

(2)由综合型领导成员组成常委会。其成员应当包括党委书记、人大常委会主任、政府首长、政协主席、政府常务副职或分管党建工作常委、纪委书记、分管意识形态工作常委。市县级党委可以适当减少。

(3)设立与中央政治局职能对应的执委会(执行局)。省、市县党委执委会的成员,由党委及其主要部门负责人、政府副职等组成。

这个方案,大体相当于将2006年改革以前的副书记变为常委,将改革以前的常委变为执委。

方案二:调整、完善现行的常委制,管干部、管纪检的常委兼任副书记。

在现行体制不变的情况下,应该对地方党委权力结构进行微调。为加强对"一把手"的权力制衡,同时避免在常委之上增加太多副书记,取消专职副书记,分别设管干部的副书记、管纪检的副书记。这样对于提高党的组织人事工作和纪检监察工作科学化水平,加强干部队伍建设和党风廉政建设尤为重要。

方案三:恢复过去的分管副书记与书记办公会体制。

2006年改革前的分管副书记与书记办公会体制,虽有一些弱点,但总体运转顺畅。按照《中国共产党地方委员会工作条例(试行)》的规定,"书记办公会"有酝酿需要提交常委会议讨论决定的问题,对常委会决定事项的组织实施进行协调,交流日常工作情况三个方面的议事职能。实事求是地说,在目前体制下,"书记办公会"是常委会决策前的沟通酝酿的必要形式,是联系书记与常委会之间的一个重要缓冲区。基于此,在没有找到更好的替代办法之前,应该恢复书记办公会。通过书记办公会这种形式,改变因常委会上人太多,议不起来,以及因议题较多而使议题得不到深入讨论,容易使常委会集体决策最后变成"书记+分管常委"的决策,决策质量难以保证的局面。

（该调查报告刊登于《理论动态》2013 年总第 1951 期,课题组成员为王福生、曹殊、王锐）

全面深化改革问题的几点思考

第一，以十八届三中全会《决定》为标志，中国改革已进入新阶段，有了突出的新特征。

一是改革已从攻坚阶段的增量改革，进入了攻坚阶段的存量改革。正如习近平总书记指出：中国改革"已进入深水区，可以说，容易的、皆大欢喜的改革已经完成了，好吃的肉都吃掉了，剩下的都是难啃的硬骨头"。在 20 世纪 80—90 年代，改革基本上是围着传统体制的修补做文章，通过解除传统体制的束缚，在一定程度上调动了群众活力，释放了生产力。改到农村，实行家庭承包，给农民带来好处；改到城市，实行企业承包，使职工增加了收入。20 世纪 90 年代末形势完全变了，从农村到城市的承包制，没有解决土地和企业资产的产权问题，修补式改革措施的效用不断递减，开始面对的都是深层次矛盾。21 世纪初，改革进入攻坚阶段以来，主要是依托入世的巨大红利，推动了一些领域的增量改革。2001 年入世给中国创造了巨大的增长红利，10 年时间进出口规模增长超 6 倍，外贸中小企业实现了百倍的增长。借助于中央财政巨大的盈余，深化了农村税费改革，取消了农业税；完善了社会保障制度，推行了农村低保、新农保（新型农村社会养老保险）、新农合（新型农村合作医疗）。但政府转型、完善市场体系、调整收入分配、垄断行业改革、农地制度改革等硬骨头的确是剩下了，现在到了攻坚阶段不能不推动上述存量改革的时候了。

二是改革的操作方式已有了重大调整：以 2013 年为界，中国改革的操作方式正在发生巨变:前35年主要是"自下而上",鼓励基层探索为主,有成功的经验再推开,摸着石头过河;现在的操作方式主要是先从顶层搞好设计,"顶层推动""自上而下",强力推行。

对于目前这种新模式下的改革,政府部门也好,干部群众也好,可能还有个适应的过程。比如,对涉及部门权力、利益的改革领域,可能再不是像过去许多年的做法,反复征求意见,迁就来、迁就过去,越征求意见越搞不下去。而是顶层设计,直接开刀。比如,前不久国务院决定"整合不动产登记职责,建立统一登记制度",将分散在多个部门的不动产登记职责整合由一个部门承担,理顺部门职责关系,减少办证环节,减轻群众负担。这种大力度的改革,动部门利益的真,碰部门权力的硬,若是沿袭过去"自下而上"的改革方式,无法付诸实施。

三是改革35年在经济体制上基本解决了两个绕不过去,现正解决其他两个。经过35年改革,我们实现了从高度集中的计划体制到初步建立充满活力的社会主义市场经济体制的伟大历史转折。最突出的进展是基本解决了两个绕不过去。其一是刚开始改革时想绕过市场经济,先后提出发展社会主义有计划的商品经济,计划调节为主与市场调节为辅,及计划与市场结合,至小平同志"南方讲话"打破"姓资姓社"思想障碍,才解决了这一问题。其二是国有企业改革曾想绕过产权改革,先后搞了简政放权,企业承包,给予企业14项经营自主权,给予国企法人财产权,都不解决问题。至2002年党的十六大明确提出建立现代产权制度,才从理论上解决了这一问题。

目前,改革到了正在解决其他两个绕不过去的时候。其一是农地制度改革。这次十八届三中全会《决定》提出给予农民宅基地"用益物权"、集体土地与国有土地同权同价等有关改革,十分关键。从1978年后搞承包经营,到推动农业产业化,发展农村专业合作经济组织,农村税费改革,都绕过了农地财产权,如今到了动真格的阶段。其二是政府转型。我们目前的发展模式是政府投资为主、污染留给自己的出口拉动为主的粗放型。相应配套的是以政府直接掌握调度资金、土地、自然资源等生产要素,管制经济活动的体制,这种体制搞航天、高速公路、铁路等不同层级的标志工程,推高 GDP 极为有效。但要转型为内涵发展,就要转为消费为主、服务业为主,转向创新和技术升级,主要依靠调动企业特别是中小企业和个人的积极性、创造性。政府今后就要从微观经济活动中退出来,转向主要依靠市场机制的作用。

第二,继续吃透十八届三中全会精神,有序落实《决定》的目标任务。

十八届三中全会《决定》与十一届三中全会精神一样,是管长远的,需要持续做好结合省情的跟踪性深度研究,持续抓好落实。需要按照中央部署处理好节奏,既不拖延,也不抢跑。《决定》的目标任务大体可分为三类:

第一类是目标很具体、横向关联少、易于操作的改革。如放开单独生两孩、废除劳教制度、调整纪检体制与职能、实行官邸制等,马上就可以办,应该跟上全国步伐。

第二类是目标很清晰、横向关联复杂、不易操作的改革。如完善市场体系、司法机构打破行政区划设置、企业改革、教育改革、统一由一个部门管理自然资源等。需要研究具体实践办法,有些需要先行试点。

第三类是目标比较原则、有待理论与实践探索的改革。如发展混合所有制经济、农地制度改革、财税体制改革、调整中央与地方事权财权关系等。

对这诸多领域的改革,都有一个甘肃怎么办的问题。

第三,围绕为加快甘肃发展服务,有针对性地重点抓制约环节的改革,核心是改善地方软环境。

如今甘肃省正在加快改革，但绝大多数改革都需要支付成本，而甘肃支付改革成本的财力历来比较弱，制约着有关改革的操作与进展。下一步，除了贯彻落实中央改革决策，应把不需太多成本的改善软环境的改革，作为重中之重，为发展打开新空间，释放社会活力。

一是确立能够一以贯之的发展改革大思路。发展的大思路，需要坚持把着力点放在贯彻落实"3341"工程，作为能够一以贯之的稳定的促进经济社会持续发展的长远战略；改革的大思路，需要把着力点放在为加快发展服务的软环境改善方面，解决瓶颈问题。

二是以窗口单位向沿海看齐的"立等可取"为突破口，效果鲜明地加快政府转型，大幅度改善投资与整体发展环境。甘肃各级政府仍然处在从适应计划经济的审批型政府向适应市场经济的服务型政府的转型过程中。除了按中央部署进行政府机构改革，应借鉴东部经验，下大力气深化行政审批制度改革，大幅精简审批事项，简化审批环节。特别是现在，在东中部省份半天能办到的事项，在甘肃不应该允许办十天半个月以上。应组织窗口单位到广东、武汉、重庆等地学习，确定改进到位时限。

三是以建立覆盖全省的个人信用查询系统为抓手，加快社会信用体系建设，改善发展软环境。社会信用体系建设事关全省经济社会发展全局，需要进一步提升政府信用，加强企业诚信建设，社会中介机构诚信建设。特别是需要以建立覆盖全省的个人信用查询系统为突破口，尽快统一由一个部门运作起来，汇集散布在银行、工商、公用事业等行业的个人信用信息，建立个人信用制度，规范个人诚信，培育信用良好的经济发展环境。

（原文刊登于《甘肃日报》2014年4月4日理论版）

在贯彻"五个坚持"中推动经济转型和体制转变

坚持创新发展、协调发展、绿色发展、开放发展和共享发展是推动中国经济转型和体制转变的最新指针，它把推动经济转型和体制转变融为一体，在每一个要求中，在提出经济转型任务的同时，也提出了相应的体制改革任务。它将指导我们解开经济转型与体制转变相互制约的连环套。

经济转型和体制转变二者存在着相互联系、互相制约、互相作用的"合二而一"共存关系。一般说，经济发展方式是由经济体制的模式决定的，不同的经济体制抉择决定了不同的经济发展方式。我们的发展方式要转型为质量型，走内涵发展的路子，就要求经济体制必须转向以市场为基础配置资源的社会主义市场经济体制。可以说，有什么样的体制就有什么样的发展方式。只有前者发生转变，才能实现后者的转变。若要有效地实现体制转变的目标，必须扫除"三个障碍"、打造三个"洼地"：

一是扫除调整产业结构的体制障碍。改革开放以来，多元化投资主体已经形成，但是国有企业仍未完全脱离政府部门的附属地位，没有形成风险与收益对称、权力与责任相符的市场型投资主体，以致争投资、争项目而又不负责任的弊端依旧。

二是扫除城乡一体化的体制障碍。主要是清除农地规模经营的障碍，努力完成农村承包地的确权登记。将目前确权遇到的困难与问题梳理出来，找出管长远的办法。否则束缚农业产业化，束缚农民，限制了城镇化转移人口。这是造成目前 2.5 亿农民工在城市没有住房及社会保障，在城乡之间当候鸟的重要原因。

三是扫除深化国企改革的体制障碍。从表面看，国有企业效率低下，主要原因是企业内部经营管理不善，实质上是"新三会"与"老三会"的问题一直没理顺，垄断行业改革滞后，在国有企业内部仍然缺乏一套行之有效的风险约束机制，在选人方式上缺乏竞争机制，始终无法形成企业家队伍。

四是要打造欠发达地区亟须的三个体制"洼地"，吸引生产要素的聚集。首先，要打造政府转型的"洼地"。以"三张清单一张网""三证合一"等改进服务的实质进展为抓手，大力推动政府转变职能，消除在沿海半天能办的事，在甘肃却要拖数天的现象。其次，要打造信用环境的"洼地"。以建立面向社会的企业和公民信用查询平台为抓手，推动建立社会信用体系，切实改善营商环境。最后，要打造产权保护的"洼地"。特别是知识产权保护，以设立知识产权法庭为抓手，严格知识产权保护制度，这是推动"万众创新"的前提。

（原文刊登于《甘肃日报》2015 年 12 月 7 日理论版）

解开经济转型与体制转变相互制约的连环套

经济转型为内涵发展,体制转变为市场经济,都已讨论了多年,也是常议常新的课题。

首先,需要理清经济转型与体制转变相互关系,树立统筹思维。

经济转型和体制转变二者存在着相互联系、互相制约、互相作用的"合二而一"的共存关系。一般说,经济发展方式是由经济体制的模式决定的,不同的经济体制抉择决定了不同的经济发展方式。自中华人民共和国成立以来,我们的粗放型经济发展方式就与高度集中的行政配置资源的计划体制相联系。这种体制能迅速动员和集中资源,迅速促使经济数量尽快增长,并且这种体制缺乏投资需求的自我约束机制,具有饥渴、数量扩张的内在冲动,它最适合数量型经济发展方式。当我们想转型为质量型经济发展方式,走内涵扩大再生产的路子,也就要求经济体制必须转向以市场为基础配置资源的经济体制。可以说,有什么样的体制就有什么样的发展方式。只有前者发生转变,才能实现后者的转变。

由于经济转型和体制转变是十分艰巨的系统工程,二者的转变都具有长期性和渐进性。在转变的过程中,二者往往出现几种相互制约情况:一种是体制改革滞后,经济转型总体效果不明显;一种是体制改革缺乏宽松的经济环境,由于粗放型发展方式未变,经济环境趋紧,一些想要出台的重大体制改革难以出台,甚至出现已改革的旧体制复归。

其次，围绕制约经济转型的体制障碍，实施改革的重点突破。

推动经济转型包括经济增长动力转型、产业发展模式转型、城乡发展关系转型、行政管理体制转型等，其关键仍然是深化相关体制改革。由于改革的关联性，全面推进是必要的，但也需要用麻线团中找线头的办法，实施重点突破。

一是突破制约产业结构调整的体制障碍。长期以来，投资决策主体一直由政府充当，只管投资而很少问津回报率。改革开放以来，形式上多元化投资主体已经形成，但是国有企业仍未完全脱离政府部门的附属地位，没有形成风险与收益对称、权力与责任相符的市场型投资主体。今后，政府需要尽快退出在一般竞争性行业的直接投资，推进竞争性行业存量国有企业的混合所有制改革。

二是突破制约城镇化的体制障碍。城镇化的关键是农村人口市民化，而全国现在约有 2.7 亿农民工在城市没有住房及社会保障，在城乡之间当候鸟。由于目前的农地制度束缚农民，限制了城镇化转移人口；束缚农业产业化，难以操作实现规模经营，需要按照国家的最新要求，探索进城落户农民对土地承包权、宅基地等的依法自愿有偿退出机制。

三是突破制约要素市场发展的体制障碍。目前要素市场部门分割的问题一直没有解决。下一步，应进一步推动金融市场、证券市场、技术市场、人才市场、土地市场等要素市场的改革，打破计划体制下形成的政府部门直接管理或间接掌控的制约，让生产要素进一步流动起来。

四是突破制约国有企业深化改革的体制障碍。表面上国有企业效率低下的原因是企业内部经营管理不善造成的，但实质是"新三会"与"老三会"的问题一直没解决，垄断行业改革滞后，在国有企业内部仍然缺乏一套行之有效的风险约束机制，在选人方式上缺乏应有的竞争机制。今后需要排除干扰,继续朝着建立现代产权制度的目标前进,实现所有者主体的多元化,正确解决国有资产的授权经营问题。

五是突破制约"两创"铺开的体制障碍。实现创新发展需要推动大众创业、万众创新,但大众创业受制于政府转型,万众创新受制于知识产权保护。需要加快改进政府有关部门的"三证合一"等服务,完善社会信用体系,进一步严明和严格知识产权保护制度。

(原文刊登于《甘肃日报》2016 年 3 月 28 日理论版)

扩大城乡中等收入群体的改革重点及路径

扩大中等收入群体是实现党的十八大提出的"两个一百年"奋斗目标,全面建成小康社会和实现中华民族伟大复兴"中国梦"的重要内容。经过39年的改革开放,中国已经从没有中等收入群体,变成了一个中等收入群体不断壮大、不断提升的走向现代化的国家。让大多数人成为中等收入群体中的一员,是现代社会健康发展的一个非常重要的标志。形成高收入者与低收入者占少数、中等收入者占多数的"两头小、中间大"的橄榄型或纺锤形社会格局,不仅是学术界公认的合理社会治理格局,也是国家发展规划中已明确的追求目标。目前,继续扩大中等收入群体,是一个系统性经济社会问题,涉及经济结构、城乡结构、教育结构、税收结构等的调整,既是发展问题,也是改革问题。下一步,解决扩大中等收入群体问题,需要寻找短板,针对突出矛盾,突破制约瓶颈。

一 中等收入群体的范围比较

我国的中等收入群体概念与发达国家的中产阶级概念,具有学理和实际的一定渊源。只有将我国中等收入群体的范围与发达国家中产阶级的范围作对比分析,才便于发现短板,寻找重点和突破口。

1. 发达国家中产阶级的范围

不同的发达国家、不同学者对中产阶级的界定有不同的标准,一般有50%~80%的人口可以划分为中产阶级。虽然对中产阶级划分有不同的标准,但相同的是,都是根据家庭年收入、职业、教育程度来划分的。一般来说,一个3口之家,中等收入家庭的标准是年收入不低于38000美元。按职业划分发达国家收入群体分为四类:(1)上层阶级:包括企业家、影视明星、体育明星、艺术家、金融证券业高管、巨额财富继承人等。(2)上层中产:包括律师、医生、会计师、工程师、作家、农场主等。(3)下层中产:包括教师、公务员、技术工人、手工艺人等。(4)下层低收入群体和穷人:包括普通蓝领工人、普通行政职员、普通文员、半职业者、无工作者与接受政府救济的人群等。

2. 国内中等收入群体的范围

国际上关于中等收入群体的划分有绝对量的标准,也有相对比例的标准,我国目前还没有正式的标准。唐新林、陈文认为,中等收入群体是一个动态的概念,在不同的发展阶段因总体收入状况不同,应当有不同的标准和范围,从我国现阶段的情况看,有固定的财产、有稳定的收入、实际收入水平高于低收入群体实际收入的2~5倍左右的中等偏下收入者、中等收入者、中等偏上收入者,都可算作中等收入群体。国家统计局从2002年开始采用收入五等份法(即低收入、中等偏下收入、中等收入、中等偏上收入和高收入)分别统计了全国城镇居民人均可支配收入和农村居民人均纯收入。2005年,国家统计局将我国城市"中等收入群体"定义为家庭年收入在6万至50万元之间的"中等收入家庭",并指出这一标准是未来15年全面建成小康社会这一时期的标准。估计到2020年,我国城市居民年人均可支配收入达到1.8万元,以城市居民家庭平均人口3人计算,全国城市居民年家庭可支配收入为5.4万元。国家发改委宏观经济研究院课题组[4]综合考虑我国达到全面小康时的城乡居民收入水平,以及城乡收入差距变化及城市化进程等因素,并参照世界银行等国际相关标准,以人均可支配收入(农村居民为人均纯收入)为口径,采用外推法预测出,人均可支配收入介于22000元至65000元(以2010年为基期)之间可算作中等收入者。到2020年,我国中等收入者比重将达到45%左右,之后不同收入群体将整体上进入两头小中间大的橄榄型收入结构,届时,我国高收入者将达到1.3亿人。李培林选择中国城市户籍人口的平均收入线作为参照标准,把平均线以上到平均线的2.5倍的群体定义为中等收入群体,当前,中等收入群体家庭人口占全国家庭总人口的比例为37.4%。总而言之,户均收入6万元这个起点与2000元的个人所得税起征点也是相吻合的。按此标准,在中国缴纳个人所得税者都是中等收入者。上述关于中等收入群体范围的说法大体是一致的:即中等收入群体涵盖了除下岗职工、没有稳定就业、低保户之外的户籍城镇人口再加上城郊农民。

根据家庭年收入划分中等收入群体,分歧很大。一方面,对划分标准有争议;另一方面,标准也是动态的,2~3年时间情况可能就会有很大变化。所以,按职业划分社会各方可能会容易接受一些。比如,国家发改委宏观经济研究院课题组认为,中等收入者与工作的行业部门有关,从行业分布看,中等收入者主要集中在金融、保险业,科研和综合技术服务业,电力、煤气及自来水的生产和供应业,交通运输、仓储及邮电通信业,房地产业,社会服务业等行业。综合来看,本文认为,按职业划分中国收入群体可以分为三类:(1)高收入群体:民营企业家、国企高管、外资企业高管、金融证券业高管、影视明星、体育明星、财富继承人等。(2)中等收入群体:律师会计师等中介机构专业人才、教师、医生、科研人员、公务员、文体娱乐从业者、技术工人、手工艺人、企业经营管理人员、城郊农民、小微创业者、个体经营户。(3)低收入群体:普通蓝领工人、普通职员、农民工、农民、半职业者、下岗工人、无工作者与低保户。

3. 比较中凸显的"三大差别"

将中国中等收入群体与发达国家中产阶级作一比较,可以看出:首先,显而易见的是家庭年收入水平量的差别。其次,是农民群体的差别。中国与发达国家最大的、主要的区别,就是农民群体这一块。农民在发达国家是属于中等收入群体,而在中国还是属于低收入群体。此外,就是我们自身特有的区域收入的差别,这一点也显而易见。

因此,中国扩大中等收入群体的关键,就是需要解决上述家庭年收入水平差别、区域收入差别、农民收入差别这"三大差别",要把缩小这"三大差别",特别是农民收入差别,作为扩大中等收入群体的重点与突破口。

二 把推进重点人群收入增长作为重点

围绕缩小中国与发达国家家庭年收入水平量的差别,需要把推进重点人群收入增长作为重点,分群体施策,多管齐下,实施差别化的收入分配激励政策,不断拓展居民增收渠道,激发全体劳动者的积极性、主动性、创造性,着力增加城乡居民收入,不断缩小不同群体间的收入差距,实现居民增收与经济增长同步,使全体人民共享改革发展成果,朝着共同富裕方向稳步前进。

1. 专业技术人员

专业技术人员主要分布在事业单位、国有企业、民营企业,其中事业单位又最为集中。解决专业技术人员的收入增长问题,需要进一步的综合施策:一是进一步深化事业单位分类改革,特别是高校和科研单位,打破长期存在的"铁饭碗、铁工资、铁交椅",人员能进不能出,缺乏生机与活力的弊端。二是建立以充分体现知识价值为导向的激励机制,健全技术要素参与分配机制,提高科研人员成果转化收益分享比例,建立工资性收入、项目激励、成果转化奖励等多重激励的机制。三是加大专业技术人员绩效激励力度，允许事业单位对紧缺急需的高层次、高技能人才实行协议工资、项目工资等。四是对社会科学研究机构和智库推行政府购买服务制度。五是加大知识产权保护，完善知识产权授权、流转、管理和价值评估等各项机制。

2. 技能人才

我们国家缺乏技能人才既有教育结构的原因，也有收入待遇缺乏社会吸引力的问题。对比德国、瑞士等欧洲国家，我国存在普通高等院校招生比例过高，特别是文科招生比例过高，而高职、中职院校招生比例过低的问题。这一方面造成高校就业问题日趋严重，另一方面造成国家严重缺乏技能人才。解决这一问题，不仅需要教育管理部门大刀阔斧调结构、调资源投入，也需要调整技能人才工资福利政策，让"技术蓝领"收入高于普通白领，增加社会吸引力。一是需要在国企打破以普通高校学历及工程师、高级工程师职称作为待遇尺度的工资福利制度，建立与职工技能水平和实际贡献挂钩的晋级增资制度。二是在国企实施高技能人才协议工资制和项目工资制。三是鼓励企业对技能人才实行股权和期权激励。

3. 小微创业者

推进"大众创业、万众创新"，培育小微企业创业群体，不仅仅是激活经济的需要，解决就业问题的需要，也是扩大中等收入群体的需要。一是需要继续推进"放管服"改革，通过推进简易登记、简易注销，推动"一址多照"、集群注册等住所登记改革；优化审批流程，实行"一表申请、一窗受理、一次告知"等，降低创业成本，提升创业参与率。二是加大创业资金投入，提高创业担保贷款扶持力度，实施创业带动就业专项补助和高校毕业生创业基金补助。三是提升创业服务平台作用，建立创业资源库，加强创业培训。四是落实通过政府采购促进小微企业发展的政策措施，通过评审优惠、预留份额等方式，对小微企业加大扶持力度。

4. 企业经营管理人员

改革开放以来，国有企业伴随企业承包、落实经营自主权、建立现代企业制度、建立现代产权制度、发展混合所有制的改革路径，对企业管理人员的薪酬激励力度不断加大。客观看，对企业管理人员实行年薪制是正确的，主要是方法应该改革，应该真正跟绩效挂钩。提高企业管理人员收入：一是需要进一步完善企业管理人员的薪酬激励机制，设计一个通行的、科学的计算办法、计算公式，合理确定基本年薪、绩效年薪和任期激励收入，向企业内外公开透明。二是真正建立职业经理人制度，畅通现有经营管理者与职业经理人身份转换通道，由企业董事会按市场化方式选聘和管理职业经理人。三是实行股权和期权激励。四是在国企推行员工持股。

5. 公务员群体

20 世纪 80 年代末以来实行的行政事业单位的职级工资制，对于打破平均主义有一定作用。但职务层级工资，也强化了"官本位"，不利于提高普通公务员，尤其是基层公务员队伍的收入，调动工作积极性。因此，必须深入推进公务员工资制度改革。一是探索建立公务员级别工资制。借鉴改革开放前的 24 级行政级别工资制的利弊，对行政各层级、各单位主官、副主官实行职务工资，对除此之外的公务员统一实行 40 级级别工资，考核合格逐年晋级，彻底解决基层干部队伍"付出多，收获少，提拔慢，待遇低"的现状。二是对公务员从落实"同城同待遇"，逐步走向基本上"全国同待遇"，缩小地区工资差距。三是推进公务员福利待遇货币化改革，规范改革性补贴，明确福利标准和保障范围。

三 把缩小区域收入差距作为重点

目前,中国东中西部的区域收入差距愈来愈大,成为扩大中等收入群体亟待解决的突出问题。从城乡居民的收入来源看,平均工资是最重要的组成部分,也是居民生活的基本来源和保障。经选择东部、中部和西部部分典型代表省份(浙江、江西、山东、陕西)与甘肃进行比较分析,可以看到区域收入差距。

1. 平均工资差距

从全国看,近年来各省市相继推出了收入倍增计划,推动了收入水平的增长。但甘肃省与全国的差距依然很大,排位靠后。2015年甘肃城镇单位就业人员平均工资为52942元,较上年增长12.7%,与全国年平均水平62029元相比差9087元,与最高水平的北京市(111390元)相比差49361元,即使与同在西部地区的陕西省相比,也低2002元。

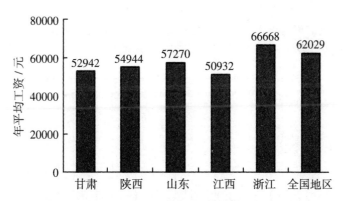

图1 2015年部分省份与全国城镇单位就业人员年平均工资

数据来源:《中国统计年鉴2016年》

2. 省区间重点人群收入差距

从各省市重点人群从事的行业来看，全国各地平均工资最高的行业也不尽相同。其中，浙江省年平均工资最高的行业是金融业，为130734元；陕西省年平均工资最高的行业是信息传输、软件和信息技术服务业，为104928元；甘肃省年平均工资最高的行业是采矿业，为63590元；江西省和山东省年平均工资最高的行业是金融业，分别为76035元和90869元。

（1）制造业。

制造业涵盖的行业较多，对技能人才、小微创业者和企业经营管理人员等重点人群收入情况能有直观的反映。从对比情况来看，2015年制造业职工年平均工资较高的是浙江省（55370元），较低的是江西省（46020元），甘肃省制造业职工年平均工资为50458元，低于全国平均水平4866元。

（2）公共管理和社会组织、教育、科学研究和技术服务行业。

公共管理和社会组织、教育、科学研究和技术服务，这三个行业就业人员的主体是机关事业单位，涵盖了科研人员及基层干部等重

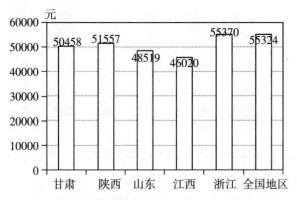

图2　部分省份制造业职工年平均工资对比

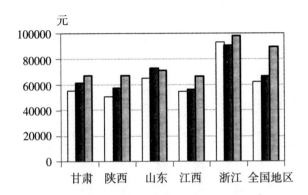

□ 公共管理和社会组织　■ 教育　■ 科学研究和技术服务

图3　公共管理和社会组织、教育、科学研究和技术服务行业职工年平均工资对比

点人群。与其他省份比较，2015 年，甘肃省公共管理和社会组织行业年平均工资为 55574 元，低于全国平均水平 6749 元，列浙江省（93306 元）、山东省（65158 元）之后，比江西省和陕西省略高。教育、科学研究和技术服务行业年工资水平也低于全国平均水平。

（3）金融业、信息传输计算机服务和软件业。

甘肃省的金融业和信息传输、计算机服务和软件业平均工资水平与全国和部分省份相比，处于较低水平。2015 年，甘肃省金融业，信息传输、计算机服务和软件业职工年平均工资分别为 59923 元和 54916 元，比全国同行业年平均工资分别低了 54854 元和 57126 元，比最高水平的浙江省分别低 70811 元和 71350 元。

（4）建筑业。

建筑业是甘肃省职工就业人口较为集中的行业，占全省城镇就业职工总数的 16.7%，是甘肃全省各行业中就业人数最多的行业。2015 年，甘肃省建筑业职工年平均工资为 40511 元，与全国和其他四

省份相比,处于最低水平,比全国建筑业年平均工资水平低 8375 元,
比浙江省、江西省、山东省和陕西省分别低了 7728 元、5635 元、7370
元、5673 元。

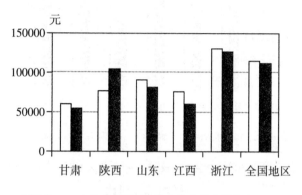

图 4　金融业和信息传输计算机服务软件业行业职工年平均工资对比

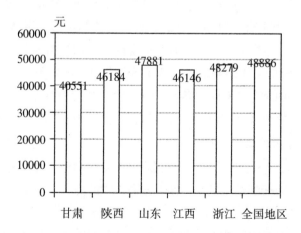

图 5　部分省份建筑业职工年平均工资对比

（5）缩小区域间收入差距的重点在西部。

国家要重点支持中西部地区，尤其是区域收入差距中最薄弱的西部地区。一是要持续加大对西部贫困地区的财政转移支付力度，着力改善西部农村交通基础条件、教育医疗卫生条件、生态环境条件，以及产业发展基础条件，增强西部地区自我发展能力。二是继续加大扶贫开发力度，增加扶贫资金规模，完善扶贫政策。以挖掘和激发脱贫主体的自我发展潜能为主，以经济开发扶贫、救助扶贫等方式为辅，提升贫困地区的内源式发展能力。

四　把突破农地制度瓶颈及伴生的低收入农民群体为重点

发达国家早已实现农民中产化。根据美国农业部的数据，美国农场数量1935年达到峰值680万个，农业人口超过1.27亿；如今农场数量只有约220万个，农民数量也降至300万左右。全职农民年收入基本都在5万至7万美元以上，一般而言要比城市居民平均收入水平高。与发达国家相比，中国最大的短板、最需要解决的是农民群体的中等收入问题。2015年末，中国国内（不包括港澳台地区）13.75亿人，城镇常住人口7.7亿，乡村常住人口6.05亿；从户籍管理的角度看，城镇7.7亿常住人口中，其中有2.7亿是农村户籍的农民工。所以，无论是6.05亿，还是算上农民工的8.75亿，这个群体都数量巨大，是扩大中等收入群体的重中之重。

大道至简，对农民与其帮扶，不如放活。习近平总书记和李克强总理都有回忆：他们下乡当大队支书时，一项重要工作就是给出去要饭的社员开介绍信。当年三级所有、队为基础的人民公社体制，严重扼杀了农民个体的生产积极性，扼杀了生产要素的活力。改革开放之初的解决农村吃饭问题，不是靠政府投入和帮扶，而是靠实行土地承包制，靠解除对农民的束缚，靠激活生产要素。当年我们是靠改革、靠放活解决问题,如今,仍然需要改革的思路和放活的路径。政府帮扶,只能限于解决基本生活条件问题,否则帮扶力度愈大,农村的依赖和懒汉现象愈来愈严重。像中国这样的大国,不可能靠政府资源的无限投入,去实现 6.05 亿抑或是 8.75 亿农民跨入中等收入的问题。

1. 挣脱"特殊逻辑"的束缚

长期以来,对农民有两个十分普遍的特殊逻辑:一是说"不给农民土地财产权是为农民好"。但没人说不给城里人房产证是为城里人好。二是担心给农民土地财产权后出现贫富差别。但没人担心给了城里人房产证后出现贫富差别。在没有工业化、城镇化、市民化路径之前,此逻辑成立。但有了"三化"路径之后,由于买卖是市场化交易,是钱货交易而非无偿,拿钱进城与买地留乡,没有必然的穷富关系。

2. 借鉴成功经验

对"三农"问题,有一个长期普遍的现象,一些人常常不是看世界上有无成功解决办法,而是忙于否定。

在世界 300 年的现代化进程中,没有不给农民土地产权而实现农民中产化、农村现代化的先例。日本 1950 年出台《农田法》时,出于相似的土地兼并顾虑,曾限定单一农户不得超过 45 亩。到 70 年代伴随工业化城镇化,农村人口转移差不多了,取消了限制。俄罗斯 90 年代及以前,守着 2000 多万平方公里土地和欧洲大平原,靠进口粮食和肉副食品过活,连买土豆都要排队。1993 年,俄罗斯通过新宪法,规定公民拥有土地所有权,土地所有者可自由掌握、使用和处理属于自己的土地。但由于遭到反对,一直没有通过有关公民土地所有权实施机制的细则,使得土地买卖无章可循,成为一纸空文。直到 2002 年 6 月俄杜马颁布《农用土地流通法》,才为农业用地的自由流通提供了法律基础。

俄罗斯 2002 年以市场化为内容的土地改革,对其农村现代化道路产生了决定性影响。2016年,包括美国和加拿大在内的世界农产品出口大国的整体小麦产量落后于俄罗斯,俄罗斯出口2350万吨粮食,而美国和加拿大的粮食出口量分别为2180万吨和2000万吨。俄罗斯农产品出口收益达到200亿美元,比2015年多50亿美元。俄罗斯本国农产品超过2/3都是供给海外市场140个国家和地区,包括非洲和中国。这在改革之前,是很难想象的。

我国则于2002年8月出台了《农村土地承包法》。这15年我们一直在讨论,再不改革,还会继续讨论下去。

3. 以农地改革促农民加入中等收入群体

激活中国农村经济,要害在于激活生产要素。其抓手有两个:一手改革农地制度,为"农工业"的发展创造土地规模使用的条件,使留在农村的农民成为拥有家庭农场的中等收入群体。随着现代农业的规模化发展,推进土地承包经营权有序流转,鼓励向专业大户、家庭农场、农民合作社、龙头企业等新型农业经营主体集中,是增加农民收入的重要组成部分和途径。一手把扶贫资金用于给进城农民工及家人在城市购房,使进城的农民工成为拥有住房、安居乐业的中等收入群体。只要这样做,就能全盘皆活。要打破农民工市民化会加大城市公共服务负担的思维定式,现在城市缺少低端劳动力,而农村人进城又没房子无法安居。应从制度改革入手,打破农民工进城门槛,让他们自由迁徙。

农村现代化、农民中产化的伟力蕴藏于亿万农民之中,我国需要再一次激活农村生产要素,释放农村生产力,推动农村经济的快速发展和农民群体整体步入中等收入行列。

参考文献:

[1]郑功成.扩大中等收入群体的要点与路径.中国人大[J].2016(19):30-31.

[2]唐新林,陈文.培育和扩大中等收入群体是改革下一步的目标之一.经济研究参考[J].2003(4):45-48.

[3]国家统计局城调总队课题组.6万~50万元:中国城市中等收入群体探究.数据[J].2005(6):39-41.

[4]国家发改委宏观经济研究院课题组.扩大中等收入者比重的实证分析和政策建议.经济学动态[J].2012(5):12-17.

[5]李培林.关于扩大中等收入者比重的若干思考.红旗文稿[J].2007(18).

[6]中国社会科学院.中国中等收入家庭人口占总人口的37.4%[EB/OL].(2016-12-21)[2017-3-8].http://finance.people.com.cn/n1/2016/1221/c1004-28966460.html.

[7]国家发改委宏观经济研究院课题组.进一步扩大中等收入者比重.红旗文稿[J].2006(12):8-10.

[8]国务院关于激发重点群体活力带动城乡居民增收的实施意见(国发〔2016〕56号)[EB/OL].(2016-10-10)[2017-3-10].http://www.gov.cn/zhengce/content/2016-10/21/content_5122769.htm.

[9]张琦,范丽娜.缩小我国区域间居民收入差距对策的再思考.经济研究参考[J].2008(3):43-52.

[10]万秀丽.精准扶贫视野下"空心化"农村治理探析.甘肃社会科学[J].2017(2):118-122.

[11]今年俄罗斯农产品出口量将超越美国加拿大[EB/OL].(2016-02-08)[2017-3-10].http://intl.ce.cn/specials/zxxx/201602/08/t20160208_8804050.shtml.

[12]张克俊,高杰,付宗平.深化农村土地制度改革与增加农民财产性收入研究.开发研究[J].2015(1):34-39

[13]郑新立.打破思维定势释放发展潜力.经济体制改革[J].2015(1):18.

（原文刊载于《开发研究》2017 年第 3 期，中国人民大学复印报刊资料《社会主义经济理论与实践》2017 年第 9 期全文转载，《新华文摘》2017 年第 18 期论点摘编，《社会科学报》2017 年 8 月 4 日论点摘编）

改革开放 40 年回顾与新时代改革

　　自 1978 年启动的中国改革开放已经走过了将近 40 年。40 年来，我们国家成功地进行了从高度集中的计划经济体制到充满活力的市场经济体制，从封闭半封闭状态到全方位开放并融入世界市场，进而推动世界经济、影响世界发展的伟大历史转折，进入了建设社会主义现代化强国的新时代。今年将要隆重纪念改革开放 40 周年，为什么要隆重纪念？回顾起来，因为持续 40 年的改革开放在中国历史上的改革中，是对中国社会的改造翻天覆地，对中国和世界历史进程产生最大影响，取得无与伦比成效的一次改革；因为本轮改革在中国历史上的改革中，是持续时间最长的改革，戊戌变法 100 天，王安石变法 7 年，张居正变法 10 年，商鞅变法 20 年。所以，有必要对本轮中国改革及甘肃改革作深度的思考，在反思的基础上展望新时代的改革。

一　改革开放 40 年实现了经济体制除旧布新和经济社会快速发展

　　40 年来，与全国一样，甘肃的经济体制和经济社会发展发生了翻天覆地的历史性变化。改革经历了 3 个阶段，20 世纪 80 年代进行了以打破旧体制为特点的农村和城市经济改革探索；90 年代进行了以建立新体制为特点的国有企业和宏观体制改革实践；进入新世纪特别是十八大以来，进行了以"推进国家治理体系和治理能力现代化"为目标的全面深化改革，使甘肃在经济体制创新和经济社会发展两个方面取得了巨大成就。

1. 在经济体制创新方面，40 年改革开放使传统计划经济体制转变为确立社会主义市场经济体制

（1）"大、公、纯"的传统公有制，转变为以公有制为主体、多种所有制经济共同发展的所有制结构。非公有制经济从无到有，目前已占GDP 将近半壁江山。1978 年，在工业总产值中，国有工业产值的比重为 90.84%，集体工业产值的比重为 9.16%；全社会固定资产投资额中，国有单位的比重为 99.57%，集体单位的比重为 0.43%。其他经济成分几乎为零。到 2016 年，在全省规模以上 2106 户工业企业中，民营企业为 1404 户，占 66.66%。在规模以上工业 1565.4 亿元增加值中，央企 812.8 亿元，占 51.9%；省属国企 205.1 亿元，占 13.1%；民营企业 330.9 亿元，占 21.3。在全社会固定资产投资额中，国有比重为 55%，民间投资为 45%。全省非公有制经济增加值为 3404.37 亿元，占GDP 的 47.6%，已成为推动甘肃经济增长的重要力量，所有制结构得到了很大调整。

（2）国有企业从计划经济的生产车间和政府附属物，转变为市场经济主体。全省国企经过改革攻坚，建立了以股份制为主要形式的现代企业制度。甘肃的工业基础是"一五"及以后靠国家的强投入建立起来的。在计划经济体制下，国企概括地说，是"一公"——企业实行国有国营，体制行政化，变成了各级政府的附属物；"两锅"——企业吃国家的大锅饭，职工吃企业的大锅饭；"三铁"——铁饭碗、铁工资、铁交椅，企业丧失了活力与效率。所以在改革过程中，甘肃始终坚持把国企改革作为中心环节，经历了简政放权、推行经济责任制、利改税、承包经营责任制、转换经营机制、探索股份制、建立现代企业制度、抓大放小和破产重组、建立现代产权制度等不同的阶段，原有的大中型企业完成"改制、关停、破产、重组、出售、股份化"等改革，流通行业企业绝大多数民营化，市州工商企业全面完成了民营化改制。目

前,现有的省属国企基本实现股份化和投资主体多元化,正在探索混合所有制改革。

(3)农村长期实行的"一大二公"人民公社体制,被土地承包制所代替。改革前,农村人民公社"三级所有、队为基础"的体制,剥夺了农民的经营自主权,压抑了农民的生产积极性,束缚了农村生产力的发展,使全省农业生产长期低水平徘徊。农民吃粮靠返销,生活靠救济,不改革已经没有出路。因而甘肃改革首先从农村开始突破,走过了从家庭承包、调整农村经济结构、发展乡镇企业和社会化服务体系,到探索农业产业化和城乡一体化发展道路的过程。现在按照党的十九大报告的要求:"巩固和完善农村基本经营制度,深化农村土地制度改革,完善承包地'三权'分置制度。保持土地承包关系稳定并长久不变,第二轮土地承包到期后再延长三十年。"开始加快实施乡村振兴战略。

(4)城乡商品流通体制从过去单一的实物调拨配给方式,转变为统一开放的市场流通体系。传统体制下的行政分配式流通方式,实行的是单一的计划调拨、统购统销,严重阻碍了生产发展和流通扩大,管死了流通领域,也抑制了社会的消费需求。改革开放以来,甘肃朝着扩大市场调节作用和范围的方向,围绕放开流通企业、放开价格、发展市场体系进行了重大改革。流通企业根据行业特点逐步转机改制,推行"经营、价格、用工、分配四放开"、国有民营、抽资租赁、民营化等改革形式,整个流通领域从国有企业独家经营发展为多种经济成分、多渠道经营的新局面。通过放开价格,价格形成机制发生了巨大变化,由单一的全部由政府定价,改变为95%左右的商品价格由市场形成,目前只有油气等少数产品和公用服务价格实行政府定价或指导价,市场形成并调节价格的机制基本确立。伴随市场调节作用的扩大,市场体系从"空白"到建立健全,初步形成了综合和专业多类型、大中小多层次的商品市场流通网络;各类要素市场,特别是证券市场、资金市场、人才市场、技术市场和房地产市场等有较大发展,市场对资源配置的决定性作用逐步增强,经济生活的市场化程度不断提高。

(5)社会保障和住房制度由国家与单位把职工完全包下来、缺失其他群体,转变为基本建成覆盖城乡的社会保障制度。改革开放之前,城市职工养老、医疗、住房长期实行的是单位保障,国家和企业不堪重负;城镇居民基本无社会保障;农村基本无社会保障。为建立新型的社会保障体制,全省养老、医疗、失业、最低生活保障制度等改革分类向前推进。首先是在城镇,城镇职工失业保险从1993年起实施;从1994年开始城镇企业职工基本养老保险采取了社会统筹与个人账户相结合的模式,进入省级统筹;1994年省级行政事业单位和14个市州全部实施了公费医疗制度改革,打破了公费医疗的"大锅饭";城镇住房体制改革自1994年后展开,全省建立了住房公积金制度,房改后居民住房状况得到全面改善;2007年起推动了城镇居民基本医疗保险;2011年启动了城镇居民养老保险试点工作;2015年实施了机关事业单位工作人员养老保险制度改革。其次是在农村,从2002年实施了新型农村合作医疗(简称新农合),2009年起实施了新型农村社会养老保险(简称新农保),在农村全面建立了医疗和社会养老保险体系。城乡社保覆盖面及覆盖人数逐年扩大,覆盖全社会的社会保障体系正在形成。目前正开始探索解决"两提高、三统一"的问题,提高标准、提高覆盖,城乡统一、区域统一、管理统一。

(6)就业体制城市由过去的政府统分统配、农村由过去的户籍控制和不能流动,转变为政府指导、市场择业、劳动者和用人单位双向选择。变化最大的是企业和农村,企业实行劳动合同制为主的多种用工制度,改变了国家一次分配定终身、人员单位所有制、干部和工人身份界线不可逾越的旧体制;农民拥有了自主流动、进入城镇、市场择业的公民权利。行政机关由传统的干部体制过渡到了国家公务员制度;事业单位实行了合同制、聘任制等用人制度。目前,正开始探索解决事业单位铁饭碗、铁工资、铁交椅"三铁",饭碗太"铁"的问题,农民工"市民化",饭碗太"泥"的问题。

(7)收入分配制度由大锅饭的平均主义,转变为按劳分配为主和其他多种分配方式并存。分配体制改革力度大,企业改变了过去的八级工资制,推行与企业效益和职工个人劳动挂钩的定额工资、计件工资、计时工资、基本工资加奖励等多种分配方式。机关事业单位改变了改革前的干部 30 级级别工资制,实行了以职务、职称工资为主的结构工资制度。资金、技术等生产要素进入分配领域,正在形成劳动所得与按生产要素分配结合的新型的社会主义分配体制。需要进一步探索解决机关事业单位"青海湖"现象,职务工资制强化官本位,需用税改调节收入分配差距过大等问题。

(8)以行政手段为主的高度集中的计划经济管理方式,转变为市场配置资源为基础、运用经济和法律等多种手段的宏观经济调控。宏观经济体制特别是投资体制、财政体制和金融体制发生重大变化。通过计划投资体制改革,省级综合经济管理部门强化了宏观规划与调控、经济发展预测等职能,把工作重点逐步转移到中长期计划,减少了过去那种分钱分物、批项目批指标等直接管理。列入计划管理的工业产品由原来的 342 种减少到目前的不到 10 种;推动实现了投融资渠道多元化,按照竞争性项目、垄断性项目、公益性项目初步划分了各类投资主体的投资范围。通过财政体制改革,由包干制改为分税制,实施了划分省与地县财税收入的办法和省对市州的转移支付方案。通过税收体制改革,实行了国税与地税分离;建立了统一的企业所得税、个人所得税和以增值税为主的流转税制度。通过金融体制改革,先后建立证监会、银监会、保监会;建立政策性银行,专业银行实行了商业性与政策性业务分离,全面进行了股份制改制。

(9)经济发展的封闭局面,转变为不断扩大开放的对外经济体制。甘肃作为内陆省份,过去是按计划关起门来搞经济,1978年以前,与甘肃有经贸关系的国家和地区不到10个,进出口总值仅为0.35亿美元。40年来,甘肃通过贯彻国家外经贸体制改革举措,外经贸活动逐步由政府组织实施向多元主体发展,打破了行政垄断和行业垄断,大中型企业有了直接对外经贸权,国有外贸企业进行了股份化改制或破产重组。全省还采取发展"三资"企业,举办"兰洽会"、敦煌文博会和各级各类招商会等多种措施招商外资,利用外资从无到有、从小到多,领域不断拓宽。目前,已有65个国家和地区的投资者在甘肃投资兴业,累计设立外资企业2156家,其中世界500强企业有11家;合同外资额186.86亿美元,实际利用外资19.3亿美元。2016年进出口总值70.19亿美元,是1978年的200倍。

2. 在经济社会发展方面,改革开放解放和发展了生产力,1999年以来的西部大开发加快了基础设施和生态建设,全面促进了经济增长和社会进步

(1)经济总量剧增。1978年时,甘肃国民经济总量为64.8亿元,财政收入20.47亿元,社会固定资产投资总额10.78亿元;社会消费品零售总额22.5亿元。如今,甘肃省GDP达到7152.04亿元,是1978年的110倍;一般公共预算收入达到786.8亿元,是1978年的38倍;社会固定资产投资达到9534亿元,是1978年的161倍;社会消费品零售总额990.14亿元,是1978年的44倍。自2014年开始,人均生产总值突破4000美元,达到中等收入国家水平。

(2)城镇化高速发展。1978年时,甘肃省总人口1869.45万人,其中,农村人口1600.01万人,城镇人口269.44万人,城镇化率仅为14.41%。如今,全省常住人口为2609.95万人,农村人口1443.56万

人,城镇人口1166.39万人,城镇化率达到44.69%。美国著名学者斯蒂格利茨曾经讲过:"21世纪对世界影响重大的有两件事:一是美国的高科技产业,二是中国的城市化。"

(3)农业变化巨大。1978年时,甘肃农业产值92亿元,粮食总产500万吨。如今,农业增加值达到1017.81亿元,是1978年的11倍多;历史性地解决了吃饭问题,粮食总产持续稳定在1150万吨左右,比1978年超出650万吨;肉类、棉花、油料、水果、牛奶、禽蛋等农产品产量也是数倍到数十倍的增长。

(4)工业快速发展。1978年时,全省工业产值40.8亿元。如今,全部工业增加值达到2491.53亿元,是1978年的61倍。

(5)基础设施建设突破。1978年时,甘肃交通基础设施投资2799万元,全省没有一条一级公路和高速公路,铁路营运总里程2243公里,只有1个民用机场。2016年,全省交通投资达到1390亿元,增长4964倍;公路通车里程达到14万多公里,高速公路超过3800公里;铁路营运总里程4500公里,东西北南高铁均打通,甘肃进入高铁时代;建成8个机场,在建3个机场。

(6)人民生活极大改善。1978年时,全省城镇居民人均可支配收入417元;农民人均纯收入101元。如今,城镇居民人均可支配收入达到25693.5元,是1978年的61.6倍多;农民人均纯收入7456.9元,是1978年的73.8倍多。城镇居民家庭恩格尔系数从40年前的近60%下降到35%,农村家庭的恩格尔系数从近70%下降到46%。覆盖城乡的义务教育体系基本建立,公共卫生体系和基本医疗服务不断健全,城乡社区基本公共服务体系得到完善。

二 改革开放40年的主要经验

在新时代,甘肃省要与全国同步全面建成小康社会,实现社会主义现代化,任务光荣而艰巨。改革开放之初,甘肃主要经济指标位居全国第 16 位,经济发展是同沿海比;20 世纪 90 年代,是变成同东中部地区比;21 世纪头 10 年,是变成同西部 12 省区市比;前几年,则是变成同西北 5 省区比;现在,甘肃主要经济指标已变成全国倒数一、二,已经是比无可比,需要全力避免发展差距继续拉大。如何解决攻坚阶段的甘肃经济的改革、创新、发展问题,创造经济向好的局面,没有别的捷径,应该从改革开放 40 年的历程中吸取成功经验,激活生产要素,突破制约瓶颈。

1. 解放思想,尊重经济规律并按经济规律办事

改革开放 40 年的成功经验之一,就是解放思想。以党的解放思想、实事求是的思想路线为指引,以"三个有利于"为判断标准,先后通过真理标准大讨论、生产力标准讨论、社会主义市场经济讨论等,突破了"一大、二公、三纯、四平均"等传统思想束缚。在解放思想的过程中,最关键的是解决了尊重经济规律,按经济规律办事的问题。历史上,在经济工作中曾长期存在长官意志、行政命令、运动式、急过渡、越"左"越革命等现象,严重干扰影响了经济正常发展。改革开放之后,在实践中发现,对于经济领域的问题,需要按经济问题对待,按经济规律办事;搞社会主义市场经济,必须尊重经济运行的一般规律。

2. 激励干事,创造一心一意谋发展的氛围

改革开放 40 年的成功经验之二,就是激励干事。中国之所以能取得让世界羡慕的高速发展,得益于对干部队伍的激励机制,激发了干部队伍干事创业的积极性和创造性,拉动经济增长的投资、消费、出口"三驾马车"同时发力,使中国的经济总量站到了世界第二。在这一过程中,甘肃实现了快速发展。具体看,经济领域主要是靠各级各地方努力的投资拉动,投资主要是基本建设、房地产、生产性项目"三块",其中决定经济发展后劲和造血机能的是生产性项目。生产性项

目又主要是靠两部分：省属国有大企业技改项目，如兰州石化、金川有色、酒钢、各煤业企业、各铝业企业等的产品结构调整、升级换代、扩能增产项目；市县民营企业的新上项目，各市县争先恐后招商引资，都有一些新建的中小民营生产性企业。现在，推动全面深化改革，避免发展差距继续拉大，仍然要靠激励干事。

3. 突出重点，抓住关键领域实现突破

改革开放 40 年的成功经验之三，就是突出重点。在不同时期，改革都有重点领域。改革之初，在农村推行土地承包制，废除人民公社，调动了农民生产积极性；1984 年后，"包"字进城，在工商企业推行厂长经理承包制，允许发展乡镇集体企业；1992 年后，明确了市场取向改革，推动大中企业开始股份制改革，乡镇企业股份合作制改革，中小企业民营化改革；1994 年后，启动财税、外贸、金融等宏观体制改革，打破外贸部门对进出口的垄断，给予大中企业外贸经营权，使我国成为世界货物贸易第一大国等等。如今，在推动全面深化改革中，仍然需要瞄准重点和关键领域。

4. 试点先行，鼓励基层大胆探索

改革开放 40 年的成功经验之四，就是试点先行。历史上大的改革，如企业承包、"五自主"、"四放开"、县域综合改革、小城镇综合改革等等，都是先选择市县或企业、行业进行试点，摸索出经验，再在全省全面推开。习近平总书记最近在谈到农村改革时强调：对突破体制藩篱、现行法律的，像农村土地、农村金融、城乡一体化等改革，坚持试点先行，从基层创新中找办法，及时总结推广经验，为面上改革探索路子。应该遵照习近平总书记的要求，借鉴兄弟省市"地票"制度等做法和经验，鼓励市县大胆试点，靠改革突破，靠激励放活，解决发展滞后的问题。

5. 配套协调,注意克服经济改革的内外制约

改革开放40年的成功经验之五,就是注意解决经济领域改革的内外配套。在推进经济改革过程中,始终存在一个经济领域的内部配套和外部配套问题。首先,就经济领域改革的内部配套而言,以国有企业改革为例,一开始是通过给予企业生产、分配自主权激活经营,后来发现不建立企业优胜劣汰机制,不打破原有的"铁工资、铁交椅、铁饭碗"不解决问题,但在建立企业破产制度和"砸三铁"过程中,发现不配套建立社会保障制度不行。其次,就经济领域改革的外部配套而言,每一项改革都是一次突破思想束缚和"左"的干扰的过程。从推行土地承包制,允许发展个体私营经济、乡镇集体企业,到推动乡镇企业股份合作制,大中企业实行股份制,中小企业民营化改革,每一次都是突破姓资姓社、姓公姓私的思想解放的过程。如果没有相应的配套大环境,经济改革无法推动。

回顾改革开放40年,甘肃在取得巨大成就和成功经验的同时,也仍然存在一些制约和问题。主要是:解放思想不够,缺乏敢为人先的精神和环境;对省情的认识不全面,缺乏共识;发展思路有待于针对短板,方向上一以贯之;干部队伍作风有待继续转变,素质需要进一步提高;重物轻人观念较重,人力资源发掘、发挥不足;改革创新意识不强,缺乏把自己摆进去的敢闯敢试精神;既得利益左右思想和行为,政府部门转型缓慢;社会信用观念缺失,缺乏经济健康活跃所需的诚信环境。

三　关于新时代甘肃全面深化改革的思考

甘肃比起沿海省市,常常有发展靠不上"海"、靠不上"江"、基本靠不上"边"的痛感。区位偏远,更需要打开"省门"。只有在进一步解放思想中,把"五大发展"理念具体化为谋划发展的正确思路,转化为

促进发展的改革措施，"放手让一切劳动、知识、技术、管理、资本的活力竞相迸发，让一切创造社会财富的源泉充分涌流"，吸引更多的人流、物流、资金流到甘肃来，甘肃才能大跨度地发展。

1. 谋划"长远战略"，确立能够一以贯之的发展大思路

在甘肃确立能够一以贯之的促进经济社会持续发展的长远战略，需要提高发展思路的针对性、稳定性。经济社会发展问题犹如一个麻线团，也犹如组成一个木桶的众多板子，按照"木桶原理"，每一块板都很重要，但要解决问题，靠平推不行，出路就是习近平总书记要求的突出"抓重点、补短板、强弱项"。

在甘肃围绕打通经济制约瓶颈，应该确立"交通畅省、生态立省、数字强省、开放富省"战略思路与重点。"交通畅省"，即加速实现"县县通高速"，使特色农产品能够出去，方便工业原料运入、产品运出，激活第三产业，全面拉动一、二、三产。"生态立省"，即借助中央强化生态文明建设政策导向，争取并实施重大生态环保项目，改善生态面貌，大力发展生态农业、旅游业，做生态经济大文章。"数字强省"，即"新工业强省"，也即顺应中央建设"数字中国"，大数据与工业化快速融合发展，农业的工业化、网络化改造和经营的大趋势，突破传统意义上的第二产业、所有制形式等的束缚，推动以信息化改造的传统工业、信息化的新能源和新材料工业、信息化的"农工业"、信息化的生产型服务业的发展。"开放富省"，即紧抓"一带一路"机遇，以更大力度的开放带动改革，重点推进城乡一体化的综合改革、政府自身改革。

2. 加大地方政府自身的体制改革力度，为经济发展松绑

改革开放以来的多次政府机构改革表明，政府对某个经济领域直接的行政管理越少，该领域发展就愈快。1998 年撤销八个工业和行业部，如撤销了冶金部以后，世界钢铁产量变成了中国第一、河北第二、唐山第三、美国第四。目前的全面深化改革亟待创造新的动力

源,这个动力源就是政府改革。

政府改革的主要内容:一是加快政府职能的转变。需要对政府"经济调节、市场监管、社会管理、公共服务"四项职能,按照市场化改革的要求,去作出具体的明晰和界定。从对这些年制约甘肃发展因素的研究看,传统计划体制的运作方式,比想象中要严重得多。在新的历史环境下,应用创新思维去加快政府职能的转换。二是推动政府行政层级改革。政府机构改革进行多年,现在的症结,是现行地方四级政府体制,层级太多、效率太低、运转成本太高。甘肃需要在省直管县试点上迈出步伐。三是继续深化行政审批制度改革。"放管服"改革任重道远,需要解决前一段改革表面化的问题,在继续减少审批项目的同时,建立透明化的管理机制,扼制利用审批寻租,从制度上根本解决问题。四是加快事业单位改革。这一领域相比较国有企业改革、政府机构改革,多年来改革滞后,没有取得突破性进展。事业单位改革比国企改革、政府机构改革情况还要复杂,需要在试点的基础上加大改革力度。

3. 推进农村综合改革,破除城乡分割二元管理体制

在新时代,人为的城乡分割的二元管理体制不应再持续下去了。如果不能在 2035 年之前解决城乡分割二元体制,我们就无法宣布基本实现了社会主义现代化。就甘肃而言,突破口就是农村综合改革。需要围绕推进城镇化、城乡一体化,加快农村土地制度、户籍制度、以养老和就业为主的社会保障制度、教育医疗制度、乡镇机构、县乡财政管理体制改革,实现城乡统一的社会管理体制。

农村改革的最大难点,是农地制度改革,其他主要是一个财力问题;从激活中国经济发展的角度看,需要激活的最大生产要素是农村土地。以俄罗斯为例,20 世纪 90 年代及以前,守着 2000 多万平方公里土地和欧洲大平原,靠进口粮食和肉副食品过活,连买土豆都要排

队。革命性的变化发生在 2002 年 6 月，出台了《农用土地流通法》。去年俄罗斯已超过美国、加拿大成为世界第一粮食出口大国。我们应该认识到，农村现代化的伟力蕴藏于亿万农民之中，需要启动农村"二次改革"，再一次释放农村生产力。

4. 加快社会信用体系建设，创造有吸引力的营商环境

社会信用体系建设事关全省经济社会发展全局。一是需要强化政府信用，树立"诚信政府"形象。政府率先垂范，取信于民，大力抓好自身诚信建设。要强化法治意识、服务意识、效率意识、廉政意识，切实转变职能，做到严格依法行政、照章办事、言而有信，提高政府行政公信力。二是要加强企业诚信建设。打造诚信经济，必须有诚信企业。以企业诚信制度建设为突破口，包括培育诚信理念，健全监管机制，完善信息披露制度，加快建设信用评级制度，推行违信惩罚制度等。三是培育和发展信用调查、信用认证、信用评估、信用担保等社会中介服务组织。加快中介服务机构行业协会建设，引导社会中介机构诚信经营，完善自律机制。逐步建立社会中介机构的市场准入、退出机制，失信惩戒机制，从业管理制度和信用记录制度，促进信用中介组织的规范发展。四是以完善覆盖全省的个人信用查询系统为突破口规范个人诚信，培育个人征信的法治环境。五是发挥政府在诚信立法中的主导作用。否则，就会支付较大的发展成本。

5. 加大人才工作力度，创造干部队伍竞争向上、勇于创新的机制和氛围

甘肃人才资源与全国很多省份相比，仍有很大的差距。人才流失现象并未得到根本的遏制，制约人才资源发挥的诸多因素仍然存在。一方面，亟待制定和实施比沿海地区更有力度的政策举措。要认识到，在高端人才争夺战愈益激烈的今天，需要"事业留人、感情留人、平台留人"。在财力有限的情况下，不能搞普惠制，必须实质性地向高

端人才倾斜。另一方面，需要加强人才队伍中关键的干部队伍的建设。进一步规范干部队伍选拔和任用机制，改善干部队伍结构。需要从思想上充分认识到"人才资源是第一资源"，在具体的工作中尊重人才、爱惜人才、最大限度地发挥人才的价值，大胆使用人才。

6. 加强生态建设，落实"国家生态安全屏障综合试验区"

甘肃的地理位置和资源生态状况，迫切要求未来的甘肃发展战略，要从维护国家生态安全的高度，谋划甘肃经济、政治、文化和社会建设中的一系列重大项目。从中央关注、支持甘肃未来发展的重点看，还是生态环境建设和保护问题。突出生态建设，应该成为甘肃在未来国家区域战略格局中赢得比较优势的重要思路。因此，今后需要围绕落实甘肃《加快转型发展建设国家生态安全屏障综合试验区总体方案》，进一步发掘甘肃的重大项目，为甘肃未来发展提供项目支撑。

参考文献：

[1]习近平：十九大报告

[2]党的十六大报告

[3]甘肃省统计年鉴

（原文刊载于《开发研究》2018 年第 1 期，中国人民大学复印报刊资料《国际经济文摘》2018 年第 3 期全文转载，《新华文摘》2018 年第 10 期论点摘编）

二 地方改革

以科学发展观为指导
加快甘肃体制机制创新

经过 28 年的改革开放，甘肃正从初步小康向全面小康过渡，无论是发展还是改革，都处在一个新的历史起点。在"十一五"时期，需要以科学发展观这一最新理论成果为指导，明确"十一五"时期体制、机制创新的新思路和新重点，切实加大改革力度，在事关全局的重要改革领域取得实质性突破，为全面、高质量地实现甘肃"十一五"经济社会发展目标和任务提供体制、机制保障。

一　加快甘肃体制、机制创新必须坚持科学发展观

（一）科学发展观是理性地认识、推动发展和改革的科学理论。

（1）科学发展观产生于我们党领导改革开放的伟大实践，是与时俱进的理论创新。首先，科学发展观是对改革开放 28 年来发展改革工作经验得失的总结和反思的成果，是指导发展与改革的科学世界观和方法论。其次，科学发展观的本质和核心是以人为本，体现了我们党以广大人民群众的根本利益为本的价值观、宗旨和性质。再次，科学发展观的第一位要求是坚持以经济建设为中心，体现了我们党一心一意谋发展的政治路线。最后，科学发展观的根本要求是统筹兼顾，推动经济社会全面进步，体现了我们党辩证唯物主义的思想方法。

（2）科学发展观作为我们党解决改革发展问题认识上的深化，体

现在不同时期治国理政思路上。党的十三大,提出"用改革的办法解决发展中的问题"。到了党的十五大,明确"用发展的办法解决发展中的问题"。党的十六大以后,确定"用发展和改革的办法解决发展中的问题",更为全面、更为合理。

(3)甘肃28年发展和改革的历程,与全国一样展示了坚持科学发展观的历史必然性。一方面,我们看到了改革开放给甘肃带来的历史巨变。经济快速增长,国内生产总值从1977年的58.72亿元,增长到2005年的1928.14亿元;人民生活普遍提高,城镇人均收入从1978年的407.53元增长到2005年的8086.82元,农民人均纯收入从1978年的100.93元增长到2005年的1980元,城乡面貌日新月异。另一方面,我们也看到了经济与社会事业发展的失衡。如老百姓看病贵、上学贵、就业难,城市生活困难群体呈扩大之势;城乡二元结构的固化,三农问题长期得不到解决,二元鸿沟呈加深之势;区域发展差距不断拉大,省域内不同地区实现小康进程有明显的差距;人与自然环境的不协调问题,省内一些资源型工矿城市面临资源枯竭,环境问题加剧等等。这些问题,既是发展问题,也是改革问题。以制度经济学观点来看,每个发展问题的背后,都有深层的体制性问题。以城乡二元结构问题为例,从根本上说,就是城乡分割的管理体制所造成或强化的结果。

(二)改革形势的变化,决定了甘肃今后的体制、机制创新必须坚持科学发展观。

在新阶段,社会矛盾发生变化,决定了改革形势和任务的变化。社会面临的主要矛盾,已从改革开放初期的人民群众日益增长的物质文化需要同落后的社会生产之间的矛盾,发生了一些新变化。在这一主要矛盾依然存在的同时,社会又面临经济快速增长与发展不平衡和人口资源环境约束的尖锐矛盾,社会公共需求快速增长同政府公共服务不到位的尖锐矛盾。这种变化,决定了今后体制、机制创新的指导思想和目标,要从过去单纯的解放和发展生产力,提升到今后包含发展生产力的促进、人的全面发展上来,树立以人为本的科学改革观。从这个意义上说,科学发展观就是科学的发展改革观。

"十一五"时期甘肃的体制、机制创新,需要把科学发展观落实到改革的各个领域、各个环节中去。在改革工作中,适应社会矛盾的新变化,把以人为本、促进人的全面发展,作为制定改革举措、评判改革成效的基本标准和价值尺度,使改革最大可能地满足广大人民群众的基本要求,使绝大多数社会成员都能不断分享发展改革的成果。

二 以科学发展观指导甘肃的体制、机制创新,新阶段需要有新思路、新重点

(一)适应国企改革三年攻坚任务即将完成的新形势,及时调整全省改革工作思路。

甘肃省委在2003年十届四次全委会作出的"发展抓项目、改革抓企业、保证抓党建"的工作思路,给全省发展注入了活力,使改革激发了动力。三年来,推动全省经济社会发展上了一个新台阶,实践证明,是完全正确的。今年是国企改革攻坚的最后一年,在三年攻坚阶段性任务完成后,改革思路就面临着如何调整的问题。从沿海地区的情况看,改革的思路和重点已经不是国企改革,而是转向了政府行政体制和事业体制改革。沿海与甘肃在改革问题上的进展,已经不在一个层次上了,突出表现了甘肃与沿海的差距,是发展与改革的双重差距。

全省改革工作思路下一步如何调整,是一个关系全局的大问题。一方面,现在的改革工作是牵一发而动全身,每一项改革都需要其他方面相配合,单项突进不行了。另一方面,整体推进改革又面临改革

成本的支付问题,不可能做到齐头并进,又需要抓住关键着力点。目前,全省政府职能转变不彻底,行政体制沿袭计划经济成分很重,在经济领域仍然过多地直接配置资源,社会管理和公共服务职能薄弱,已经成为突出的体制障碍,也必然成为全面深化改革的关键。国家和省上的"十一五"规划纲要都已把行政管理体制改革放在了深化改革的突出位置。所以,下一步全省工作思路,除了发展抓项目,保证抓党建,改革应转变为抓政府转型、政府改革为核心。

(二)甘肃体制、机制创新的新重点。

(1)集中财力,全力并实质性地完成国企改革三年攻坚阶段性任务。当前,国有企业改革症结在于债务处理、人员安置等改革成本的支付问题。过去甘肃省改革的一个特点,是按中央部署什么改革都努力搞了,但什么改革又都没到位。其缘由受制于财力或是不想支付改革成本,如过去的房改;或是少支付改革成本,如过去的医改。在国企改革上不能再重走老路,需要下最大决心集中财力,解决企业改革的成本支付问题,以免在国企改革上无休止地"翻烧饼"。与此同时,深入推进国有经济布局和结构战略调整,使改革向垄断性行业和半垄断性行业展开。省级以下,"十一五"时期应把重点放在城市公用事业、水管体制、公路建设和养护体制改革等领域。

(2)及时调整改革中心,推进政府自身的管理体制改革。把行政体制改革作为改革的新重点、新的中心环节。首先,伴随着非公有制经济的发展,国有企业在国民经济中的地位和作用逐渐发生变化,改革深入的关键不再是国企,而是政府。其次,经过20多年的国企改革,在国企改革到了差不多的时候,已经不能给整体改革提供新的动力,就需要针对造成改革停滞的主要症结,创造新的动力源。

政府改革的主要内容:一是加快政府职能的转变。政府不能成为市场化改革的死角,需要对政府"经济调节、市场监管、社会管理、公共服务"四项职能,按照市场化改革的要求,去探索作出具体的明晰和界定。从对这些年制约甘肃发展因素的研究看,传统计划体制的运作方式,比想象中要严重得多,在新的历史环境下,应用创新思维去加快政府职能的转换。二是推动政府行政层级改革。政府机构改革进行多年,现在的症结,是现行地方四级政府体制,层级太多、效率太低、运转成本太高。甘肃需要在省管县试点上迈出步伐,第一步需要尽快全面推开实行"省直管县"财政管理体制。三是继续深化行政审批制度改革。解决前一段改革表面化的问题,在继续减少审批项目的同时,建立严格的审批监督管理机制,扼制利用审批寻租 ,从制度上根本解决问题。四是加快社会事业单位改革。这一领域多年来改革滞后,没有取得突破性进展。事业单位改革比国企改革、政府机构改革情况还要复杂,需要在省一级拿出公共性、准公共性和营利性事业单位区别对待、分类改革的办法,在试点的基础上,加大改革力度。

(3)着力推进农村综合改革,破除人为的城乡分割的管理体制。在巩固农村税费改革成果的同时,加快农村乡镇机构、县乡财政管理体制、土地制度、户籍制度、以养老和就业为主的社会保障制度、教育医疗制度改革,最终实现城乡统一的社会管理体制。

重点应放在三个方面:一是明确乡镇机构改革的方向和定位。按照中央要求,以转变政府职能为重点,精简机构和人员,改革和整合事业站所,五年内机构编制只减不增。与此同时,适应取消农业税后的新形势,把乡镇政府朝着为农民提供公共服务、营造环境的县级政府办事处的方向改革试点,第一步是尽快推开"乡财县管乡用"财政管理方式改革试点。二是逐步建立现代农村公共服务体制。首先是加大投入,把财政支农的重点放在解决农民基本公共服务上,争取今后做到新增教育、卫生、文化等事业经费主要用于农村。二是加大城乡统一的公共服务体制试点力度,在有条件的河西区域一些县市,先行启动建立城乡统一的养老、医疗保险和就业等体制。三是进一步探索农村土地制度改革。农村改革更为核心和不可回避的,是解决农民的土地使用权问题,真正实现"耕者有其田"。需要探索在国家保留土地终极所有权的前提下,给予农民土地使用产权。现行土地承包制的缺陷日益明显。首先,无法控制剥夺农民。计划经济时期是利用工农产品剪刀差剥夺农民,改革开放以来,是地方政府利用征地剥夺农民,有数字表明,后者已远远超过前者。据有关研究估算,世纪之交以来,平均每年有 3000 多亿元土地费用转到城市;近几年通过工农产品剪刀差,农民向城镇作的贡献每年都在 1000 亿元以上。其次,强化了小农经济,制约着农业产业化。在此问题上,不应继续抱有创造先例的乌托邦幻想。再次,无法抑制农民的生育冲动。现在的农村人均耕地还不到 20 世纪 80 年代初推行承包制时的一半,不能再不考虑土地制度与人口增长两者的关联。从国外的经验看,日本农民从封建时代延续下来的长子继承制,其深层原因是,无节制的生育与均分土地,几代以后就会均分得没地了,自然对农民的生育冲动形成一种控制。土地承包制无法抑制农民的生育冲动。中国农民是最实际的,国家把土地一次性分给农民再不负调整之责,不再承担无限责任,农民就会自己考虑这个问题,否则就永远是政府的问题。与此相关的一个历史事例:清代雍正、乾隆年间实行的"摊丁入亩"改革,在保护广大下层农民利益的同时,刺激了人口急剧增长。中国人口在清朝以前一直变化不大,从夏商周开始到明末,始终在 1000 万~7000 万之间波动。清初仅 1400 万,乾隆初为 1 亿 4 千万,乾隆末就到了 3 亿,道光时中国人口历史性超过了 4 亿。所以,在维持土地承包制不变的条件下,推行农村税费改革等各项惠农政策,农民的生育冲动可能更加难以抑制,对可能产生的刺激农村人口膨胀的负效应上的中长期影响,应做充分的研究。

综上所述,如果受制于全局,甘肃在农村土地制度上不能大面积改革试验,应像安徽省小岗村闯出土地承包制路子一样,允许在局部地区先行试点,探索新的路径。

三　加快甘肃体制、机制创新需要强有力的保障机制

(1)强化改革的政治意志和科学决策。"两抓两放"对于"十五"时期的甘肃改革发展功不可没。"十一五"的甘肃改革,需要针对深层次体制矛盾,以更大的决心,下更大的气力推进改革攻坚。同时,提高改革决策的科学性,对涉及全局的重大改革必须周密论证,循序渐进,避免反复。世上没有十全十美的改革举措,对改革不能求全责备,尽可能保持前进中的稳定性。

(2)建立协调推进改革的工作机制,加强组织保障。改革涉及深层利益格局的调整,涉及不同利益主体和众多政府部门,改革的组织协调非常关键。目前的工作机制,是把改革的具体任务分解落实到各相关部门,导致改革受制于部门利益,在推进中变形走样。解决改革工作协调机制上的缺乏,已成为制约改革攻坚的主要因素之一。需要考虑建立高层次、高度权威、超脱部门利益的改革协调机构,以加强跨部门的综合性研究,主导改革方案的制定,综合协调改革中各方面的利益关系,并在组织工作机制上作出新的制度安排。

(3)统筹算账,建立统一支付改革成本的保障机制。甘肃的财政收入近年来虽然增长较快,但吃饭财政的格局并未改变,困难依旧存在。同时,财政支付各项改革成本的压力很大,难以落实。甘肃的经济改革之所以在过去出现许多"半拉子"改革、僵持不下的改革、"不了了之"的改革,重要原因是无法支付改革成本。改革走到今天,一个特点是,各项改革都要支付成本。经济改革说到底是经济行为,要有经济实力作后盾。企业改革要解决债务包袱、安置职工、分离办社会,农

村改革要减轻农民负担,行政体制改革要精简安置人员、实现办公现代化,还有社会保障制度改革、科教文卫改革等等,都是有成本的。根据甘肃的实际,今后的改革必须统筹运作,综合算账,保证重点,试点先行,分步实施,逐项解决历史遗留问题,逐步化解积累的矛盾。确保搞一项改革,配套落实一项,以求取得实效。

（原文刊登于《发展》杂志 2006 年第 11 期）

甘肃省"十二五"人力资源开发研究

第一部分 甘肃省人力资源开发分析

大力开发和有效利用人力资源，是实现科学发展的内在要求和根本途径，是促进人的全面发展的重要手段。"十二五"时期，甘肃省经济社会要保持持续较快发展，必须继续实施"科教兴省""人才强省"战略，加强人力资源开发。

一 甘肃省人力资源开发的基本情况

（一）甘肃省人力资源开发的主要举措

1. 强化人才开发政策支撑

围绕"十一五"发展规划，以项目为依托，省上制定了15个专项人才开发配置计划和18项保障措施。2008年启动了"千名领军人才工程"，出台了《甘肃省领军人才队伍建设实施办法》。同时，加大了海外引智力度，引进外国专家2500多人次。2009年省委办公厅、省政府办公厅又联合下发《关于进一步鼓励和吸引海外高层次人才来甘肃工作的意见》。

2. 推进人力资源的教育性开发

"十一五"以来，甘肃省积极发挥教育在人力资源开发中的基础性作用，全面提升人力资源整体素质。截至2008年，共有82个县实现了"基本普及九年义务教育、基本扫除青壮年文盲"的目标，全面实现了城乡免费九年义务教育。2008年全省各类中等职业学校共招生15万人,在校生达到36.70万人。2008年全省普通高等学校共招生11.09万人,在校生达到33.19万人,高等教育毛入学率提高到20%。

3. 加快人力资源的流动性开发

"十一五"以来,全省积极鼓励城乡富余劳动力向发达地区流动,制定了《甘肃省劳务经济发展三年规划》及强化职业技能培训、加强农民工就业指导服务、维护农民工权益等三个《实施方案》。2008年,全省输转劳动力425.91万人,其中有组织输转183.52万人,有组织输转率为43.08%;创劳务收入256.36亿元,劳务收入占农民人均纯收入的比例达到53.4%。

4. 加强人力资源职业能力建设

"十一五"以来,全省稳步推进技能人才队伍建设,不断扩大职业资格证书的覆盖面和影响力。2008年省级职业技能鉴定人数突破15万,达到15.13万人,其中为农民工开展技能鉴定5.99万人。组织国家职业资格全国统一鉴定4583人,新增技师和高级技师2049人。

5. 提升自主创新能力

"十一五"以来,全省将"技术创新引导工程"作为推进自主创新的主要举措之一。2006年8月,省科技厅等部门联合制定了《甘肃省"技术创新引导工程"实施方案》和《甘肃省创新型企业试点方案》,正式启动实施了创新型企业试点工作,2006年度设立"技术创新引导工程"专项资金1000万元来保障工作的顺利实施。

6. 加大人力资本投入

"十一五"以来,全省地方财政用于教育的支出逐年增加,由2005年的75.45亿元增加到了2008年的182.93亿元,增长了143.20%。2008年地方财政用于教育的支出占到了GDP的5.76%。

7. 促进就业创业

2008年省政府下发了《关于进一步做好就业工作的通知》,省劳动保障厅制定下发了就业登记和失业登记管理办法、再就业援助等配套政策,组织开展"再就业援助月""春风行动"等专项活动,启动"创业甘肃"活动,营造自主创业和全民创业氛围,以创业带动就业。2008年甘肃省各级财政筹资2个亿购买了15000个基层公共服务岗位用于扶持高校毕业生就业。

8. 提高人力资源市场化配置水平

"十一五"以来,甘肃省初步形成了以市场化配置人力资源、社会化代理人事关系、网络化信息服务为主要内容的人才和劳动力市场服务体系。2008年出台了《甘肃省人力资源市场和社会保障服务中心建设规划》,进一步促进市场导向就业机制的建立和不断完善,全面提高社会保障管理服务能力。

(二)甘肃省人力资源开发的现状分析

1. 人力资源数量

人口规模和从业人员数量是人力资源开发的基础。全省总人口、15~64岁人口、经济活动人口、从业人员等具体见表1-1所示。

2. 人力资源质量

(1)人力资源的知识水平。"十一五"以来,甘肃省人力资源知识水平有了进一步提升。见图1所示。

(2)人力资源的技能水平。"十一五"以来,甘肃省专业技术人才队伍的素质有了明显提升,技能人才队伍结构进一步优化。具体见表1-2所示。

表1-1 "十一五"以来甘肃省总人口与从业人口

年份	年末总人口（万人）	15~64岁人口（万人）	经济活动人口（万人）	从业人员（万人）	从业人口占总人口比（%）
2005	2594.36	1799.71	1400.61	1391.36	53.63
2006	2606.25	1846.01	1411.05	1401.36	53.77
2007	2617.16	1862.89	1424.45	1414.76	54.06
2008	2628.12	1872.54	1455.77	1446.34	55.03

资料来源：2009年《甘肃统计年鉴》。

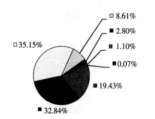 

图1-1 2007年甘肃省从业人员受教育程度百分比

表1-2 甘肃省各类专业技术人员及构成表

年份	各类专业技术人员	从业人员（万人）	专业技术人员占从业人员比重	初级职称	中级职称	高级职称
2005	466147	1391.36	3.35	53.81	31.59	5.31
2006	473816	1401.36	3.38	52.47	32.17	5.71
2007	483580	1414.76	3.42	51.58	32.53	5.73
2008	496499	1446.34	3.43	50.74	32.70	6.50

资料来源：根据2008年《甘肃统计年鉴》、2008年《全省组织人事统计资料》计算。

3. 人力资源结构

(1)年龄结构。从表 1-3 可以看出,甘肃省劳动年龄人口占总人口的比重稳定增长,劳动人口的总抚养比逐年下降。

表 1-3 甘肃省人口年龄构成和抚养比

年份	人口数	0~14 岁人口	15~64 岁人口	65 岁以上人口	总抚养比(%)
2005	2594.36	23.40	69.37	7.22	44.15
2006	2606.25	21.78	70.83	7.39	41.18
2007	2617.16	21.33	71.18	7.49	40.49
2008	2628.12	21.17	71.25	7.58	40.35

资料来源:2008、2009 年《甘肃统计年鉴》。

表 1-4 甘肃省按三次产业分的生产总值及从业人员构成

单位:%

年份	从业人员（万人）	第一产业		第二产业		第三产业	
		生产总值	从业人员	生产总值	从业人员	生产总值	从业人员
2005	1391.36	15.93	63.67	43.36	14.66	40.71	21.67
2006	1401.36	14.64	63.23	45.82	14.79	39.54	21.98
2007	1414.76	14.30	62.66	47.30	15.00	38.40	22.34
2008	1446.34	14.55	62.35	46.33	15.12	39.12	22.53

资料来源:2008、2009 年《甘肃统计年鉴》。

(2)产业结构。甘肃省人力资源的产业结构不合理,表现为:第一产业劳动力比重过大,农村劳动力转移滞后,第二、第三产业吸纳劳动力的能力不强。见表 1-4 所示。

(3)城乡结构。"十一五"以来,甘肃省从业人员的城乡结构变动不大,具体见表1-5所示。

表1-5　按城乡分的从业人员构成

年份	从业人员(万人)	城镇(%)	乡村(%)
2005	1391.36	26.17	73.83
2006	1401.36	26.53	73.47
2007	1414.76	27.05	72.95
2008	1446.34	27.50	72.50

资料来源:2008、2009年《甘肃统计年鉴》。

(4)所有制结构。"十一五"以来,甘肃省城镇从业人员的所有制结构有了进一步改善,具体见表1-6所示。

表1-6　甘肃省分登记注册类型的城镇从业人员构成

年份	城镇从业人员(万人)	国有单位		城镇集体单位		其他注册类型单位	
		从业人员(万人)	比重(%)	从业人员(万人)	比重(%)	从业人员(万人)	比重(%)
2005	364.07	158.98	43.67	12.6	3.46	192.49	52.87
2006	371.73	143.95	38.72	8.75	23.54	219.03	58.92
2007	382.73	145.53	38.02	8.12	2.12	229.08	59.85
2008	397.74	145.38	36.55	6.94	1.74	245.42	61.70

资料来源:2008、2009年《甘肃统计年鉴》。

二 甘肃省人力资源开发的问题分析

（一）人力资源整体素质较低

目前，甘肃省人力资源的平均受教育年限低，2008 年甘肃省大专以上学历的人口只占 6 岁及 6 岁以上人口的 4.49%，远远低于排在西部第 1 位的新疆，也低于全国 6.7% 的水平。2008 年初中毕业生平均升学率仅为 46.76%。

（二）专业技术人才、高技能人才短缺且结构不合理

1. 专业技术人才和高技能人才总量小

全省专业技术人才只占从业人员的 3.43%，高技能人才只占技能人才的 18.3%，难以适应甘肃省新型工业化和发展优势特色产业的需求，严重影响了甘肃省的自主创新能力。

2. 专业技术人员和高技能人才分布不均衡、结构不合理

全省高级职称以上专业技术人员仅占专业技术人员的 6.5%，主要分布在教育、卫生领域。一、二产业急缺各类领军人才、复合型人才和具有执业资质的专业人员，第三产业发展急需的金融、现代物流、文化动漫等方面的专业人才十分紧缺。高技能人才工种构成不合理，大多集中在汽车驾驶、汽车修理等通用职业，优势特色产业紧缺。

3.高层次人才外流依然严重

近年来甘肃省加大了人才引进力度，不断创新人才工作机制，面向国内外引进高层次人才，但是高层次人才流失的问题并没有从根本上得到扼制。

（三）人力资源能力水平低

1. 劳动生产率低下

2008 年甘肃省全社会劳动生产率由为 21960 元/人，比 2005 年增加了 8060 元/人。虽然劳动生产率快速提高，但是与发达地区及全

国平均水平相比还有较大差距。具体见表 1-7 所示。

2. 科学研究水平低

2008 年甘肃综合科技进步水平指数为 38.05%，在全国排名第 23 位。"十一五"以来，甘肃省共获得国家自然科学奖 5 项，与发达省市相比数量少、层次低，科学研究水平较低。

表 1-7　2005—2008 年全省劳动生产率

指标	2005	2006	2007	2008
全社会劳动生产率(元/人)	13900	16246	19101	21960
第一产业	3478	3762	4354	5126
第二产业	41114	50332	60271	67302
第三产业	26108	29224	32818	38120
人均生产总值(元)	7477	8757	10346	12110
全国人均产值(元)	14053	16165	18934	22698
甘肃人均产值占全国的%	53.20	54.17	54.64	53.35

资料来源：2009 年《中国统计年鉴》、2009 年《甘肃统计年鉴》。

3. 技术创新能力低

"十一五"以来，甘肃省的技术创新能力有了较大的提升，三年共获得国家科技进步奖 13 项，2008 年专利申请受理数有了大幅度提升，达到了 2178 件。但从全国和西部来看，甘肃省的技术创新能力依然处于较低的水平，见表 1-8 所示。

表1-8 2008年西部地区专利申请受理数和授权数

地区	三种专利申请受理数						三种专利授权数合计					
	三种专利合计			发明			三种专利合计			发明		
	件数	全国排名	西部排名	件数	全国排名	西部排名	件数	全国排名	西部排名	件数	全国排名	西部排名
内蒙古	2221	26	8	695	26	8	1328	26	8	140	26	8
广 西	3884	22	5	1086	22	5	2228	22	5	204	25	7
重 庆	8324	17	3	1997	19	3	4820	15	2	532	17	3
四 川	24335	7	1	4098	12	1	13369	7	1	1086	11	1
贵 州	2943	24	6	873	25	7	1728	24	6	270	22	5
云 南	4089	21	4	1474	21	4	2021	23	5	383	21	4
西 藏	350	31	12	39	31	12	93	31	12	16	31	12
陕 西	11898	14	2	3775	13	2	4392	17	3	962	12	2
甘 肃	2178	27		952	24		1047	27		211	24	6
青 海	431	30	11	148	30	11	228	30	11	23	30	11
宁 夏	1087	28	10	160	29	10	606	28	10	48	28	10
新 疆	2412	25	7	482	27	9	1493	25	7	82	27	9

资料来源:2009年《中国统计年鉴》。

(四)人力资源结构与产业结构调整的要求不相适应

"十一五"以来,甘肃省三次产业的结构偏离度未有大的改善,与全国及发达省份相比,甘肃省第一产业就业比重过大,第二、三产业就业比重相对较小,就业结构演变相对滞后于经济结构演变,就业结构与产业结构关系很不协调。见表1-9所示。

表 1-9 　按三次产业划分的生产总值及从业人员构成

单位:%

年份	第一产业			第二产业			第三产业		
	生产总值	从业人员	结构偏离度	生产总值	从业人员	结构偏离度	生产总值	从业人员	结构偏离度
2005	15.93	63.67	−0.75	43.36	14.66	1.96	40.71	21.67	0.88
2006	14.64	63.23	−0.77	45.82	14.79	2.10	39.54	21.98	0.80
2007	14.30	62.66	−0.77	47.30	15.00	2.15	38.40	22.34	0.72
2008	14.55	62.35	−0.77	46.33	15.12	2.06	39.12	22.53	0.74

资料来源:根据 2009 年《甘肃统计年鉴》计算。

(五)城乡人力资源质量差异巨大

"十一五"以来,甘肃省转移的农村劳动力中初中及以下文化程度要占到将近 80%,见表 1-10 所示。

表 1-10 　全省农村劳动力转移的受教育程度的构成

单位:%

指标	2005 年	2006 年	2007 年	2008 年
当年转移的劳动力	100	100	100	100
不识字或识字很少	3.89	3.90	3.09	3.39
小学程度	20.86	19.79	19.69	18.97
初中程度	55.97	55.38	54.22	54.50
高中程度	12.15	14.36	16.19	15.20
中专程度	4.61	4.31	4.32	5.13
大专程度	2.52	2.26	2.49	2.81

资料来源:2009 年《甘肃统计年鉴》。

三 "十二五"时期甘肃省人力资源供需分析

（一）人力资源供给预测

甘肃省人力资源供给的预测，主要考虑省内的人口自然增长及劳动适龄人口增加两个因素。

郭志仪教授根据甘肃省的总和生育率以及相关死亡率研究所取得的成果，对甘肃省人口发展趋势进行了预测。

我们借鉴郭教授提出的中方案（即选取总和生育率为 2.0），预测出 2009—2015 年各时点上的总人口及劳动适龄人口比重，在此基础上计算出适龄劳动人口数，并推算出各年的劳动力资源的供给量及增量。假定 2009—2015 年劳动参与率不变，2008 年甘肃省的劳动参与率为 77.73%。

预测表明，"十一五"末期至"十二五"前期劳动力供给的增量较大，就业压力较大，到 2014 年时会出现适龄劳动人口和劳动力供给量的负增长，2015 年后适龄劳动人口和劳动力供给量回升，但增量不大，见表 1–11 所示。

表 1–11　2009—2015 年适龄劳动人口与劳动力供给量预测

年份	人口数（万人）[1]	适龄劳动人口比重%[2]	适龄劳动人口数（万人）	劳动力供给量（万人）	劳动力供给增加数量（万人）
2009	2760.23	72.57	2003.10	1557.01	19.84
2010	2786.13	72.83	2029.14	1577.25	20.24

---

①李膺主编：《甘肃省人口发展战略研究》，中国人口出版社，2006 年，第 92 页。

②李膺主编：《甘肃省人口发展战略研究》，中国人口出版社，2006 年，第 97 页。

续表

年份	人口数（万人）	适龄劳动人口比重%	适龄劳动人口数(万人)	劳动力供给量（万人）	劳动力供给增加数量(万人)
2011	2813.70	72.69	2045.28	1589.80	12.55
2012	2841.64	72.25	2053.08	1595.86	6.06
2013	2869.67	71.74	2058.70	1600.23	4.37
2014	2897.33	70.87	2053.34	1596.06	−4.17
2015	2923.53	70.35	2056.70	1598.67	2.61

（二）人力资源需求预测

方案一：由于影响劳动力需求的主要因素是经济增长，因此可以通过经济增长速度与劳动力需求之间的相关关系来预测人力资源的需求。根据甘肃省"十一五"以来经济发展与劳动就业人口数量的变化，我们选取 2005—2008 年的甘肃省 GDP 增长与从业人数的指标，建立相关关系：

$Y=1270.7+0.0586X$（其中：Y-从业人数，X-GDP，R2=0.8922）

以 2008 年全省的从业人数为基准，对甘肃省 2009—2015 年的劳动力需求作出预测，见表 1-12 所示。

表 1-12　2009—2015 年劳动力需求预测

时间	2008	2009	2010	2011	2012	2013	2014	2015
劳动力需求（万人）	1466.34	1474.5	1492.84	1512.84	1534.62	1558.38	1584.27	1612.50
劳动力需求增量(万人)	—	8.16	18.34	20	21.78	23.76	25.89	28.23

方案二:由于就业弹性系数也可以反映就业与经济增长的关系,因此我们采用就业弹性系数方法预测人力资源的需求。与方案一相同,仍采用从业人数表示人力资源需求。

2006—2008 年,甘肃省 GDP 年平均增长 11.3%,从业人数年平均增长 0.78%,就业弹性系数为 0.069,经济增长对就业的带动力较小。由于受金融危机影响,经济增长放缓,假设 2009—2015 年全省的 GDP 年均增长率为 10%,就业弹性系数保持不变,就业人数将由 2008 年的 1446.34 增加到 2015 年的 1517.67 万人,年增加 10 万人,见表 1-13 所示。

表 1-13　2009—2015 年劳动力需求预测

年份	就业人数(万人)	就业增长人数(万人)
2008	1446.34	9.98
2009	1456.32	10.05
2010	1466.37	10.12
2011	1476.49	10.19
2012	1486.68	10.26
2013	1496.94	10.33
2014	1507.27	10.40
2015	1517.67	10.47

(三)"十二五"期间甘肃省人力资源供求平衡分析

根据以上预测,2009—2015 年甘肃省人力资源需求呈现出稳定增长的态势,人力资源供给比较充足,人力资源总体供求状况呈现出供过于求的态势。特别是根据方案二,"十二五"期间人力资源供求差年平均要达到 100 万人左右, 就业压力非常大。具体见表 1-14 和表 1-15 所示。

表 1-14 2009—2015 年甘肃省劳动力供需情况（按方案一）

年份	适龄劳动人口数 （万人）	劳动力供给量 （万人）	劳动力需求量 （万人）	劳动力供求差 （万人）
2009	2003.10	1557.01	1474.5	82.51
2010	2029.14	1577.25	1492.84	84.41
2011	2045.28	1589.80	1512.84	76.96
2012	2053.08	1595.86	1534.62	62.64
2013	2058.70	1600.23	1558.38	41.85
2014	2053.34	1596.06	1584.27	11.79
2015	2056.70	1598.67	1612.50	−13.83

表 1-15 2009—2015 年甘肃省劳动力供需情况（按方案二）

年份	适龄劳动人口数 （万人）	劳动力供给量 （万人）	劳动力需求量 （万人）	劳动力供求差 （万人）
2009	2003.10	1557.01	1456.32	100.69
2010	2029.14	1577.25	1466.37	110.88
2011	2045.28	1589.80	1476.49	113.31
2012	2053.08	1595.86	1486.68	109.18
2013	2058.70	1600.23	1496.94	103.29
2014	2053.34	1596.06	1507.27	88.79
2015	2056.70	1598.67	1517.67	81

四 "十二五"甘肃省人力资源开发的总体思路

(一)基本背景

1. 人力资源开发的战略机遇

(1)世界经济发展模式已转向人力资源驱动。

(2)我国经济继续保持平稳较快发展。

(3)国家继续提高西部地区的开发开放水平。

2. 人力资源开发面临的严峻挑战

(1)人力资源开发竞争加剧。

(2)人口增长压力及老龄化压力剧增。

(3)农村人力资源开发任务艰巨。

(4)甘肃省吸引人才能力未明显改善。

(二)总体思路

"十二五"人力资源开发的总体思路是:以邓小平理论和"三个代表"重要思想为指导,全面落实科学发展观,大力实施科教兴省和人才强省战略,坚持以扩大高素质人力资源总量为基础,以人力资源能力建设为主题,以调整和优化人力资源结构为主线,以引进培养创新型高层次人才、大力发展职业教育、提高农村人力资源素质、加快城镇劳动力转移为重点,以体制机制创新为动力,提升人力资源整体开发能力,努力建设能够适应甘肃经济社会发展需要、结构合理、素质较高的劳动力和人才队伍,为甘肃省实现全面建成小康社会提供坚强的人力资源保证和广泛的智力支撑。

(三)基本原则

(1)坚持人力资源投资优先原则。

(2)坚持人力资源开发与经济社会发展相协调的原则。

(3)坚持人力资源开发数量和质量并重的原则。

(4)坚持以调整和优化人力资源结构为主线的原则。

(5)坚持人力资源开发与项目相结合的原则。

(6)坚持人力资源开发的市场导向原则。

(四)总体目标

1. 总量目标

到2015年,甘肃省适龄劳动人口达到2056.70万人,经济活动人口1598.67万人,劳动参与率保持在75%左右。

2. 质量目标

成人文盲率:到2015年,基本实现全省成人文盲率下降到6%以下,青壮年文盲率控制在1%左右的目标。

15岁以上人口人均受教育年限:2007年甘肃省15岁以上人口人均受教育年限是7.03年,2015年接近全国的平均水平。

农村从业人员的平均受教育年限:2007年甘肃省农村从业人员平均受教育年限6.7年,实现了小康标准的35%。2015年农村从业人员平均受教育年限实现小康标准的50%。

从业人员中大专及以上学历人员比例:2015年甘肃省从业人员大专及以上学历人员的比例由2007年的3.97%提升为5%。

3. 结构目标

2015年甘肃省城镇单位专业技术人员中高级职称的人数比重达到9%,高级技能以上的技能人才占技能人才的比重提高到25%左右。

2008年第一产业和二、三产业劳动力比重的62.35∶37.65,第一产业比重达每年降低0.5个百分点,到2015年调整为58.85∶41.15。

2008年城乡就业结构为27.5∶72.5,城镇就业比重每年增加1个百分点,到2015年调整到32.5∶67.5。

4. 发展目标

2008年甘肃省地方财政用于教育支出占到了GDP的5.76%,到

2015年提高到7%左右。

2008年甘肃省R&D经费支出占GDP比重为1.02%,到2015年R&D经费支出占GDP比重达到1.5%。

(五)实施重点

1. 加强人力资源能力建设

实施以创业、就业和创新为核心的人力资源能力建设战略,通过构建教育培训体系、建立制度保障体系和创造宽松的社会环境等路径全面提升人力资源能力。

2. 调整和优化人力资源结构

大力发展第二产业中的劳动密集型产业,提高建筑业、农副产品加工业、纺织业、劳动密集型制造业等产业对劳动力的吸收能力,进一步提高第二产业的就业比重;加快发展第三产业,使其成为吸纳劳动力就业的主渠道。

3. 引进培养创新型高层次人才

要以高层次创新型人才带动人才队伍整体素质的提升,继续实施国家和甘肃省的各种高层次人才工程。根据甘肃经济社会发展需要,引进与培养一批在自主创新关键领域和优先发展的产业领域急需的各类高层次创新型人才。

4. 实施职业教育富民强省工程

加强职业教育培训,培养熟练掌握现代生产技术的高素质的职工队伍,提高全体劳动者的整体素质。构建以高技能人才培养为依托,覆盖城乡全体劳动者的职业教育培训体系。

5. 提高农村人力资源素质和能力

加大财政对农村教育的支持力度,全面提高农村人口素质。开展农村职业技术教育,认真组织实施"农村劳动力转移培训计划""阳光工程""雨露计划"。提高农村人力资源开发公共服务水平,实现城乡

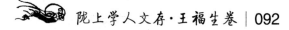

人力资源公共服务资源均衡配置。

6. 加快农村剩余劳动力转移

通过更加广泛的职业教育与培训，促进农村劳动力实现地域转移、产业转换、身份转变，即由农村向城镇转移，由农业向非农产业转换，由农民向市民转变。建设甘肃农村劳动力转移技能培训示范区。

五 "十二五"期间甘肃省人力资源开发的对策措施

（一）坚持人力资源投资优先，增加人力资本积累

1. 增加教育投入，提高人力资源的整体文化水平

要进一步增加教育投入，同时要改变教育投入结构，以发展农村基础教育和职业教育为重点，缩小城乡和地区间教育资源配置的差距，改变教育投入的不公平性。

2. 增加科研开发投入，提高科技创新能力

积极鼓励、引导全社会多层次、多渠道增加科技投入，形成以政府科技投入为引导、企业投入为主体、银行信贷为支撑、社会集资和引进外资为补充的多元化科技投融资体系。

3. 加大医疗卫生保健投入，提高人力资源健康水平

积极争取国家对甘肃省农村卫生事业加大投入，同时切实加大省政府和各市（州）、县（市、区）对农村卫生服务体系建设项目的配套投入。

4. 加大社会保障投入，提高人力资源社会福利水平

建立稳定的社会保障财政拨款增长机制，将社会保障的支出占财政支出的比例提高到15%~20%，加快建立健全覆盖城乡居民的社会保障体系，以实现人人享有基本生活保障的目标。

5. 加大在职培训投资，提高人力资本存量

继续加大对公务员的培训投入，切实提高公务员队伍的整体素

质。进一步加大对未就业大学生的就业创业培训、"初中后""高中后"未升学的农村贫困生职业教育培训、农村劳动力转移人员技能培训的投入,增强其就业创业能力和职业转换适应能力。

(二)以就业、创业、创新为核心,全面提升人力资源能力

1. 加强人力资源能力教育培训

(1)大力提高可就业能力。积极探索把可就业能力培养纳入教育体系各个层次的课程及培训科目的设计中。

(2)全面提升创业能力。加大创业培训力度,健全创业培训体系,将有创业愿望和培训需求的人全部纳入培训范围。

(3)积极培养创新能力。大力倡导各级各类学校对学生进行创新教育,提高学生创新能力,为社会输送大量的创新型人才。

2. 完善人力资源能力建设的制度保障体系

尽快加强教育培训体制改革和相关机制、制度建设,构建全省人力资源能力建设的系统平台。建立各级从业人员接受就业、创业、创新能力继续教育和培训的产学研联动新体制。完善由政府引导下的社会、单位和个人分担的人力资源能力继续教育培训经费保障机制。积极探索鼓励创新、创业与促进创业有机结合的工作机制。

3. 创造宽松的人力资源能力建设的社会环境

在就业方面,应继续实施培训补贴、小额担保贷款、税费减免等促进就业的各项政策措施;在创业方面,加强与财政、工商、税务、银行等有关部门的沟通与合作,共同落实各项创业扶持政策;在创新方面,要建立稳定增长的教育及科技投入机制,建立宽容创新失败的制度。

(三)调整教育结构,实施职业教育富民强省工程

(1)努力扩大职业教育规模,提高职业教育集约化水平。

(2)探索职业教育与普通教育的相互衔接的模式。

（3）创新职业教育培训机制。

（4）整合职业教育培训资源。

（5）保证职业教育培训资金。

（6）引导职业教育培训符合经济发展需要。

（四）引进培养创新型高层次人才，全力推进各类人才队伍建设

1. 大力引进培养创新型高层次人才

（1）加大高层次人才创新创业载体的建设。甘肃省引进创新型高层次人才，关键在于搭建高水平创新创业平台。关系甘肃发展全局的重点产业、重大项目、大型企业和创新产业是引进国内及海外高层次人才的重要载体。

（2）拓展创新型高层次人才培养渠道。在大力引进人才的同时，加快培养本地人才，是解决甘肃省人才短缺和人才结构不合理的根本途径。充分发挥高等院校人才和科研优势，把高等院校建设成为甘肃省高层次创新人才培养基地，加大创新型高层次人才的培养，从源头上建设创新型人才队伍。

（3）充分发挥创新型高层次人才的引领作用。全省实施的各项高层次人才引进工程要充分发挥示范作用，产生辐射的效应，以高层次人才带动关键优势产业，以创新型人才的集聚与培养引领战略性产业的发展，并以此带动其他人才队伍的建设。

2. 整体推进各类人才队伍建设

（1）不断提高党政人才队伍能力素质。紧紧围绕加强党的执政能力建设和公务员法的贯彻实施，继续开展大规模干部培训工作，大幅度提高党政领导干部和公务员的素质与能力。

（2）充实壮大企业经营管理人才队伍。继续大力实施"工业强省战略人才促进工程"，促使人才资源向企业集聚，实现全省企业经营管理人才队伍总量有大幅度增加，综合素质显著提升。

（3）不断优化专业技术人才队伍结构。以盘活现有专业技术人才为基础，以结构调整优化为重点，大力引进培养重点产业和重点领域紧缺的高层次专业技术人才，打造一支专业结构、层次结构、分布结构与全省经济社会发展相适应的创新型、适用性专业技术人才队伍。到2015年城镇单位专业技术人员中高级职称的人数比重要达到9%。

（4）加速扩大技能人才队伍。着力完善技能人才培训体系，加快技能人才培养速度，力争技能人才特别是高技能人才有较大幅度增加。

（5）稳定发展农村实用人才队伍。紧紧围绕发展农业、繁荣农村、富裕农民的目标，继续深入实施"新农村建设人才保障工程"，在稳定现有人才的基础上，以提高科技素质、生产技能和经营能力为重点，着力建设一支数量充足、结构合理、适应需求的农村实用人才队伍。

3. 加强区域人才开发与合作

4. 创新人才开发的保障机制

重点在人才使用、人才评价、人才流动、人才激励四大机制方面取得新突破。在人才使用机制方面，要坚持"以用为本"，让人才在使用中成长和壮大，努力做到各得其所、用当其时、才尽其用。在人才评价机制方面，要大力开发应用各种现代人才测评技术，建立以岗位职责为基础的职业评价标准。在人才流动机制方面，要努力消除阻碍人才流动的体制性障碍；在人才激励机制方面，坚持技术、管理等要素参与分配的原则，建立各类人才与其价值相匹配的薪酬体系。

5. 努力改善和优化人才环境

以人才的需求为导向，以人才的满意度为目标，大力解决制约人才发展的关键问题。努力营造良好的体制环境、法治环境、政策环境、市场环境、工作环境和人文环境，用环境凝聚人才。同时要完善社会化的服务体系，切实提高人才服务机构的服务水平和服务能力。

(五)有效引导人力资源流动,优化人力资源结构

1. 加快农村劳动力向非农产业和城镇转移,优化人力资源的城乡结构

重点加大对农村基础教育和职业技能培训的投入,增加农村人力资源投资,不断提高农业劳动者的素质,增强农业剩余劳动力自主创业和在非农产业就业的能力。积极推进农业产业化,增强农村工业对农村就业结构及人力资源产业结构的辐射性和带动性。加快小城镇建设,大力发展民营企业,积极吸引劳动密集型产业向小城镇转移,拓宽农村剩余劳动力的就业空间,从根本上改变人口的城乡分布和人力资源的城乡结构。

2. 大力发展二、三产业,调整优化三次产业的就业结构

在保证经济平稳快速增长的同时,保持第一产业的基础地位,巩固第二产业的支柱地位,积极发展第三产业。要继续加大中小企业扶持力度,增强中小企业融资能力,设立中小企业发展引导资金。

3. 大力发展非公有制经济,促进人力资源所有制结构的调整

完善非公有制经济发展的政策体系,坚持"平等准入,公平待遇"的原则,为非公有制企业创造真正公平竞争的市场环境。

4. 大力发展劳务经济,积极引导农村剩余劳动力向省外有序流动

(1)实施"西进东扩外展"的劳务输转战略。全面推进"劳务基地建设工程":向西,稳定对新疆的棉花等农作物采摘劳务输出;向东,要在珠三角、长三角、京津地区建成一定数量的上规模、有影响、稳定性强的劳务基地。

(2)深入实施"劳务品牌建设工程"。通过劳务品牌的培育与推介,拓展劳务市场。引导劳务品牌产业组建行业协会,制定统一的准入标准,形成劳务品牌规模集聚效应,提升全省劳务经济质量。

(3)提高劳务输转的规模化和组织化程度。加强劳务管理机构建

设,要完善省、市(州)、县(区)、乡(镇)四级劳务工作机构。建立政府主导、社会参与的职业培训和职业介绍体系。

(4)切实维护外出务工人员的合法权益。加强外出务工人员的法律知识培训,增强用法律维护自己合法权益的意识。建立农民工工资支付监控制度和工资保证金制度,严格执行已经制定的全省农民工最低工资制度,从根本上解决拖欠、克扣农民工工资问题。

5. 建设现代人力资源市场体系

建立以政府、市场为主导,人职匹配服务为方向,多种所有制市场为补充的现代化人力资源市场体系。着力构建由行政协调、公共服务和社会中介三个层面相结合的社会化、网络化服务体系。完成各类人力资源市场资源的整合,打破条块分割、封锁和垄断,实现信息互通,功能互补,形成全省统一的、开放的市场体系。

(六)统筹城乡发展,大力开发农村人力资源

1. 加大财政对农村教育的支持力度

"十二五"期间,甘肃省要努力打破二元的教育结构,改革和完善农村教育体制,调整城市和农村之间的教育投入比例,向农村基础教育倾斜,加大农村教育经费的投入,降低农村居民教育负担。

2. 切实作好农村职业技能培训工作

(1)建立以公共财政支持为主的多元化农村劳动者培训投入制度。把农村劳动者培训作为一项准公共服务纳入公共财政框架。在公共财政的支持下整合农村各类教育资源,重点建设和扶持一批有发展前途的培训机构。

(2)加快培训基地的建设。每个县(区)要高标准地建立一个政府主导的培训中心,有条件的乡镇也应该建立具有地方特色的劳务培训基地。同时,要整合各级各类培训资源,依托农校、农业技术推广机构、职业学校和其他培训机构,建立各种培训基地,多层次、多形式、

灵活多样地开展培训。

（3）强化培训的针对性和有效性。对进城求职的农村劳动者、返乡农民工、未能继续升学且有进城求职愿望的农村应届初高中毕业生、有创业愿望并具备一定创业条件的农村劳动者，分别组织开展实用技能培训、技能提升培训、劳动预备制培训和创业培训。

（4）重点开展贫困地区劳动力转移培训工作。继续实施国家扶贫"雨露计划"，对贫困户家庭中的青壮年劳动力进行培训。大规模深入开展"两后生"培训，实现贫困地区新增劳动力转移由季节型向稳定型、体力型向技能型、自谋自发型向规模组织型、农民工向产业工人和市民的转变。

3. 逐步健全农村职业教育培训资金使用机制

整合使用农村专项培训资金。对"阳光工程"培训、科技培训、扶贫培训、教育培训、就业培训等专项培训资金进行有效整合，统筹安排，设立人力资源开发专户，由县（区）劳务办统一管理，专门用于培训基地的建设、设备的采购、劳务培训。

4. 强化农村劳动力培训管理

建立严格的农村劳动力培训检查与考核制度，对农村职业技能培训的组织管理体系、条件认证体系、培训实施及效果进行重点控制。在这方面，可以借鉴江苏省的经验。

5. 为农村改革发展提供全方位的人才援助

鼓励农业院校大学毕业生到农村创业，把他们掌握的先进技术在农民中加以推广；由政府拨专项资金，支持农业大专院校和农业研究所等机构定期培训农民科技带头人；以项目开发的形式短期聘用部分农业高科技人力资源下乡服务；继续做好"三支一扶"、选拔普通高校毕业生进村（社区）和科技特派员工作。

6. 建立城乡一体化的人力资源公共服务体系

统筹城乡人力资源公共服务,统一制度、统一标准和统一管理,实现城乡人力资源公共服务资源配置均衡。同时,要鼓励多元主体参与统筹城乡人力资源公共服务,以提高公共服务的质量和效率。

(七)加快体制机制创新,提升政府人力资源开发水平

1. 加快人力资源开发的体制、机制创新

(1)完善人力资源开发的市场配置机制。加快构建人力资本投资与回报的合理机制,建立"信息共享、机会均等、运行高效、服务同质、统一规范"的人力资源市场化配置平台,发挥市场高效配置人力资源和促进就业的作用。

(2)健全人力资源开发的教育培训机制。建立多元化投入、满足不同层次需要的市场化、专业化教育培训体系。充分运用市场机制,培育一支适应甘肃发展需求、社会化的职业培训师队伍。

(3)创新人力资源开发的激励机制。政府要在财税、融资、用人和分配等方面充分发挥政策的引导和激励作用,进一步创新和完善以按劳分配为主体、多种分配方式并存的分配制度。

(4)创新完善城乡就业体系和机制。强化政府促进就业的公共服务职能,探索建立城乡劳动者平等就业的制度。张掖市在这方面进行试点,逐步把农村劳动力纳入就业统计和管理范围,建立"社会失业率"统计办法,将被征地农民纳入统计范围。

(5)完善人力资源流动的体制和机制。进一步推进户籍制度和社会保障制度改革。从2009年7月30日起,兰州市在全省率先探索实行一元化户籍管理制度。

(6)强化区域人力资源开发与合作机制。建立区域性人力资源需求与供给系统,借助现代信息技术和中介组织,及时调查、发布区域人力资源供给与需求的各种信息。积极开辟国际合作渠道,加快高层次创新科技人才的交流与合作培训。

2. 切实提高政府人力资源开发能力

（1）遵循人力资源开发规律，保证人力资源开发的科学性。在人力资源开发中引入竞争机制，使人力资源在竞争中获得发展。

（2）提高人力资源开发的规划能力。从计划生育、卫生保健、文化教育、环境优化、制度创新等方面明确规划人力资源开发的目标、重点，提出切实可行的实施步骤和保障措施。

（3）提高人力资源开发的统筹调控能力。进一步统筹行政事业单位、企业的人员管理，整合人才市场与劳动力市场，建立统一规范的人力资源市场，促进人力资源合理流动和有效配置，统筹就业和社会保障政策，建立健全从就业到养老的服务和保障体系。

（4）提高政府提供人力资源公共服务的能力。政府必须运用公共政策和有效管理，为经济社会发展提供相适应的人力资源管理和服务。

第二部分　甘肃省职业教育发展分析

"十一五"以来，全省认真贯彻落实国务院《关于大力发展职业教育的决定》和省委、省政府《关于大力发展职业教育的意见》，职业教育进入快速发展阶段，高等职业教育持续快速增长，中等职业教育规模实现了跨越式发展，各类职业培训增长迅速。在职业教育规模不断扩大的同时，办学质量逐步提高，服务经济社会发展能力不断增强。

一　甘肃省职业教育发展的基本情况

（一）职业教育规模和结构状况

1. 高等职业教育稳步发展

"十一五"以来，全省高等职业教育规模大幅增长，招生数年均增长 17.28%。高等职业教育的整体形势可概括为"两个过半、两个近半"，即院校数、毕业生数过半，招生数和在校生数近半。截至 2008

年,全省独立设置的高职(专科)院校 21 所,占高等院校 61.76%;招生 5.12 万人,占高等教育招生数的 46.17%;在校生规模达 13.69 万人,占高等教育在校生数的 41.25%;毕业生 3.77 万人,占高等教育毕业数的 50.20%。

2. 中等职业教育快速壮大

"十一五"以来,甘肃省中等职业教育招生数年均增长 19.22%。截至 2008 年,全省各类中等职业学校共 371 所,占高中阶段教育学校数的 43.54%;招生 15.41 万人,占高中阶段教育招生数的 42.27%(高中阶段招生职普比达到 4.2∶5.8);在校生规模达 36.70 万人,占高中阶段教育在校生数的 37.23%(在校生职普比达到 3.7∶6.3);毕业生 8.68 万人,占高中阶段教育毕业生数的 30.86%。

3. 职业培训全面推进

(1)技能型人才培养培训。三年来,全省积极组织实施"技能型人才培养培训工程"。截至 2008 年年底,全省高级技能以上的技能人才有 16.5 万人,其中,技师和高级技师 1.5 万人、高级工 15 万人,比 2005 年底增加了 5.6 万人,增长 51.4%。

(2)农村劳动力转移培训。三年来,全省积极组织实施"农村劳动力转移培训工程",大力推进农村劳动力转移就业培训。省劳动和社会保障部门累计培训农村劳动力 594 万人,其中引导性培训 430 万人,技能性培训 154 万人。

(3)农村实用人才培训。三年来,全省积极实施"新型农民培训工程",各类农村职业技术培训机构共开展农村实用技术培训 130 多万人次。

(4)成人继续教育和再就业培训。三年来,全省积极实施"成人继续教育和再就业培训工程",省人事厅加大公务员培训和专业技术人员;省劳动和社会保障厅积极开展就业与再就业培训;省农牧厅启动

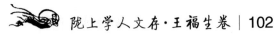

了农民创业性培训计划,培训农村创业人才 1000 多人。

(5)行政部门、企事业单位内部职工培训。

(6)社会商业培训。

(二)职业教育政策法规建设情况

1. 国家有关政策法规集中出台

2. 省上有关政策法规配套制定

3. 职业教育学生资助与扶持政策形成体系

(1)家庭经济困难学生资助政策。自 2007 年秋学期开始,中央财政专项加地方配套对全国 1600 多万中职学校学生给予"每生每年 1500 元,连续资助两年"的学费减免,资助面达到 90%。

(2)农村家庭困难学生和涉农专业学生免费职业教育政策。2009 年中央一号文件明确从 2009 年起,对农村家庭困难学生和涉农专业学生实行免费职业教育。

(3)省政府中等职业教育学生学费减免政策。省政府出台有关政策规定,从 2009 年起在全省中等职业教育新招学生可享受省财政每生每年 500 元的学费减免政策。

(4)省扶贫办的"两后生"培训资助政策。自 2007 年以来,省扶贫办对贫困地区"两后生"提供"每生每两年共 2500 元"的培训资助。

(5)生源地信用助学贷款政策。2007 年,甘肃省作为被列为 5 个试点省份之一,展开生源地信用助学贷款试点工作。2008 年,全省获得生源地信用助学贷款的人数占到了当年招生人数的 32%,受益学子累计达有 6.7 万名学生受益,发放贷款金额达到 4.52 亿元。

(三)职业教育体制机制改革情况

1. 进一步理顺管理体制,明确管理权限

2008 年成立了"甘肃省职业教育管理体制改革领导小组",省政府第 8 次、第 13 次常务会议就全省职业教育管理体制改革进行了研究和部署。在此基础上,首批将省级部门、行业管理的 5 所高职、9 所中职学校划归省教育厅直接管理。

2. 借助省外职业教育资源和市场,促进联合办学与合作办学

近年来,联合办学、合作办学成为全省职业教育发展的亮点和新的增长点。2006 年甘肃省与天津市建立职业教育合作发展项目,决定从 2006 年起联合招收 1 万名甘肃学生接受中等职业教育。2007年与山东省建立了职业教育合作发展项目。全年甘肃省职业学校省内、城乡联合招生和东西部联合招生总数达 3 万多人。

3. 加大资源整合力度,推进职业教育规模化、连锁化和集团化

三年来,全省职业教育加强统筹规划,整合资源,走"规模化、连锁化、集团化"办学路子,逐步组建一批职业教育集团。定西市于2008 年 9 月率先成立了全省第一个区域性职教集团,同月兰州旅游职业教育集团成立。2009 年,甘肃省现代服务职业教育集团、甘肃省机电职业教育集团成立。4 月,庆阳市组建了职教集团;7 月,省扶贫办、省教育厅联合成立了甘肃省"两后生"职业教育培训集团。

(四)职业教育基础能力建设情况

1. 基础设施建设得到较大改观

2008 年,中等职业学校占地增加到 1.3 万多亩,校园面积增加到360 多万平方米,固定资产增加到 23 亿元。

2. 实训基地建设稳步推进

近年来,全省大力建设职业教育实训基地,省财政集中职业教育专项资金配合国家实训基地建设项目, 共支持 100 多所学校建设实训基地。目前已建成涉及数控技术、机械加工、餐饮、旅游等专业的一批实用性强、技术含量高的实训基地。截至 2008 年年底,全省中等职业学校共有百万元以上的实训基地 51 个。

3. 师资队伍建设不断加强

近年来,甘肃省职业教育不断加大"双师型"教师的培养、引进和培训的力度。2008年,全省独立设置高职高专院校拥有教职员工近44万人,其中专任教师26.8万人。专任教师中,具有"双师"素质的教师5.7万人,占21.3%。中等职业学校现有专任教师16731人(含技工学校),其中:专业课教师7673人,占专任教师的45.8%;"双师型"教师1517人,占专任教师的9.1%。

4. 示范性高职院校、重点中职学校建设成绩突出

目前全省已形成了一批基础办学条件相对较好、办学实力较强、办学效益较好的骨干学校。截至2008年年底,甘肃省共建成国家级重点中等职业学校41所,省级重点中等职业学校达58所。

(五)职业教育教学改革情况

1. 专业建设积极推进

全省职业院校积极适应市场需求,结合经济结构和产业结构调整,主动调整专业布局和结构,灵活设置专业,加强了数控、艺术、计算机、旅游、烹饪等特色专业的改造,开办了汽修、染整、速录、报关等新型专业。

2. 课程改革与教材建设不断加快

全省积极建立健全教材编写、选用与审定机制,加强精品课程和教材开发,积极开发实训课程与实际操作指导教材。

3. 教学内容和教学方法不断改革

全省职业院校在教学内容和教学方法创新上不断探索。如,兰州女子职业学校总结出"分层次教学"模式;兰州文科职业学校在教学中坚持"三个延伸"。

4. 教学管理不断加强

全省职业院校进一步深化教学管理、教学组织和学籍管理等制

度改革,积极推行弹性学习制度,继续推动以学分制为核心的教学制度改革。

(六)职业教育经费投入情况

1. 职业教育经费收入基本稳定

2007 年高等专科学校职业教育经费收入 4239.6 万元、高等职业学校 71008.5 万元、成人高等学校 15245.5 万元。中等职业学校教育经费收入 120569.7 万元,其中中等专业学校 72351.1 万元、职业高中 43632.8 万元(其中农村 5852.6 万元)、技工学校 641.6 万元、成人中等专业学校 3944.2 万元。

2. 职业教育专项投入稳定增长

2006 年中央和省级财政共投入 6200 万元。2007 年中央财政和省级财政共投入 6330 万元。2008 年,中央财政和省级职教专项共安排 3070 万元,重点支持了 30 所职业院校实训基地建设,同时国家和地方共投入 1.08 亿元,重点支持 20 所中等职业学校的硬件设施建设。

3. 贫困生资助投入大幅增加

从 2006 年国家资助中职生政策实施以来,中央和省级财政共投入资金 5.23 亿元,累计资助学生 70.63 万人次。其中,2006 年国家安排甘肃 1500 万元贫困生资助资金,共有 3 万名中职家庭贫困学生受到了资助。2007 年,中央和省级财政共投入资金 1.71 亿元,共资助学生 22.84 万人,占一、二年级在校生的 95%左右。2008 年投入 3.36 亿元,资助学生 44.8 万人次。

(七)职业教育的就业情况

三年来,全省职业教育就业工作取得了令人鼓舞的成就。2006—2008 年,全省中等职业教育就业率分别为 91.5%、94%、95%,呈现逐年上升的势头;全省高等职业教育就业率分别为 55%、67%、60%,也维持在较高水平。

二 甘肃省职业教育发展的难点与重点问题

（一）职业教育发展的难点问题

1. 职业教育的社会认可度、社会地位依旧不高

主要表现在：（1）社会观念层面；（2）社会用人层面；（3）政策层面；（4）教育资源投入层面。

2. 职业教育与其他教育的沟通衔接机制尚需健全和完善

在职业教育体系内，存在学历教育与职业培训之间、中等职业教育与高等职业教育之间的沟通衔接问题。在职业教育体系外，存在职业教育与普通初中、高中教育以及成人教育之间的沟通协调问题。

3. 职业教育管理体制有待进一步理顺

主要表现为：（1）职业教育管理职权划分和管理机构的设置十分复杂。（2）职业院校隶属关系，管理关系仍显复杂。2008年全省中等职业学校353所，其中行业企业学校57所、省直部门学校35所。（3）各类职业院校的差别化政策仍然存在。（4）公办与民办学校仍不能"一视同仁"。2008年，全省高职高专院校21所，其中公办院校20所、民办院校1所。全省中等职业学校353所，其中公办学校232所、民办学校29所。

4. 职业教育经费投入仍显不足，经费保障机制尚未健全

主要表现在：（1）职业教育总投入增长机制尚未落实到位。职业教育总投入的增长速度低于教育总投入的增长速度，低于职业教育规模的增长速度。（2）财政性职业教育经费未落实到位。一是财政性教育经费中的职业教育投入比例偏低。二是中等职业学校的财政预算内拨款数额少；三是高等职业院校的财政性经费明显偏少。（3）民办投资主体持续投入不够。（4）社会赞助、捐赠职业教育的机制尚未形成气候。

5. 职业教育省内就业严重不足，整体就业质量不高

主要表现在：(1)就业渠道窄，以"外输型"为主，"异地(省外)就业多，本地(省内)就业不足"；(2)就业稳定性低，满意率低，返乡率高；(3)就业质量低，层次不高，对口就业率不高；(4)部分地区、学校以"顶岗实习率"充当就业率，存在虚假就业、变相就业，甚至所谓"被就业"的现象。

(二)甘肃省职业教育发展的重点问题

1. 职业院校数量偏多、异地设点办学问题多

职业院校数量偏多，办学规模偏小。2008 年全省中等职业学校371 所，平均每个市州多达 26.5 所，平均每个县区超过 4.3 所。校均办学规模 1000 人多一点，有相当一部分学校在 1000 人以下。高等职业院校校均招生 2500 人左右，在校生人数 6500 人左右。异地设点办学多，参差不齐，良莠不分。这种异地设点办学不能保证质量，破坏职教形象，加剧招生混乱。

2. 职业教育院校结构、布局结构不够合理

院校结构方面，工科综合类居多，农业、服务业类较少。布局结构方面，2008 年全省 21 所独立设置的高职高专院校中，兰州 10 所，天水、武威各 2 所，嘉峪关、酒泉、张掖、定西、平凉、陇南、甘南各 1 所；全省中等职业学校的地区布局也不尽合理。

3. 职业院校办学特色不明显，专业设置严重雷同

(1)职业院校办学指导思想不明确，学校定位不清晰，未能形成明显的"职业特色、学校特色和地方特色"。(2)职业院校专业设置重复，滞后于市场需求，缺乏前瞻性和创新性。大部分职业院校的"特色专业不特色、优势专业不优势、重点专业不重点"。(3)职业院校随意开设或者改造专业，针对性、实效性不强。(4)职业院校学科本位的人才培养模式尚未打破，"中专延长""本科压缩"的影子挥之不去。

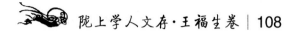

4．"校企合作、工学结合"的力度有待加强

目前，职业院校都在积极贯彻"校企合作、工学结合"的办学方针。但就实施情况看，职业院校与行业、企业互利共生的"校企合作、工学结合"的运行机制还存在一些问题，其中最为核心的问题是职业教育发展与企业发展的关系尚未建立，合作不够深入，结合不够紧密。因此，在校企合作中出现"院校热、企业冷"的现象。

5．职业教育实训基地规模小，条件差，利用不充分

（1）实训基地规模小，设施数量不足。（2）实训基地条件差，设备配置档次不高、质量不高。（3）实训基地利用不充分，实训设备利用率不高。（4）大部分职业院校只重视校内实训基地建设，忽视校外实训基地建设。

6．职业教育师生比偏低，师资结构不合理

主要表现在：（1）师资短缺，师生比低。2008 年全省中等职业教育师生比 1∶15。（2）师资结构不合理，表现为"八多八少"。（3）师资队伍不稳定，高素质专任教师流失严重。（4）师资培训投入不足，培训力度不够。

7．职业教育生源瓶颈凸显，招生秩序混乱

2006 年以来，在国家和省上有关政策的大力鼓励、扶持和资助下，职业院校招生形势一片大好，但 2009 年急转直下，总体形势不容乐观。（1）生源瓶颈问题凸显，生源质量下降。（2）招生"冷热不均"现象依然未能改变。（3）招生秩序混乱，争抢生源问题非常突出。各地各类职业院校之间争抢生源问题非常突出，可以说招生竞争已达到白热化程度。（4）职业教育生源农村化、贫困化倾向明显。职业教育学生中农村学生越来越多，家庭经济困难学生越来越多。

8．农村职业教育培训弱势地位依旧，问题多多

农村职业教育一直处于弱势地位，"大楼空、设备空，专业多、学生少",这种尴尬局面是普遍存在的。(1)农民参加职业教育培训的积极性、主动性不够高。(2)农村职业教育培训网络难以顺利运行。(3)农村职业教育资金投入缺乏统筹。(4)各市州、县区对农村职业教育的投入严重不足。(5)农村职业学校办学条件差,实训基地和师资力量明显不够。(6)农村职业教育涉农专业和课程少,没有突出农村特色。(7)部分农民或学生难以支付较高的学杂费和食宿费。

三　"十二五"期间甘肃省职业教育的需求与供给分析

(一)职业教育需求分析

1. 从职业教育的社会需求来看

首先,假定职业教育需求数量与 GDP、城镇新增人口保持同比例增长,则可以据此来测算职业教育需求数量。2006—2008 年间,甘肃省 GDP 年均增长 11.47%,城镇新增就业年均增长 17.20%。据保守估计,2009—2015 年间全省 GDP 和城镇新增就业年均增长速度略低此,假定分别为 10%和 15%。据此测算"十二五"期间的职业教育需求量(招生数),具体见表 2-1 所示。

2. 从职业教育的个体需求来看

假定所有初中后学生都愿意接受中等职业教育,在此基础上,来预测中等职业教育的个体需求。

(1)首先预测初中毕业生数量和普通高中招生数量。假定全省初中毕业生和普通高中招生将在未来相当长的时间内保持基本稳定或略有增长。由于 2006—2008 年间初中毕业生和普通高中招生分别年均增长 2.14%和 0.78%,假定 2009—2015 年间初中毕业生和普通高中招生将分别保持此增长幅度。

(2)假定"到'十一五'末中等职业教育招生数与普通高中招生数基本相当"的目标能够实现,则可以推算出 2010 年中等职业教育招

表 2-1　按 GDP 和城镇新增就业增长分别测算的职业教育需求量

年份	按 GDP 年均增长速度测算的职业教育需求数量		按城镇新增就业年均增长速度测算的职业教育需求数量	
	中等职业教育（万人）	高等职业教育（万人）	中等职业教育（万人）	高等职业教育（万人）
2008	15.41	5.12	15.41	5.12
2009	16.95	5.63	17.72	5.89
2010	18.64	6.20	20.38	6.77
2011	20.50	6.81	23.44	7.79
2012	22.55	7.50	26.95	8.95
2013	24.81	8.26	31.00	10.30
2014	27.29	9.07	35.64	11.84
2015	30.02	9.98	41.00	13.62

生数与普通高中招生数大体相等。

（3）假定到"十二五"末，即到 2015 年基本解决初中后学生的职业教育问题，则到 2015 年初中毕业生剩余人数为零。

（4）考虑到全省已经和即将出台的中等职业教育资助政策的效果，假定 2009—2015 年间中等职业教育省外招生人数保持 2 万人（省教育厅测算的 2009 年人数）左右不变。

（5）假定 2011—2015 年间中等职业教育省内需求人数年均增长速度基本相同。

根据以上假定，预测 2009—2015 年间中等职业教育个体需求数量，见表 2-2 所示。

对于高等职业教育的个体需求，可以进行简化预测。2006 年高等教育招生 9.04 万人,高等教育毛入学率 16.5%,测算出适龄人口数 54.79 万人;2007 年高等教育招生 9.86 万人,高等教育毛入学率 18%,测算出适龄人口数 54.77 万人;2008 年高等教育招生 11.09 万人,高等教育毛入学率 20%,测算出适龄人口数 55.45 万人。由此计算得出,2006—2008 年高等教育的适龄人口数保持年均 0.4% 的小幅增长。假定 2009—2015 年高等教育的适龄人口数仍将保持年均 0.4% 的小幅增长,据此粗略预测,到 2015 年高等教育的适龄人口数为 57.02 万人。

表 2-2　2009—2015 年全省中等职业教育个体需求数量预测

年份	初中毕业生		普通高中招生		初中后		
					中职外省招生	中职省内招生	剩余
	人数（万人）	比上年（%）	人数（万人）	比上年（%）	人数（万人）	人数（万人）	人数（万人）
2008	45.13	—	21.05	—	—	15.41	–
2009	46.10	2.14	21.21	0.78	2.00	18.00	4.89
2010	47.09	2.14	21.38	0.78	2.00	19.38	4.33
2011	48.10	2.14	21.55	0.78	2.00	21.09	3.46
2012	49.13	2.14	21.72	0.78	2.00	22.82	2.59
2013	50.18	2.14	21.89	0.78	2.00	24.56	1.73
2014	51.25	2.14	22.06	0.78	2.00	26.33	0.86
2015	52.35	2.14	22.23	0.78	2.00	28.12	0

注:以上测算,并未考虑往届初中毕业生和高中毕业生对中等职业教育的需求。

目前中国的高等教育毛入学率是 23.3%，今后 10 年高等教育毛入学率大概可以增加 10% 左右。考虑到甘肃高等教育发展速度应略高于全国平均速度，据此设定 2015 年甘肃省高等教育毛入学率将达到 30% 左右。

由此，预测 2015 年甘肃省高等教育招生规模将达到 17 万人左右，假定其中研究生招生 1 万人左右，则高等本专科教育招生规模为 16 万人左右。再假定高等职业教育招生规模大致相当于或略高于普通高等本科招生规模，则 2015 年高等职业教育招生规模预测数将至少达到 8 万人。

综上所述，把职业教育的社会需求与个体需求结合起来考虑，可以得出，2015 年甘肃省中等职业教育需求数量预计为 28~30 万人，高等职业教育需求数量预计为 8~10 万人。

3. 职业培训需求预测

（1）两后生职业教育培训需求。根据表 2–1 测算，"十二五"期间，预计初中后学生中需要接受中等职业教育的为 132.92 万人，年均 26.58 万人；预计需要参加各种职业培训的为 8.64 万人，年均 1.73 万人。预高中后学生中，需要参加各种职业培训的大约 20 万人（假定需要接受中等职业教育的占 20% 左右），年均 4 万人左右。

（2）失业人员职业教育培训需求。统计显示，2006 年城镇登记失业人数 9.69 万人，失业率 3.63%；2007 年城镇登记失业人口为 9.51 万人，失业率 3.34%；2008 年城镇登记失业人口为 9.43 万人，失业率 3.20%。据此简单预测，"十二五"期间失业人员职业教育培训需求总计接近 50 万人，年均接近 10 万人。

（3）城镇从业人员职业培训的需求。经测算得出，2005—2008 年城镇从业人员年均增长 2.99%，职工人数年均减少 1.24%。假定 2009—2015 年间城镇从业人员和职工仍将维持此年均速度增长，据测可以测算出 2009—2015 年城镇从业人员和职工数,见表 2-3 所示。若考虑按 5 年一个周期对城镇从业人员进行轮流培训,则"十二五"期间预计需要培训城镇从业人员总计 461.27 万人,年均 91.25 万人,其中城镇职工 186.05 万人,年均 37.21 万人,见表 2-2 所示。

(4)农村劳动力转移培训的需求。根据《甘肃省全面建设小康社会规划纲要》,2010 年甘肃省城镇化率将达到 34% 以上,2020 年将达到 45% 左右。由此简单推算出,2015 年甘肃省城镇化率将达到 40% 左右,据此预测"十二五"期间需要进行职业技能培训的转移农村剩余劳动力大约 120 万人,年均 25 万人。

(5)农村实用技术培训的需求。"十二五"期间,预计甘肃省农村从业人员保持在 1000 万人左右,若按 5 年一个周期对所有农村从业人员进行培训,则每年预计需要农村实用技术培训 200 万人。

表 2-3　2009—2015 年全省城镇从业人员及职工职业培训数量预测

年份	城镇从业人员		职工	
	年末人数 (万人)	年均职业培训数量 (万人)	年末人数 (万人)	年均职业培训数量 (万人)
2009	409.63	77.04	195.54	39.33
2010	421.88	77.04	193.12	39.33
2011	434.49	91.25	190.73	37.21
2012	447.49	91.25	188.36	37.21
2013	460.87	91.25	186.02	37.21
2014	474.65	91.25	183.71	37.21
2015	488.84	91.25	181.43	37.21

(二)职业教育供给分析

职业教育供给预测主要考虑的是中等职业教育的省内招生数和毕业生数。按照学制三年测算,2006—2008 年的招生数对应是 2009—2011 年的毕业生数,其他年份顺推。这样,2012—2015 年的中等职业教育毕业生数也可得知,具体见表 2-4 所示。

高等职业教育的供给比较复杂。如简单假定省内和省外、甘肃籍和非甘肃籍大致相抵,则可以粗略测算高等职业教育的供给数量,见表 2-4 所示。

表 2-4 2006—2015 年全省中、高等职业教育供给数量

年份	中等职业教育		高等职业教育	
	省内招生数(万人)	省内毕业生数(万人)	招生数(万人)	毕业生数(万人)
2006	11.35	5.49	4.25	2.89
2007	14.85	6.80	4.68	3.10
2008	15.41	8.68	5.12	3.77
2009	18.00	11.35	5.63	4.25
2010	19.38	14.85	6.20	4.68
2011	21.09	15.41	6.81	5.12
2012	22.82	18.00	7.50	5.63
2013	24.56	19.38	8.26	6.20
2014	26.33	21.09	9.07	6.81
2015	28.12	22.82	9.98	7.50

综上所述,预计"十二五"期间,甘肃省中等职业教育供给数量年均接近 20 万人,高等职业教育供给数量年均超过 6 万人。

四　"十二五"甘肃省职业教育发展的总体思路

（一）基本形势

甘肃省职业教育的基本形势可以用一句话来概括，即"发展势头良好，但仍处在改革与发展的关键时期，既具有战略机遇，也面临严峻挑战"。

1. 职业教育发展的阶段性特征

（1）由注重扩大规模向全面提高质量转变。

（2）由快速发展向规范发展转变。

（3）由学校本位向学生本位转变。

2. 职业教育发展的战略机遇

（1）各级党委、政府高度重视职业教育工作，职业教育的战略地位得到进一步确立，职业教育改革发展的舆论环境、政策环境和社会环境明显改善。

（2）经济社会快速发展对职业教育培训提出了迫切需要。

（3）建设社会主义新农村，解决"三农"问题，推进农业现代化对职业教育提出了迫切需要。

（4）满足人民群众终生学习需求、促进教育公平对职业教育发展提出了迫切需要。

3. 职业教育发展面临的主要挑战

（1）社会对职业教育的认识问题长期存在，并将长期制约职业教育发展。

（2）全球经济复苏的不确定性以及我国及甘肃省经济增长潜在的不稳定性，直接影响到就业的稳定性，进而影响省内职业教育发展。

（3）我国及甘肃省经济增长方式的转变和经济结构的调整，对省内职业教育服务经济发展的能力提出了更高要求。

(4)国家职业教育体制改革进程,将影响全省职业教育发展。

(5)全省的财政紧张状况将影响职业教育经费投入。

(6)社会就业压力异常严峻,一方面增加了社会对职业教育培训的需要,另一方面也增加了职业教育就业的难度。

(二)指导思想

以科学发展观为指导,以经济社会发展需要和居民个人需要为出发点,以提高质量为核心,以改革创新为动力,以体制改革、机制创新、制度建设、体系完善、资源整合、能力建设为手段,以强化政府责任、控制职校数量、优化职校布局、加强职校建设、增加职教投入、实施职教免费为重点,大力实施"职业教育富民强省工程",促进职业教育科学发展、和谐发展和规范发展。一方面,提高劳动者的职业素质和职业能力,增强就业创业能力,促进充分就业,实现社会和谐。另一方面,提升人力资源能力,增强服务经济社会发展的能力,促进产业发展,实现经济增长。

(三)主要目标

1. 体系完善目标

力争到"十二五"末,基本形成符合科学发展观要求的,满足经济社会发展需要和居民个人需要,与市场需求和社会就业紧密结合,校企合作、工学结合,层次分明、结构合理,形式多样、灵活开放,健全、完善、成熟的现代职业教育体系。

2. 体制、机制创新目标

协调理顺政府统筹、分级管理、社会参与的职业教育管理体制;依法规范政府主导、行业企业兴办、社会力量参与、公办与民办共同发展的办学体制;健全职业教育经费投入保障机制,积极准备实施职业教育免费政策。

3. 院校数量和布局目标

一方面,大幅度缩减中等职业学校数量,力争到"十二五"末,使中等职业学校的数量控制在 150~180 所, 即每个县区保留 1 所、市政府所在地保留 3~5 所、省城兰州保留 20~30 所。另一方面,适当增加高等职业院校的数量,力争到"十二五"末,使每个市州至少拥有一所独立设置的高等职业院校或者隶属于高等本科院校的高职高专学院。

4. 资源整合目标

力争到"十二五"末,使国家级、省级重点中等职业学校的招生规模达到 2000 人以上,市级重点、合格中等职业学校的招生规模达到 1000 人以上, 国家示范性高等职业院校的招生规模达到 5000 人以上。同时,全省形成若干家综合性、专业性、区域性的职业教育集团,并保证能够顺利运行和规范运作。积极鼓励省内职业院校或职业教育集团走出去,加入全国性的职业教育集团或成立省外分校。

5. 能力建设目标

力争到"十二五"末,2/3 以上中等职业学校成为国家级、省级重点职业学校,1/2 以上高等职业院校成为国家示范性高等职业院校;专业教师占全部教师的比例达到 2/3 左右,"双师型"教师占专业教师的比例达到 50% 左右; 每所职业院校保证形成 2 个以上特色专业或优势专业; 每所职业院校保证建成本校主要学科门类和专业的试验、实训基地。

6. 发展规模目标

力争到"十二五"末,中等职业教育招生规模达到 28~30 万人,职普比达到 6 : 4,基本解决初中后学生的职业教育问题,基本普及高中阶段教育;高等职业教育招生规模达到 8 万人左右,大体相当于或略高于高等本科教育招生规模。"十二五"期间,每年为社会输送 20~25

万名中等职业学校的毕业生,并保证实现就业率在90%以上;6~8万名高等职业院校毕业生,并保证实现就业率在70%以上;每年培训城乡劳动力800万人次,使全省从业人员素质得到显著改善和提升。

(四)实施重点

(1)增强职业教育吸引力。

(2)强化政府责任。

(3)控制职校数量。

(4)优化职校布局。

(5)加强职校建设。

(6)增加职教投入。

(7)实施职教免费。

五 "十二五"期间甘肃省职业教育发展的对策措施

(一)实施并强化"五大制度",增强职业教育的社会吸引力

1. 彻底革新社会用人制度,增强用人政策的导向性

行政事业单位要严格遵守党和国家有关用人政策规定,增强用人政策和制度的导向性。企业要从根本上改变非市场化的用人理念和政策。有关部门要开展经常性劳动用工执法检查,保障国家就业准入制度的严肃性。

2. 严格落实就业准入制度,加强职业教育与劳动就业的联系

进一步完善并严格执行"劳动者在就业前或上岗前接受必要的职业教育"的制度,全面落实"先培训、后就业,先培训、后上岗"的规定,加强职业院校学历教育与职业标准的衔接。

3. 全面推行"双证"制度,把职业学校教育与职业资格相联系

制定相关政策制度,明确规定:职业院校学生毕业时,成绩合格可以取得毕业证书,通过国家职业资格考试,可以获得职业资格证

书。只有接受职业学校学历教育并取得毕业证书的人,才能允许参加职业资格考试并获得职业资格证书。

4. 改革教育招生制度,实施职教与普教的学历互通

改革教育招生制度,使报考职业学校和普通学校的考生具有同批次录取的机会。加快职业教育体系建设,鼓励发展更高层次职业教育,建立职业教育的上升通道。构建"立交桥",解决职业教育学历与普通教育学历的相通性问题。

5. 继续实施贫困生资助制度,加快出台中职免费制度

在国家奖学金、助学金制度的基础上,进一步加大对家庭经济困难学生补助的力度,加快建立具有甘肃特色的奖学助学体系。严格控制并降低职业教育学费。分阶段、分步骤实现中等职业学校学生免费入学,争取到"十二五"末基本实现中等职业教育免费。

(二)实施"五大工程",推进职业教育体制改革、机制创新和制度建设

1. 实施职业教育政府责任强化工程

(1)定位中等职业教育为"责任教育",等同于义务教育。各级党委、政府要切实承担起发展职业教育,特别是中等职业教育的责任,特别是要强化市(州)、县(区)政府的责任。

(2)组建职业教育管理委员会和职业教育局。各级政府要组建职业教育管理委员会,作为跨部门的政府协调机构。同时,组建职业教育局,全面负责职业教育管理工作,仍归教育厅(局)管理。

(3)明确各级政府的工作责任。

(4)规范政府有关部门的职责分工并加强协调配合。以教育、人力资源与社会保障、财务部门为重点,其他部门和行业协会为辅助,明晰权责,完善运行机制。

(5)加强对职业院校指导和管理,坚持依法办学,科学管理。加强

职业院校办学资格管理,严格规范异地设点办学,提高办学门槛,规范办学行为。

2. 实施职业教育体制创新工程

(1)进一步推进各类职业院校划转移交工作,实现职业教育的归口管理和属地管理。

(2)取消职业院校的差别化政策,统一并规范职业院校类别属性。逐步取消职业学校的现有类别属性,所有职业教育院校都统一成为高等职业院校或中等职业学校。

(3)加强公办与民办职业院校的统筹力度。鼓励、支持、引导和规范公办与民办职业院校共同发展,促进公办与民办教育学生享受同等待遇。

(4)进一步创新办学机制,继续推进多元化办学。

(5)进一步创新办学模式,深入开展"校企合作、工学结合"。首先职业院校要"走出去"。其次政府要推动"校企合作"。再次要"两头都热",关键是让企业得到实惠、尝到甜头。

3. 实施职业教育体系完善工程

(1)完善现代职业教育体系,形成初、中、高等职业教育的合理定位与分工。关于现代职业教育体系,见图2-1所示。关于职业教育的定位与分工:首先,高等职业教育的定位是培养高技能人才,其中高职本科和研究生教育的定位是培养特殊领域的高技能人才;中等职业教育的定位是培养一般技能人才;初等职业教育的定位是培养学生的职业意识和职业兴趣。其次,解决好中、高等职业教育的生源、教育教学内容、专业设置、培养目标等问题。再次,打通职业教育专科生再读本科的上升通道。

(2)健全职业教育网络,加快"省、市、县、乡"四级网络建设。

(3)完善职业教育专业门类体系,涵盖三次产业。

（4）加快示范性高职院校建设，促进"国家、省、市"三级重点中等职业学校建设。

（5）健全职普教育沟通衔接机制，逐步提高"三个比重"。

4. 实施职业教育资源整合工程

（1）缩减或控制职业院校数量，优化布局结构。

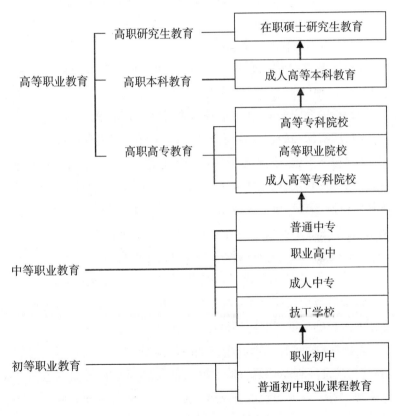

图2-1　大职业教育体系

（2）继续扩大职业教育办学规模，实现规模效益。

（3）继续加强联合办学和合作办学，既要"引进来"，又要"走出去"。

（4）继续推进职业教育的规模化、连锁化和集团化，积极吸纳省属企业加盟职业教育集团。

（5）建立健全职业教育资源共享机制和网络建设。首先是师资资源共享，其次是实训基地共享，最后是信息共享。

5. 实施职业教育经费保障工程

（1）加大政府对职业教育的投入，保证职业教育财政投入增长机制。

（2）扩展筹资渠道，实现职业教育经费多元化投入机制。

（3）切实加强职业教育经费管理，完善教育经费利用机制。

（4）积极实施"职业教育专项资金计划"。首先，申请国家职业教育专项资金；其次，探索建立人才输入地区对人才输出地区的合理经济补偿机制；第三，设立民族地区、边远地区职业教育发展特别基金；第四，建立中等职业教育免费制度的专项资金来源。

（三）加强"五大建设"，增强职业院校办学实力

1. 加强教育所需基础设施建设，夯实基本办学条件

职业院校应按照有关要求，筹措安排资金，尽量按照示范性或重点职业院校的标准，加强基础设施建设。

2. 加强实训基地建设，增强实践教学能力

（1）理清实训基地建设的思路。首先，要着力建好校内生产性实训基地；其次，要大力建设满足各专业的校外实习基地；再次，条件具备的情况下，可进行实体性企业建设和区域共享实训基地建设。

（2）支持或加快重点专业实训基地建设。教育行政部门和职业院校要统筹规划抓好重点专业实训基地建设。

（3）加强开放型、综合性实训基地建设。结合工业强省战略规划，建设全省七大重点产业的综合实训基地；结合新农村建设规划，建成全省农业类、畜牧类专业现代化综合实训基地。

（4）鼓励职业院校合作建设、合用或共用实训基地，实现实训基地资源共享与合理布局。

（5）创新实训基地建设的模式。一是学校和企业共同出资；二是"引企入校"模式，引进企业的生产流水线到学校的实训基地；三是"引校入企"模式，让企业成为学校真正的实训基地或分教学点。

3. 加强师资队伍建设，提高"双师型"教师的比例

（1）制定全省职业教育师资队伍建设规划，加快专业带头人、专业骨干教师和"双师型"教师队伍建设步伐。

（2）强化职业教育师资培训，加快现有师资转型。

（3）进一步健全教师到企业实践制度和鼓励企业技术人员到学校做指导教师制度。

（4）实施职业院校教师特聘、特岗、特邀计划。

4. 加强教育教学能力建设，促进教育教学模式的创新

（1）深化教学模式改革，促进人才培养模式创新。

（2）加强专业建设，突出特色和品牌。

（3）全面推进课程改革，构建以岗位能力为本位的专业课程体系。

（4）加强教材建设。完善相关专业技能课程教材开发、编写、审定办法，加强精品教材开发，建立健全教材课堂准入制度。

（5）推进教学模式创新。积极推行订单培养、工学结合、顶岗实习，探索任务引领、项目导向、场景模拟等增强学生能力的教学模式。

（6）加强教育管理能力建设。深化教学管理改革，积极探索完善学分制、弹性学习制度等管理手段，建立更加有效的学籍管理制度，实行更加灵活的学习方式。

（7）职业教育评价模式创新，以就业为核心构建职业教育评价体系。转变职业教育的人才观和质量观，创新注重职业道德素养和职业能力素养的学生评价模式和注重对社会的贡献、对教育的贡献的学校评价模式。

（8）建立提高教学质量的长效机制，强化质量监控，把人才培养质量作为考核学校工作业绩的主要指标。

5. 加强职业院校"三风"建设，建设和谐校园

加强以改进领导作风为重点、以加强师德为突破口、以强化学生养成教育为切入点、以校园文化建设为纽带、以强化制度建设为手段的"三风"建设，把学校建设成为学生喜欢、家长放心、社会满意的育人基地。

（四）实施"五大行动计划"，促进职业教育健康发展

1. 实施职业教育招生统筹行动计划

（1）加强职业教育招生宣传，增强职业教育的吸引力。

（2）加强职业院校软硬件建设，提高职业教育吸纳能力，为扩大招生规模创造良好的条件。

（3）深入挖掘优质教育资源，多方组织生源。在抓好应届初中生招生的同时，积极面向往届初中生、高中毕业生、退役士兵、返乡农民工、进城务工人员、企业职工等开展学历教育和技能培训工作，努力扩大招生规模。

（4）加强对高中阶段教育招生工作的统筹管理。重点解决城镇普通高中招生比例过高、农村普通高中招生比例过低的问题。严格控制普通高中的招生人数，扩大中等职业教育招生人数，逐步提高高中阶段教育职普比。

（5）实行职业教育招生工作目标责任制，加强调控与指导。

（6）规范招生市场，整顿招生秩序，重点解决异地设点招生问题。

（7）创新招生机制，继续推进省内外及城乡间、地区间的联合招生、合作办学工作。

2. 实施职业教育学生素质养成行动计划

（1）大力推进素质教育，培养学生具有良好的职业道德、必要的文化知识、熟练的职业技能。关键是加强"三种教学"，即加强德育教学、加强文化课教学、加强实践课教学。

（2）重视德育素质的培养。坚持德育为先，将社会主义核心价值观的基本内容融入专业学习的各门课程，渗透到教学、实习和社会服务各个环节，切实提高德育工作的针对性、实效性。

（3）重视基本文化素质的培养。结合甘肃实际制定主要文化基础课教学实施方案和分层教学指导方案，满足学生个性发展需求和职业生涯发展的实际需要。

（4）重视职业能力的培养。推行工学结合、校企合作、顶岗实习的人才培养模式，制定以职业能力为基础的学生培养方案，调整教学目标和教学方法，突出专业技能教学。

3. 实施职业教育就业创业行动计划

（1）继续支持"职教移民"，促进"职教致富"。继续坚持向外输出技术技能人才，促进"技能致富"。通过"职教移民"，缓解甘肃的就业压力。

（2）鼓励由"职教致富"向"职教富民强省"转变。在继续对外输出专业技术技能人才、谋求"技能致富"的同时，也要考虑为甘肃当地的发展培养职业技术技能人才，寻求"职教强省"。

（3）深入贯彻就业导向原则，加强就业创业指导和服务体系建设。

4. 实施职业培训规范发展行动计划

（1）深入宣传终身学习、终身培训的理念，引导人们积极参加职业培训。

（2）严格规范设立审批，建立健全民办职业培训学校专家评审制度。

（3）严格规范异地办学。各地要将跨省异地办学纳入当地统筹管理，异地办学新批准设立的培训学校，必须为独立法人机构，必须依法建立独立的财务、会计制度和资产管理制度。

（4）严格规范招生宣传和收费行为。

（5）对民办职业培训学校的教学培训活动加强监督。

（6）规范职业院校和培训机构的短期培训工作。职业院校和培训机构要面向广大初中和高中毕业生、城镇失业人员、农村进城务工人员，开展各种形式的职业技能培训和创业培训，为促进就业和再就业做好服务。

5. 实施农村职业教育发展行动计划

（1）高度重视农村职业教育发展的战略地位。农村职业教育发展既是一个社会问题，也是一个经济问题，乃至政治问题。

（2）农村职业教育的定位是既要立足农村，更要跳出农村，并建立农村职业教育反哺机制。

（3）农村职业教育要以基础教育为依托，实现"职普一体化"。

（4）农村职业教育发展的重点是继续深入推进农村实用技术培训、劳动力转移培训和农民工职业能力培训。

（5）农村职业教育发展的关键是，不仅要加大投入，更要加大资金的统筹使用的力度。

（6）大力推行农村职业教育培训资助、补贴和免费计划。

（7）农村职业教育要强化市场意识，提高人才培养的适用性。

（此文为《甘肃省"十二五"人力资源开发研究》一书的节选，金城出版社，2011年1月出版）

甘肃国企三十五年改革回顾与展望

甘肃国有企业改革从 1979 年起步,在省委、省政府领导下,按中央部署向前推进,已走过了 35 年。基本可以划分为四个大的阶段:

第一阶段:1979—1991 年,国有企业改革的起步和探索阶段

(1)1979 年—1984 年,国有企业改革开始起步,主要形式是放权让利和扩大企业自主权。主要工作有:一是 1979 年 9 月,根据国务院《关于扩大国营工业企业经营管理自主权的若干规定》《关于国营企业实行利润留成的决定》等文件精神,开始了扩大企业自主权试点工作,确定 35 户国有工业企业为试点单位。1980 年初,又在 53 户国营商业、饮食服务业企业进行"独立核算、自负盈亏、利润包干、超额留用"的综合性扩权试点。二是 1982 年,企业放权改革全面展开,加大了利润分成的实施力度。省上下发了《关于国营企业实行盈亏经济责任制的若干暂行规定》,对企业的利润留成比例做了明确规定。二是 1983 年,国家实行"利改税",将企业上缴的利润改为依法缴纳所得税,企业利多多留、利少少留、无利不留。甘肃省规定,凡盈利的全民所有制大中型企业,按实现利润缴纳 55% 的所得税,税后利润一部分上缴国家,一部分按国家核定的比例留给企业。四是初步改革企业领导体制,实行《厂长工作暂行条例》《企业职代会暂行条例》和《党的企业基层组织工作暂行条例》。

(2)1984—1991 年,城市经济体制改革全面启动,国有企业改革在探索中普遍推行承包经营责任制。一是 1985 年省委、省政府确定兰州、天水、武威三市为城市改革试点。二是 1987 年出台《甘肃省全民所有制大中型企业承包经营责任制试行办法》，规定主要形式是"双包一挂"，即包上缴利润，包国家批准的技术改造项目，工资总额与经济效益挂钩浮动。具体办法是上缴利润递增包干；上缴利润基数包干，超收分成；微利企业上缴利润定额包干；亏损企业减亏包干等。省政府把 1988 年确定为"承包年"。到 1990 年底，即第一轮 3 年承包到期时，全省工业企业承包 1004 户，占 86.6%。商业企业将原来实行经济责任制的 1090 个商业网点改为承包经营。1991 年起，甘肃省推行第二轮承包，同时对承包内容进行完善，主要是"三包一挂"，即包上缴利润，包技术改造任务、包管理目标，实行工资总额同经济效益挂钩。三是推动企业用工、分配制度等内部改革。1986 年甘肃省政府发布国营企业招用工人、辞退违纪职工、实行劳动合同制、合同制工人退休养老基金统筹和待业保险等 6 个实施办法。四是 1987 年 3 月甘肃省委、省政府颁布《关于加快城市集体经济发展的若干规定》，推广"一厂两制"集体经济的经验，并作为搞活大中型企业、发展地方经济、促进就业的一项重要措施。

第二阶段：1992—2002 年，国有企业改革进入建立现代企业制度阶段

（1）1992—1994 年，企业转换经营机制。1992 年甘肃省政府下发了《关于在工业试点企业实行"五自主"放开经营的意见》，对落实企业经营权、劳动人事权、工资分配权、产品定价权等做了具体规定，选择 50 户企业进行了"放开经营、配套改革"试点，省级部门配套制定了政策措施。省政府还下发了《关于在全省国合商业扩大推行"四放开"经营的意见通知》，对国合商业的经营、价格、分配和用工的"四

放"开"改革作了明确规定。出台《甘肃省城镇股份合作制企业暂行办法》,在城镇集体企业、乡镇企业推行股份合作制;出台《关于国有小型商业企业实行国有民营的意见》《物资流通代理制试点方案》和《积极发展甘肃商业连锁经营的意见》,加快了流通企业改革步伐。

(2)1995—1997年,主要进行建立现代企业制度试点。试点工作从1994年开始。1995年,出台《甘肃省建立现代企业制度试点实施意见》,确定酒钢、兰钢等34户企业为省上试点企业,其中兰州三毛、兰州民百为国家百户试点。经过3年试点,全省大部分试点企业基本完成了确定的任务。试点改制企业初步明确了国有资本出资人,基本建立了企业法人财产制度;初步建立了新的企业领导体制,形成股东会、董事会、监事会和经理层组成的法人治理结构;深化了内部三项制度改革。在此期间,省上对酒钢等试点企业进行了年薪制的尝试。

(3)1998—2002年,建立现代企业制度全面推开,国有经济战略调整付诸实施。按照国务院提出的"用三年左右时间,使大多数国有大中型亏损企业走出困境,大多数国有大中型骨干企业建立现代企业制度"的要求,全面推进建立现代企业制度的公司改制。一是省政府1998年下发《甘肃省国有大中型企业建立现代企业制度指导意见》,出台了甘肃省公司制企业董事会、监事会和经理工作等3个暂行规定。到1998年末,全省175户地方国有大中型工业企业中,进行公司改制的61户。二是抓大放小,对国有经济实行战略性改组。"抓大"方面,2002年起,围绕"工业强省"战略,省政府组织实施了"双十工程",即培育金川公司等10户营业收入达到或超过50亿元的大企业大集团,培育甘肃稀土等10户高新技术大型企业;"放小"方面,2002年全省市州中小企业普遍进行了"两置换(企业性质和职工身份)、一保障(接续职工社会保障)"的改革,改制改组面达90%左右。省政府实施了鼓励中小企业发展的"千户百强"工程,采取了一些配套措施。三是加大企业破产重组力度,逐步建立劣势企业有序退出机制。四是国有大中型企业实行主辅分离改制分流和办社会职能移交。至 2003 年底, 全省有 117 户地方国有大中型企业移交所办中小学250 所、综合性医院 86 家。

第三阶段:2003—2012 年,国有企业改革进入建立健全现代产权制度和国有资产监管体制改革的阶段

党的十六届三中全会作出《关于完善社会主义市场经济体制若干问题的决定》,要建立归属清晰、权责明确、保护严格、流转顺畅的现代产权制度,实现投资主体多元化,使股份制成为主要实现形式;建立健全国有资产管理和监督体制。围绕贯彻中央改革决策,2003年 11 月省委十届四次全委(扩大)会议通过《关于进一步深化国有企业改革的意见》,确定了发展抓项目、改革抓企业,下放省属企业、下放干部管理权的"两抓两放"重大举措,全面展开了新一轮国有企业改革调整的攻坚战。一是省委、省政府 2003 年 9 月下发《关于调整省属部分国有工业企业管理体制的通知》, 共有 70 户省属国有工业企业下放市州管理。二是省及市州政府相继成立了国资委,落实了国有资产监管主体和经营责任。三是全面完成列入国家政策性破产计划的 146 户企业政策性破产重组。四是推进省属困难企业改制,112 户省属非工困难企业改革工作基本完成。五是省属骨干企业初步建立了现代企业制度,完成了辅业改制分离和办社会职能移交。

第四阶段:2013 年以来,国有企业改革进入以产权多元化为核心的发展混合所有制的新阶段

党的十八届三中全会作出《关于全面深化改革若干重大问题的决定》,标志着国有企业改革随之迈向新阶段。甘肃省出台关于贯彻

落实《决定》的意见,主要改革内容包括:一是以股权多元化、投资主体多元化为方向,不断深化省属企业股份制公司制改革。二是把发展混合所有制经济同企业公司制股份制改革结合起来,积极引进民间投资主体以市场化方式参与国有企业改制重组和国有控股上市公司增资扩股。三是根据企业所处行业和承担业务的不同,科学界定功能,实施分类监管。四是以管资本为主完善国资监管体制机制,加快省直部门管理企业改制脱钩。五是继续深化企业内部管理人员能上能下、员工能进能出、收入能增能减的制度改革,增强企业发展活力。

（原文刊登于《甘肃日报》2014 年 4 月 14 日理论版）

推进甘肃结构性改革的思考与对策

2016年甘肃的经济工作及结构性改革,需要围绕在需求侧与供给侧两侧发力。所谓需求侧发力,主要还是抓投资,尤其是争取国家投资。所谓供给侧发力,核心是围绕两大目标推进结构性改革:减少无效供给,主要是消除过剩产能;增加有效供给,就是帮助企业家更好地创新,创造更多符合市场需求的产品和服务。具体来说:

一 甘肃在结构性改革中需要做的工作是三类情况

一是在以执行为主的改革领域抓好贯彻。例如在减税、打破央企垄断、消除生产要素价格扭曲等方面,主要是抓好落实。二是在需要主动抓中央政策机遇的改革领域,积极行动和争取。例如在加快淘汰僵尸企业、解决银行和融资平台的呆坏账、化解房地产库存等方面,应该主动作为。三是在需要发挥自身能动性的领域,大力主动改革。例如在深化国企改革、简政放权、完善法治等方面,就要靠自己改善环境。过去甘肃的老问题,企业长不大、留不住。今后推动"两创"需要配套解决政府服务、信用体系建设、知识产权保护。

二 甘肃在结构性改革中需要抓的关键是动力转换

目前发展动力和经济支柱"青黄不接",作为老动力的重化工业有点"黄",传统支柱产业石化、有色、冶金、煤炭都面临去产能、去库存、去杠杆、降成本的任务。新兴产业还没"青",包括高新技术产业、现代服务业、文化产业都未成长为新支柱。下一步老支柱不能倒，新支柱需要尽快培育。（1）以建设敦煌国际客运空港为抓手做大旅游业。抓住国家继续搞"铁公机"及丝绸之路文化博览会永久会址放在敦煌的机遇，解决游客可入可出的问题。（2）将中川机场打造成为西北的国际货运空港。抓住国家将东川铁路国际物流中心列入规划机遇，以其及兰州新区为依托，构造货运空港、新区、东川中欧货运编组站三位一体格局，使兰州真正成为"丝绸之路经济带"的物流中心。这样，它会吸引生产性企业就近落户，带动第二产业集聚。（3）做广、做特华创区的文化企业。文化企业做大很难，但做广、做特，多培育一些小巨人企业相对好操作。

三 甘肃在结构性改革中亟待破解的重大难题，是需要国家层面解决城镇化政策相互矛盾、反向作用的问题

此难题的要害是造成常住人口数与户籍人口数错位的农民工难以市民化。目前甘肃城镇化率有户籍人口28%与常住人口43%的错位，需要消化这15个百分点。但是，政策与做法却是既一手努力给农民工市民待遇，又一手保留其承包地、享受惠农政策。对于享受双重利益的人们来说，他们没有动力改变户籍。对此，用行政手段剥夺农民工的土地与惠农政策利益，肯定是不行的。亟待探索使承包地像宅基地一样享有用益物权，像宅基地一样可以有偿转让，用利益导向，使在城市就业的广大农民工自愿转换户籍。

（原文刊登于《甘肃日报》2016 年 1 月 22 日理论版）

对精准扶贫实施情况的阶段性评估及建议

前不久,甘肃省社科院精准扶贫评估课题组赴东乡县,从县、乡、村三个层面进行了访谈,对农户进行了问卷抽样调查,现以东乡县为例就精准扶贫的实施情况进行阶段性评估。

一 精准扶贫的阶段性成效与困难

自2012年以来,东乡县农村产业结构得到很大调整,基础条件显著改善,农民生活水平明显提高,生态环境有较大改观。政府给予的各类补贴性收入在收入中占较高比例,技能培训能够有效提高了农民收入。大多数农户对精准扶贫政策的实施持积极支持态度,认为扶贫项目对本村农户生活水平提高、基础设施改善效果明显。在精准扶贫实施过程中也存在一些困难和问题:一是虽已完成贫困人口建档立卡工作,但仍存在贫困户界定难。由于识别标准只有收入贫困线,影响对贫困程度的深度判断。二是对于致贫原因明显的农户,如因病、因灾、因学、因婚等,帮扶措施可精准到户,但对于致贫因素复杂的农户,帮扶措施选择难度较大。三是村干部治理能力总体不足,由于集体经济基本"空壳",可支配的资源几乎没有,工资收入有限,甚至不如外出务工,而随着惠民政策的实施,村两委承担的任务越来越重,要求越来越严,能力不足成为严峻挑战。四是帮扶工作队与基层需求存在错位,贫困村最欢迎能带来资金和项目的驻村帮扶干部,但由于驻村干部来源单位不一,群众的期望与帮扶者还存在错位。五是政策实施中的不规范、不透明，资金监管模糊等问题仍然不允忽视。如互助金由乡财政管理，村委、村民常对情况不够了解。

二 精准扶贫政策实施绩效的阶段性评估评价

通过评估模型计算测评，总体情况是：政策设计为"优秀"，政策效率和效果两项为"良好"，政策实施和政策可持续性两项为"一般"，整体绩效评估为"良好"。

以 5 分为最优，精准扶贫效果评价总体得分为 3.022 分，实现程度综合评估为"良好"。一是政策设计：政策合理性、可行性综合得分分别为 4.5、3.75，政策设计被评级为"优秀"。二是政策实施：保障性、公平性、满意度、支持度、规范性综合得分分别为 3、3、4.5、4、2，政策实施被评级为"一般"。三是政策效率：脱贫效率、收入效率分别得分为 3.155、3.75，扶贫效率被评级为"良好"。四是政策效果：基础设施、产业政策、农民收入、劳动力素质分别得分为 3.27、3.1、3.25、2.98，扶贫效果满意度被评级为"良好"。五是政策可持续性：经济、社会、环境、个人发展综合得分分别为 2.15、2.08、2.35、1.98，可持续发展能力被评级为"一般"。

从对农户的问卷反馈看，随着精准扶贫工作的深入，入户政策越来越多，扶贫重心下沉，出现贫困户对政策扶持的期冀越来越大，自我救助主动性有所减弱的趋向。在部分农户看来，政府有责任为他们解决生活中的一切问题。若没有好的机制来刺激农户自我发展的积极性，到户政策越多，扶贫成本可能会越高，而效果却并不显著。

三 主要建议

一是需要继续提高精准识别的准确度，构建多维度识别体系，对贫困村、户按周期动态管理。二是实施精准分类管理，深化分类帮扶。

三是产业扶贫资金重点用于奖励从事既定主导产业的所有农户,部分用于奖励大户。四是精准培训实用技能,以扶贫对象获得的实用技术和技能等级作为考核和增加资金依据。五是完善精准扶贫的管理机制。健全贫困村、户信息系统,并实施动态管理,建立信息披露制度保证扶贫在阳光下进行。六是建立第三方评估体系,对各类扶贫资源到村到户、扶贫对象培训、就业增收情况、产业发展、基础设施建设、公共服务和社会保障等情况进行监测;对扶贫责任落实情况、计划推进情况、结对帮扶干部工作情况和群众满意度等进行评估。

(原文刊登于《甘肃日报》2015 年 10 月 22 日理论版)

围绕贯彻"八个着力"推动甘肃新发展

省党代会报告围绕贯彻 2013 年 2 月习近平总书记在视察甘肃时提出的"八个着力",具体部署了今后五年的工作。"八个着力"是我们必须长期坚持的思想和行动指南,甘肃需要围绕转变经济发展方式、推动科技进步和创新、发展现代农业、推进扶贫开发、加强生态环境保护、保障和改善民生、加强社会管理、深入推进全面从严治党,去实现新的历史条件下的创新发展。

一 提高对"八个着力"重要性的认识

首先,习近平总书记提出的"八个着力",通篇闪耀着党的"一个中心、两个基本点"基本路线的光芒。"八个着力"对八个方面提出的工作要求,充分体现了以经济建设为中心。不把经济搞上去,我们就会长期在全国处于发展水平的倒数位置,难于可持续地解决精准脱贫,难于实现高水平的全面建成小康社会,难于向全省人民交代。在甘肃贯彻好"八个着力",就是最好地向习近平总书记的看齐,向党中央决策部署的看齐,向党的基本路线和方针政策的看齐。其次,习近平总书记提出的"八个着力",完全符合甘肃作为一个欠发达省份的实际。就经济领域而言,总书记提出的需要着力的方面,无论是发展方式、现代农业、扶贫开发,还是科技创新、生态保护和改善民生,全部是甘肃发展的弱项和短板,全都是我们滞后或者需要进一步提升的领域。再次,习近平总书记提出的"八个着力",是关系甘肃未来发展的关键一个"着力"。"八个着力"是甘肃工作的指导思想，是未来发展的方向，也是做好甘肃工作的主要方法和抓手。全省需要根据"八个着力"去确定目标任务，围绕"八个着力"去开展工作，按照"八个着力"去检验各项工作的效果。

二　贯彻"八个着力"需要全力弥补甘肃发展的最大短板

改革开放以来，虽然各省区市在经济领域大都是靠投资拉动，投资也都是基本建设、房地产、生产性项目三个领域，但在决定经济发展后劲和造血机能的支柱性工业和高科技企业领域，差别极大。凡是经济发展快的省市，都有一些新建的支柱性工业和高科技企业，特别是中国 500 强企业甚至是世界强 500 企业，广东有华为、正威集团、TCL、比亚迪、广汽集团、中兴通讯、格力集团，上海有宝钢集团、上汽集团、上海大众、均和集团、复星科技，江苏有沙钢集团、三胞集团、红豆集团、海澜集团、阳光集团、波司登，浙江有阿里巴巴、吉利集团、广厦集团、青山集团、荣盛化纤集团、恒逸集团、超威电源，而甘肃省却基本是依靠省属老国有工业大企业的技改项目，如兰州石化、金川有色、酒钢、各铝业企业等的产品结构调整、升级换代、扩能增产项目，严重缺乏新上马的生产性项目。这一点在西部地区比较，差距也很明显，重庆有长安汽车、达丰（重庆）电脑、旭硕科技、鸿富锦精密电子、隆鑫集团、重庆力帆，陕西也有东岭集团、宝鸡华山工程车辆、西安康明斯等等。下一步，一方面要靠激励省属国有大企业新上技改项目；另一方面，也需要千方百计激励新上民营工业和高科技大项目。

三　落实"八个着力"亟待不为人后地推进关键领域改革

沿海省市自改革开放以来做了许多领全国风气之先的创新，深圳市能举出一堆"全国第一"：第一家对外开放的工业区、第一家股份制企业、第一个搞土地招拍挂、第一个搞企业产权转让、第一家证券公司、第一家完全由企业法人持股的股份制商业银行。上海市能举出一堆"全国第一":第一个金融贸易区、第一张股票、第一家证券交易所、第一家外资参股的商业银行、第一家通信业合资企业……看看这些第一,我们怎么会不落后? 如今,在推动全面深化改革中,我们亟待推进关键领域的改革,例如农村综合改革、审批制度改革、完善信用体系、强化知识产权保护。习近平总书记最近在谈到农村改革时强调:对突破体制藩篱、现行法律的,像农村土地、农村金融、城乡一体化等改革,坚持试点先行,从基层创新中找办法,及时总结推广经验,为面上改革探索路子。我们应该遵照习近平总书记的要求,借鉴兄弟省市"地票"制度等做法和经验,鼓励市县大胆试点,靠改革突破,靠激励放活,在开放开发上拿出自己的"全国第一"。

（原文刊登于《甘肃日报》2017 年 6 月 13 日理论特刊）

激发甘肃经济内生动力
推动构建"五个制高点"

甘肃深度融入"一带一路"建设,明确将打造文化、枢纽、技术、信息、生态"五个制高点"作为甘肃中长期经济社会发展的重大战略。实现这一战略,需要特别注重激发市场主体活力,下大力气培育壮大民营经济,优化营商环境,尽快形成有利于各类生产要素向"五个制高点"集聚的势头,构造经济中长期发展的内生动力。

一 着力培育壮大民营企业,解决市场主体不繁不昌的历史难题

企业是市场主体,是经济运行的基本细胞、基本单位。改革开放以来的实践表明,任何好的发展战略、思路规划,最终要落脚到产业发展,产业发展最终要落脚到企业,否则都会成为空中楼阁;各省的实践还表明,谁民营经济强则谁经济强,谁民营经济发展好则谁经济发展好。所以今后需要做好以下工作:

第一,高度重视培育发展民营经济,特别是民营制造业企业。明确把培育发展民营经济作为全省完善市场经济体制的重要目标,争取到 2020 年,甘肃民营经济增加值占 GDP 比重达到 55% 左右;到 2025 年,达到 60% 左右。

第二,借鉴吉林省做法分期分批安排各市县领导到浙江挂职半年。重点学习浙江各地发展民营经济的先进经验和做法,把好经验、好作风带回甘肃。

第三,实行"万名干部进企业"。建立政府职能部门干部进企业一对一服务制度,对企业实行"保姆式""贴近式""零距离""零跑路"上门服务和跟踪服务,做到"企业动向第一时间获悉、企业诉求第一时间掌握、企业困难第一时间现场处理"。

第四,加大对市县发展民营经济的考核和第三方评估。每年对14个市州、每季度对86个县区市民营经济发展进行排序,排在前几位的要谈发展经验,排在后几位的要谈怎么改进,逐渐形成争先比拼的良好氛围。

第五,实施"陇商回归"工程。围绕服务陇商、凝聚陇商,各级政府建立平台和加强政策支持,打造全国陇商的"精神总部",进一步吸引陇商回归投资。

二 深化"放管服"改革,打造法治化便利化国际化的营商环境

第一,加快"放管服"改革。一是推行智慧政务,实现"最多跑一次""一次不用跑"。着力推进"一窗办、一网办、简化办、马上办"改革,以推动审批智能化、服务自助化、办事移动化为重点,实现政务服务事项"一网通办"。二是全面实施企业自主登记制度。在甘肃推行"注册易"一站式服务,最大限度地实现企业注册登记便利化,全面实施企业简易注销,实现企业"自由生、自由死"。三是推广企业法人承诺制。对必须保留审批的事项,向申请企业提供责任承诺书和审批要件清单,由企业法人签署对材料真实性负责和对虚假材料承担责任的法人承诺书后,审批部门可当场或当天发放批件和许可证。四是建立全省统一权威的政策发布平台,统筹发布全省产业发展政策和企业扶持政策。

第二,建立帮扶民营企业的制度化、长效化平台。一是建立完善领导干部联系民营企业和商会制度。各级党政领导干部到所联系的

企业和商会调研或现场办公每年不少于 2 次；各级党委政府每月听取一次民营经济发展情况汇报，每季度召开 1 次恳谈会或座谈会。二是健全企业家参与涉企政策制定机制，政府部门研究制定涉企政策、规划，听取企业家的意见建议。三是严格控制行政机关对企业检查。政府机关对企业的检查实行各部门集中一次性检查，每月最多一次，且要报纪检监察机关备案。

第三，帮助民营企业破解要素制约。一是优化各类园区发展规划，鼓励工业企业在园区设立自己的专业化工业园。二是对重大工业项目和重点招商项目，在用地等方面实行个性化服务。三是鼓励各类资本参与各类市场建设，其仓储用地视同工业用地。四是加大对民营企业技改贴息、技改奖励、设备更新等扶持，根据营业收入、税收、技术进步和发展潜力等指标，每两年评定一次企业等级。五是帮助民营企业解决融资难、融资贵，支持民营企业上市，并给予重奖。

三　深化科技体制改革，以更大力度落实国家促进科技创新政策

第一，以下放科技成果分配权为重点，加大科技领域改革力度。一是加快下放科技成果使用、处置和收益权。将全省财政资金支持形成的，不涉及国防、国家安全、国家利益、重大社会公共利益的科技成果的使用权、处置权和收益权，全部下放给符合条件的项目承担单位。二是提高科研人员成果转化收益比例。提高骨干团队、主要发明人受益比例，将职务发明成果转让收益在重要贡献人员、所属单位之间合理分配，对用于奖励科研负责人、骨干技术人员等重要贡献人员和团队的收益比例，从现行不低于 20% 提高到不低于 50%。三是加大科研人员股权激励力度。开展科技成果收益权改革，科技成果入股比例不设上限，对创新人才和创新企业家予以激励。

第二，加快完善知识产权制度，打造知识产权保护高地。争取试

点建立知识产权法院(法庭)。加强知识产权运用和服务,在省内重点开发区建设一站式知识产权服务机构, 逐步推行知识产权联络员制度和专家服务试点;大力开展知识产权评估、质押融资工作,扩大科技信贷覆盖面。

四　强化省级统筹,加快现代物流业综合改革

第一,争取成为全国物流降本增效综合改革试点省。率先破除制约物流降本增效和创新发展的体制机制障碍,减少行政审批,打破地方保护和行业垄断,实行国际通行"非禁即入"的负面清单式准入方式。率先实现现代物流业对内对外开放,以有序放开铁路货运服务市场准入为重点,简化市场准入条件和程序,有序推进各类物流基础设施、新型运输服务领域向社会资本开放、向外资开放。

第二,打破物流业行政垄断和市场垄断,加快完善多式联运市场机制。打破现代物流业条块分割、政出多门,以提高多式联运效率为重点,加快形成包括公路、铁路、航空、邮政、海关等跨部门协调机制,整合各类物流业资源,提升现代物流业发展效率。营造公平有序的多式联运市场秩序;建立健全多式联运标准体系;组建多式联运信息平台;鼓励企业联盟合作发展。

第三,统筹推进三大国际空港与三大国际陆港协调发展。借鉴外省对港口和物流站场进行有效整合的先进经验, 组建甘肃省国际贸易物流集团公司,强化其在国际陆海贸易新通道中的资源整合能力,统筹全省物流资源。

第四,加强国际货运班列统筹管理。一是优化西向通道。重点推进与哈萨克斯坦、德国、俄罗斯等国家的铁路合作,加密兰州至丝绸之路沿线国家的国际货运班列。二是深化国际陆海贸易新通道建设。打通与东盟的货运连接通道;组织开行南亚国际班列。三是强化铁

海、公铁联运。四是调整理顺部门管理机制,整合中欧班列和国际陆海贸易新通道货运班列部门管理职责。

(原文刊登于《甘肃日报》2019 年 2 月 1 日理论版)

三　丝绸之路

在《中国—塔吉克斯坦友好关系发展史》《中国—哈萨克斯坦友好关系发展史》首发式上的致辞

今天，我们在这里隆重举办《中国—塔吉克斯坦友好关系发展史》《中国—哈萨克斯坦友好关系发展史》中文版首发式，它是甘肃省社会科学院实施的《中国与丝绸之路沿线国家友好关系史丛书》工程的第一批成果。首先，我代表甘肃省社科院，向合作单位塔吉克斯坦总统战略研究中心、哈萨克斯坦中国研究中心，向专程莅临会议的塔吉克斯坦共和国副大使、驻上合组织代表穆哈默德·叶朵穆佐德，向给予丝路双边史项目巨大支持的甘肃省委宣传部、省政府外事办、省商务厅、省文化博览局、兰州城市学院、甘肃文化翻译中心等的领导，向新闻媒体的朋友们，表示热烈欢迎！

为了助力"一带一路"建设，加强与丝绸之路沿线国家人文交流和民心相通，自 2016 年起，甘肃省委宣传部支持甘肃省社科院展开与丝绸之路沿线有关国家的官方智库合作，共同编撰包括《中国—塔吉克斯坦友好关系发展史》《中国—哈萨克斯坦友好关系发展史》在内的《中国与丝绸之路沿线国家友好关系史丛书》。经过几年努力，继国家新闻出版署在 2019 年 4 月批复我院与哈萨克斯坦中国研究中心合作编撰的《中国—哈萨克斯坦友好关系发展史》并于当年 6 月出版后，今年 9 月国家新闻出版署又批复同意我院与塔吉克斯坦总统战略研究中心合作编撰的《中国—塔吉克斯坦友好关系发展史》出版。其中《中哈史》已经被中央宣传部列入了《中华文化走出去工作重点任务项目清单(2018)》。今天正式举办首发式,因为它是中塔、中哈文化交流史上标志性的大事。这两部著作创造了两个第一:中国与"一带一路"国家官方智库合作完成出版的第一部双方认可的双边史,在中国历史上也是第一部国与国官方机构双边合作出版的史书,具有极大的象征意义。

一 《中塔史》《中哈史》既是历史记录又是时代产物

《中塔史》《中哈史》的产生,源于丝绸之路,源于建设丝绸之路经济带倡议的提出。回顾历史,伟大的丝绸之路是由人类文明的先行者走出的一条友谊之路。中国现代作家鲁迅先生曾经说过:地上本无路,走的人多了,也便成了路。丝绸之路的一头扎根于东方文明的发源之地中国,中间联结着广阔而深邃的中亚文明以及西亚和南亚文明,另一头连接着欧洲文明。在人类航海大发现以前,这条路成为人类文明史上最重要的一条通道,某种意义可以说,一条丝绸之路就是半部世界文明史。千百年来,在这条路上,驼铃悠扬,响彻于高山大野之间;商旅往来,穿行在各色人群之中。如今,行走在古老的丝绸之路上,放眼望去,遍布于古老丝绸之路上的每一处遗迹,前行于古老丝绸之路上的每一个文明板块,都是沿线国家为构建人类文明共同体而创造的文明成果。航海大发现后,古老的丝绸之路曾经一度衰落,但这种衰落只是相对于繁荣时代而言。事实上,这条道路从来都没有断绝过,从来都是沿线人民互相往来的广阔舞台。

在新时代,古老的丝绸之路绽开了新花。2013年9月7日,在哈萨克斯坦纳扎尔巴耶夫大学,中国国家主席习近平正式提出建设"丝绸之路经济带"倡议。"丝绸之路经济带"东边牵着亚太经济圈,西边系着欧洲经济圈,被认为是"世界上最长、最具有发展潜力的经济大走廊"。作为"一带一路"沿线的重要国家,塔吉克斯坦、哈萨克斯坦是首批公开表态支持"一带一路"倡议的国家,塔吉克斯坦还是世界上第一个与中国签署共建"丝绸之路经济带"谅解备忘录的国家。中塔、中哈在共建"丝绸之路经济带"上达成的高度共识,为这条路再次成为友谊之路、贸易之路、文明之路,拉开了壮阔的序幕。

据史料记载,中国与塔吉克斯坦、哈萨克斯坦友好关系源远流长。"高山之国"塔吉克斯坦的先民早在 2000 多年前就与古代中国产生交往,双方商旅驼队穿越千年风雨沧桑,谱写着中塔友好交往史的华彩乐章,帕米尔高原上展翅翱翔的雄鹰是两国人民世世代代交流互鉴的最好见证。1992 年中塔两国建立外交关系以后,两国关系不断迈上新台阶,从睦邻友好合作关系到战略伙伴关系,再到建立全面战略伙伴关系,无不显示出中塔交往顺应了两国共同发展的需要。哈萨克斯坦的一部分居民的先祖,最初便生活在甘肃及中国西北地区。中国人讲究缘分,这既是中国和哈萨克斯坦的缘分,更是中国甘肃省和哈萨克斯坦的缘分。而在今天的甘肃省阿克塞哈萨克族自治县,也生活着众多的哈萨克族同胞,甘肃省模范地执行着国家的民族宗教政策,为境内的哈萨克族同胞积极谋求发展机遇和生活幸福,哈萨克同胞也在为甘肃省的发展努力工作。中塔、中哈有数千年的缘分作为积淀,新的缘分的缔结和深化,便是题中应有之义。中塔、中哈在文化、教育、科技、旅游等方面的友好合作,尤其是交通、能源、农业等领域的务实合作更是持续开新花、结硕果。有着数千年交流互往的历史情谊作为积淀,中塔、中哈共建"丝绸之路经济带"新的缘分的缔结,更为友好关系的深化注入了新元素。

甘肃作为中国地处丝绸之路黄金地段的一个省份,全省版图都在丝绸之路沿线,绵延 1600 公里。从古以来,甘肃省就是中国内地通往中国西北边疆和中亚地区,以及整个欧亚大陆的大通道。如今,着力投入"一带一路"建设，是甘肃省获得新发展的最为重要的机遇，通过加强与丝绸之路沿线国家的合作，甘肃省在社会经济文化生态各方面，都取得了重要的发展成果。

甘肃省社科院近年来致力于打造特色智库、高端智库、数字智库，我们以包括《中塔史》《中哈史》在内的《中国与丝绸之路沿线国家友好关系史丛书》项目为抓手和平台，通过实施这一重大国际合作项目，积极参与"一带一路"文化交流，为国家的对外开放做贡献，为本省的对外交流合作发展寻找新机遇，从而作出实质性的成绩。

二 《中塔史》《中哈史》暨《中国与丝绸之路沿线国家友好关系发展史丛书》的内容与特点

该丛书立足"一带一路"宏大时代主题，展现中国与各有关国家在丝绸之路上2000多年的友好历史，在推进"一带一路"倡议背景下的宽广未来。 丛书在内容上坚持尊重历史，撷取和聚焦双边关系史中友好往来的历史事件、历史人物、历史故事，力避学术上尚无定论或尚存争议而可能产生分歧的问题；在历史资料的应用上，本着平等和相互尊重的原则，平实叙事，准确呈现，通俗生动，力避史料中偏向性的文字表述，力求讲好丝绸之路上中国与各国人民之间友好的历史故事；在体例上以时间为主线，串联重大历史事件、重要历史人物和历史故事。

《中哈史》基本框架结构：古代时期内容为，先秦时期中哈之间的早期交往、张骞西使——中西文化交流的先行者、哈萨克斯坦与"祁连、敦煌"间的乌孙人、敦煌——月氏人的故乡、汉简中的康居、乌孙"天马"与武威"铜奔马"、沙井文化和骟马文化——月氏与乌孙的历史遗存、细君和解忧——西嫁乌孙的汉朝公主、常惠——汉乌交往史上一个值得铭记的人、汉代西域都护府和乌孙；中古时期内容为，西域重镇碎叶城与盛唐文化、怛逻斯城——唐帝国与大食帝国的角逐、盛唐文化与突厥文化的融合：突骑施钱币、漫漫取经路—玄奘西行途经中亚、西域胡商中粟特人的"东方梦"、突厥石人——北方草原上的独特风景、陪葬陕西昭陵的突厥王子"阿史那社尔"、突厥与大唐的"和亲"及政治交往、西辽——中亚草原上的契丹文明余晖、喀喇汗王朝与宋朝的贸易交往、从蒙古汗国钱币看 13—14 世纪中亚伊斯兰文化的发展、马可·波罗东游所看到的西域风情、"长春真人"丘处机西游中亚觐见成吉思汗、中国明朝与中亚丝绸之路的延续；近现代时期内容为，中国清朝与哈萨克汗国友好关系的建立、阿布赉——最早和中国清朝通使的哈萨克领袖、中国清朝政府和哈萨克汗国的政治经贸往来、哈萨克三玉兹与中国清朝政府的关系、中国清朝与哈萨克汗国的绢马贸易、中国茶事与中国哈萨克族的茶习俗、中哈文化联系表征——哈萨克语中的汉语词、冼星海——用音乐架起了中哈友谊的桥梁、率先承认 迅速建交、霍尔果斯边境自由贸易区中的哈萨克人、阿拉木图激情传圣火；中哈友好新时代内容为，"上合组织"开启中哈全面合作新篇章、中哈两国的政治互信与合作、中哈两国的经济贸易合作、中哈两国的人文交流与合作、"一带一路"倡议与"光明之路"的对接合作。

《中塔史》基本框架结构：丝绸之路形成和发展时期中塔人民之间的关系，内容包括丝绸之路以及地区民族间贸易和文化关系的形成、中亚与中国合作的先驱——斯基泰人；中古时期中国与萨曼王朝的关系，内容包括中古时期的中国、中古时期的萨曼王朝、萨曼王朝时期呼罗珊和河中地区的经济文化、中古时期中国与萨曼王朝的友好交往；中塔两国的政治互信与合作，内容包括中塔两国合作的法律政策基础、高层互访的性质和意义、中塔战略互信合作伙伴关系的形成；中塔两国的经济贸易合作，内容包括贸易合作的动态和潜力、中国在塔吉克斯坦发展的外部援助中所占的地位、能源领域的合作、交通领域的合作、生产领域的合作、通信领域的合作、中塔两国经济合作发展前景展望;中塔两国的人文合作,内容包括中塔两国的人文合作历程、中塔人文法律合约基础的建立、中塔在科学和教育领域的合作、中塔在文化和旅游领域的合作、塔吉克斯坦的孔子学院;地区合作框架内的中塔交往,内容包括在上海合作组织框架内的合作、边界问题的解决为睦邻关系奠定基础、"一带一路"倡议下中塔双边合作;最后是综述,新时代中塔两国发展互利合作及全面战略伙伴关系的前景。

需要特别说明的是:书稿中很多内容涉及历史上中国与中亚地区的整体交往情况,但并不涉及领土、资源、民族等的归属问题,也不具有倾向性。1991 年 12 月 26 日苏联解体后,诞生了现代中亚五国,并分别与中国建立了外交关系,展开了友好合作。由于在数千年历史长河中,中亚地区民族迁徙、民族交融频繁,难以具体界定;在中亚大地上,不同时期、不同地域前后建立了许多政权,疆域变动复杂。本书超出历史上中国与塔吉克斯坦、哈萨克斯坦关系的与中亚地区的整体交往情况,主要是为了方便追溯塔吉克斯坦民族、哈萨克斯坦民族的历史渊源。本书稿涉及的内容,需要在今后通过一些专门的学术著作去作严格的研究。

三 实施《中塔史》《中哈史》暨《中国与丝绸之路沿线国家友好关系发展史丛书》项目的价值与意义

该项目作为第一个我国智库与丝绸之路沿线国家官方智库合作编著双边友好关系史的文化项目,不仅具有学术价值、历史价值,也极具政治象征意义和国际影响。该项目的创新之处:

该项目采用双方合作方式,超越了传统上的单边编写国别史或关系史,各说各话的做法,创造了一个由中国与各有关国家的官方智库共同编写双方认可的友好关系史的范例。

通过这一项目,使中国与丝绸之路沿线有关国家达成共同的历史认知,有助于推动实现"民心相通";向世界展示在"一带一路"背景下,中国与丝绸之路沿线国家实现"政策沟通、设施联通、贸易畅通、资金融通、民心相通"的友好合作深度;有助于进一步推动中国与丝绸之路沿线国家的文化交流,促进经济文化教育的全方位合作。

四　《中塔史》《中哈史》暨《中国与丝绸之路沿线国家友好关系发展史丛书》项目已产生的效果及影响力

《中塔史》《中哈史》启动以来,已产生广泛国际影响。哈萨克斯坦因为该项目而成立的"中国研究中心",现在已发展为独立机构,与20多个中国高校科研单位签订了协议,全面展开了对华友好合作。2018年8月,哈萨克斯坦21家主流媒体代表团来甘肃省社科院访问,回国就本书进行了题为"友谊的历史:从过去到现在"等报道,在哈国引起极大关注。

塔吉克斯坦总统战略研究中心与甘肃省社科院合作的《中塔史》项目,引起了上至国家元首下至外交部、经济部门的高度重视,拉赫蒙总统亲自签发总统令,将其上升为国家项目。塔吉克斯坦总统战略研究中心希望拓展至专题研究,进一步扩大合作。

白俄罗斯国家科学院、阿塞拜疆国家科学院远东所、乌兹别克斯坦总统战略研究所、吉尔吉斯斯坦总统战略研究所等得知该项目后,也先后与甘肃省社科院签订了合作备忘录。

五　下一步工作计划

逐步完成《中哈史》《中塔史》以塔、哈、俄、英等多种文字出版,力求产生广泛的国际影响。

接续与乌兹别克斯坦总统战略研究所、白俄罗斯国家科学院展开合作，共同编撰《中国—乌兹别克斯坦友好关系发展史》《中国—白俄罗斯友好关系发展史》，将《中国与丝绸之路沿线国家友好关系发展史丛书》打造成有国际影响力的合作项目。

回顾两部书的编写出版，首先与塔吉克斯坦、哈萨克斯坦合作单位的通力协作息息相关。塔吉克斯坦总统战略研究中心前后三任主任都倾注了心血，特别是卡吉尔佐达主任两次到访，首席专家哈基姆与穆哈姆马佐德、阿利莫夫、穆明诺娃等参加撰稿；哈萨克斯坦中国研究中心的专家参加了确定全书框架，沙伊梅尔格诺夫无任所大使无论工作岗位如何变动始终支持本项目，古丽娜拉主任暨巴伊达诺夫、阿比舍娃、哈菲佐娃参加了各章节的撰写、修改、翻译、定稿。

本书的面世，更离不开甘肃省委、省政府领导的关心，离不开甘肃省委宣传部、甘肃省政府外事办公室、甘肃省商务厅、甘肃省文化博览局、兰州城市学院、甘肃文化翻译中心等单位的鼎力支持。借此机会，我们表示衷心的感谢！

（本文为 2021 年 1 月 5 日在《中国—塔吉克斯坦友好关系发展史》《中国—哈萨克斯坦友好关系发展史》中文版首发式上的致词，《中国日报》英文版 2021 年 1 月 15 日 LIFE 版摘要刊登）

推动"丝绸之路经济带"构建应立足西北省区

2013 年 9 月,习近平主席出访中亚四国,在哈萨克斯坦纳扎尔巴耶夫大学作重要演讲时提出共建"丝绸之路经济带"的战略构想,为中国与中亚地区的整体合作提供了创新思路,使有着 2000 多年特殊历史、经贸、文化连结的丝绸之路沿线国家,在新的时代条件下再次走到了一起,也为甘肃和丝绸之路其他省区创造了新的历史发展机遇。通过建设"丝绸之路经济带",一方面,有助于中国与中亚各国把潜在的人口、资源、产业和市场优势转化为发展优势,进一步扩大开放与合作;另一方面,西北内陆与中亚陆上通道将重新成为连接中国与欧洲的重要通道。古老的丝绸之路再次焕发勃勃生机,必将让国内丝绸之路沿线省区成为向西开放的新前沿,开创出内陆和沿海竞相开放、共同发展、更加平衡的崭新局面。

一 "丝绸之路经济带"的内涵

"丝绸之路经济带",是在中国西北—中亚古丝绸之路上形成的一个新的经济发展区域。丝绸之路(Silk Road)一词,最早来自德国地理学家费迪南·冯·李希霍芬 1877 年出版的《中国》。德国东方史学家赫尔曼在《中国和叙利亚之间的古代丝绸之路》著作中,主张把丝绸之路这一名称的含义,从中国到河间地域,"进而扩大到遥远西方的叙利亚",很快便被世界学术界所接受。后来丝绸之路通常是指西汉(前 202 年—138 年)时,张骞出使西域开辟的以今陕西西安为起点,经甘肃、青海、新疆,到中亚、西亚,并联结地中海各国的以丝绸为代表性商品的陆上贸易通道。这条道路也被称为"西北丝绸之路",以区别后来另外两条也冠以"丝绸之路"名称的交通路线。

"丝绸之路经济带"在当代的形成,是由于随着世界经济的不平衡发展,愈来愈呈现出地域性差异的结果。自20世纪70年代尤其是中国改革开放以来,在欧美经济持续繁荣的同时,亚洲经济迅速崛起,并逐步形成了亚太经济圈和欧洲经济圈。然而在亚太经济圈和欧洲经济圈之间有着一个巨大的经济凹陷带,即在中国—中亚地区之间形成了一个经济凹陷带。这个经济凹陷带就是古代丝绸之路所经之处,一头连着繁荣的东亚经济圈,另一头系着发达的欧洲经济圈。在这条凹陷带里,虽然地域辽阔,有丰富的矿产资源、能源资源、土地资源和人力资源,以及古丝绸之路沿线众多的历史文物、古迹,壮丽的自然风光和多民族文化构成的宝贵的旅游资源,被称为21世纪的战略能源和资源基地,但经济发展水平却与两端的经济圈存在巨大差距,不仅人均GDP相差悬殊,而且贫困人口比例远高于欧亚大陆的平均水平,整个区域存在"两边高,中间低"的现象。所以,习近平总书记提出建设"丝绸之路经济带",极富针对性和时代性,是在现代交通、资讯飞速发展和全球化新的时代大背景下,促进丝绸之路沿线区域经贸文化各领域合作发展的伟大战略构想,既能有力推动古丝绸之路区域历史文化的再创辉煌,也会推动对该区域蕴藏的巨大潜力的释放和开发。

二 构建"丝绸之路经济带"是我国实施向西开放的战略新举措

面对当今世界变幻莫测的政治风云和地区经济政治形势的变化,中国率先倡导构建"丝绸之路经济带",加强与中亚国家之间的联系、交流与合作,其战略作用十分显著。首先,推动构建"丝绸之路经济带",进一步扩大向西开放,有助于提升中国开放型经济发展的整体水平。尤其是对西北内陆地区而言,面向中亚和走进中亚,是最具潜力的对外开放方向。改革开放以来,中国的对外开放是从沿海地区开始,向中西部地区逐步延伸展开的梯度开放,西部尤其是西北地区受内陆区位条件制约,外经外贸与东部差距巨大,经济的开放度与发展水平严重滞后。通过构建"丝绸之路经济带",为西北内陆地区"走西口",大幅提升对外开放水平,创造了前所未有的机遇。其次,构建"丝绸之路经济带"是维护国家安全的战略举措。中国与中亚国家有数千公里的边界线,由于地缘和历史的原因,中国西北地区与中亚国家有着千丝万缕的联系,双方在文化、宗教以及民俗等方面存在着一定的相通性。中亚因之对中国西北的稳定与发展有着微妙的影响。中国推动联合构建"丝绸之路经济带":一是会加深经贸合作,有利于营造中国西部与周边环境的稳定关系;二是有助于打击民族分裂主义、宗教极端主义三股势力,维护中国西北局势稳定;三是为经济发展提供稳定安全的能源供应,减轻对马六甲海峡能源通道的依赖;四是提升中国对欧亚腹地方向的影响力,大幅改善国家战略安全态势。

三 构建"丝绸之路经济带"已具备了国内外基础条件

目前,"丝绸之路经济带"沿线资源丰富,有快速改善的交通网络,有良好的产业基础,具备全面深化合作的条件。首先,就经济条件看:中国西北五省区资源储量较为丰富,是一些重要战略性资源的接替基地;形成了以能源、冶金、有色金属、石油化工、盐化工、机械电子、医药及建材为主导的工业格局。中亚各国有丰富的石油、天然气资源,多种稀有金属和有色金属及其他矿产资源储量居世界前列;分别具有钢铁工业、有色金属工业、石油天然气化工、电力、化工、建材、机械、食品、纺织等工业基础。其次,就交通条件看:"丝绸之路经济带"已初步构建了连接中国腹地与欧洲的现代化交通网路,把中国与中亚、西亚、南亚、东欧、南欧和西欧等区域的许多国家联系在一起。由中国沿陇海铁路、兰新铁路深入中亚地区的铁路干线,已成为新亚欧大陆桥的重要组成部分;中国与中亚国家连接的主要干线公路均加入了亚洲公路网,由中国连云港经西安至霍尔果斯的国家高速公路与穿越中亚的欧洲 E40 号公路相连;中国已经开通同哈萨克斯坦阿拉木图、乌兹别克斯坦塔什干、塔吉克斯坦杜尚别的直达航线。再次,就已有合作深度看,中哈石油管线一期工程 2005 年 12 月竣工,二期工程已开始规划;连接主要成员国的亚欧光缆和中俄光缆已经建成;中国新疆目前对交界的哈萨克斯坦、吉尔吉斯斯坦和塔吉克斯坦三国开放了 12 个国家一类口岸;在运输便利化方面,中国与中亚国家已经签署了数十项运输协定,为"丝绸之路经济带"交通走廊的畅通奠定了法律基础。

四 需要在战略层面解决的几个基本问题

(1)需要进一步明确"丝绸之路经济带"的战略方向与合作国范围。继在哈萨克斯坦提出建设"丝绸之路经济带"倡议,前不久,习近平总书记在中央经济工作会上,又明确提出建设"丝绸之路经济带""21 世纪海上丝绸之路"。说明这两个概念是两个战略方向,非常及时和必要。今后应该按照习近平总书记的战略思路将之具体化。就"丝绸之路经济带"而言,毫无疑问战略合作方向应该是中亚地区,具体合作对象,应该包括中亚五国、巴基斯坦、伊朗、阿富汗等。

(2)需要确定"丝绸之路经济带"国内省区的范围。历史上,虽然广义的丝绸之路有三个方向,不仅是张骞开辟的这条西北方向通往中亚国家的丝绸之路,还有西南方向通往南亚的"秘密丝绸之路",有东南沿海通往世界的"海上丝绸之路",也就是"瓷器之路"。但是,因为自然地理因素的制约,西南方向丝路的规模有限,历史上也主要是通往印度。同时,沿海的海上丝绸之路,规模大、范围大、历时久,可以说,从唐、宋、明时代的面向东南亚、南亚、中东、非洲,发展到了现在的面向全世界;从福建、浙江、广东等省部分港口的贸易活动,扩展到了沿海的每个省市。所以,建设面向中亚的"丝绸之路经济带",应该是以西北地区省区为主。对于商贸活动早已变成"万货万国之路",早已全球化的沿海省市,应该是习近平总书记所指明的"21世纪海上丝绸之路"的范畴。

(3)需要作为长远战略任务扶持西北五省区。一方面,更多扶持西北五省区交通、城镇公用设施等建设,为扩大与中亚国家合作创造更好的基础条件。另一方面,针对加深与中亚各国经济文化合作的具体需要,给予西北五省区特定合作任务,市场化的事务,给予指导,非市场化的事务,给予安排。

(原文刊载于《中国党政干部论坛》2014年第9期)

《甘肃与丝绸之路经济带沿线国家关系： 历史和现状》前言

"丝绸之路经济带"和"21世纪海上丝绸之路"，即"一带一路"国家级顶层合作倡议的提出，对中国经济社会和区域发展产生了重大影响，各省区市面临着前所未有的发展机遇。国内沿线各省区及城市纷纷根据自身的条件和发展需求，积极制定政策和采取措施，扩大与丝绸之路沿线国家的联系与合作，谋求新的发展空间和机遇。

甘肃是陆上丝绸之路的主要通道，位于西北地区"坐中六联"的中心地带，是黄河、长江的重要水源涵养区，中原联系新疆、青海、西藏的桥梁和纽带，多民族交汇融合地区。甘肃作为伏羲和女娲的故乡，也是中国历史上经济开发，特别是农业垦殖和古代文化发展较早的地区之一，是中华民族灿烂文化的重要发祥地。甘肃地域辽阔，自然条件复杂，资源丰富，不仅有适于农、林、牧、渔各业综合发展的土地资源、气候资源，更有在全国占据重要地位的矿产资源、能源资源和生物资源。独特的地理区位、丰富的新能源资源禀赋、相对完善的交通基础设施网络、连续出台的促进发展政策的叠加效应，成为甘肃构建"丝绸之路经济带"黄金段的主要依托，不仅决定了甘肃对保障国家生态安全，促进西北地区民族团结、繁荣发展和边疆稳固，具有不可替代的重要作用，也为甘肃在促进丝绸之路的中外交流和合作发展方面，提供了发挥作用的重要基础。

从古至今，甘肃与丝绸之路沿线国家有着连绵不断的经济文化连结。历史上,甘肃河西走廊是中国与丝绸之路沿线国家往来的主干道,是中国历史上率先对外开放的地区,从玉门关、阳关、敦煌莫高窟、悬泉置、锁阳城、嘉峪关长城,到扁都口、焉支山、骊靬遗迹、天梯山石窟、炳灵寺石窟、麦积山石窟,留下了无数的历史交往印证。特别是敦煌遗书、悬泉置简牍文书,留下了上千年中国与丝绸之路沿线国家政治、经济、文化、社会、外交交流的历史纪录,弥补了许多国家的历史空白。季羡林曾说过:"世界上历史悠久、地域广阔、自成体系、影响深远的文化体系只有四个,中国、印度、希腊、伊斯兰,再没有第五个;而这四个文化体系汇流的地方只有一个,就是中国的敦煌和新疆地区,再没有第二个。"诚如其言,甘肃为东西交通的大通道和具有国际意义的文化汇流之地。

至现代,特别是西部大开发和"丝绸之路经济带"战略实施以来,为甘肃面向丝绸之路沿线国家的对外开放,创造了新的历史机遇。甘肃与丝绸之路沿线国家的经济文化交流不断加深,人员往来快速增加,经贸合作迅速扩大。目前,虽然甘肃向西开放水平还不够高,面对诸多困难:外贸总量较小,进出口商品结构较单一,缺少适销中西亚、中东欧市场的轻工、纺织、家电、日用品货源,出口商品基地建设有待加强;企业"走出去"面临汇率波动、生产成本上升、融资成本高、融资渠道窄、支持措施少;民营企业实力弱小,对外合作的规模小、水平低、协调推进工作难度较大;丝路沿线国家多处于经济社会转型时期,经贸合作面临诸多风险和困难等。但未来前景是光明的,甘肃今后在"丝绸之路经济带"建设中的主要目标和任务应该是:成为连接欧亚大陆桥的战略通道和沟通西南、西北的交通枢纽,中国内陆向西开发开放的重要平台,我国西北与中亚、西亚及俄罗斯、白俄罗斯进行经济技术和贸易交流的主通道,"美丽中国"建设中全国的重要生态安全屏障,承接东、中部产业转移中全国重要的新能源基地、有色冶金新材料基地和特色农产品生产与加工基地,"华夏文明传承创新区"建设中中华民族重要的文化资源宝库。

本书着重研究甘肃与丝绸之路沿线国家之间关系的演进历史与发展现状,探讨合作领域,评估存在的问题,探索未来前景。旨在已开始举办"丝绸之路(敦煌)国际文化博览会"的背景下,为社会各方了解掌握甘肃与丝绸之路经济带沿线国家关系的基本情况,更具针对性地实施好"一带一路"政策,提供知彼知己的第一手资料,提供综合、概要和系统的参考。

(本文为作者主编《甘肃与丝绸之路经济带沿线国家关系:历史和现状》一书的前言,金城出版社2016年10月出版)

《甘肃与丝绸之路经济带沿线国家关系：历史和现状》概论

2013 年以来，随着"丝绸之路经济带"和"海上丝绸之路"相继成为中国的国家战略，在中国、欧亚大陆乃至世界范围内，"一带一路"成为热议的话题。一方面，它推动了对"一带一路"倡议的深层背景、如何构建"丝绸之路经济带"等问题的直接研究；另一方面，也让我们开始深思一些基础问题：甘肃与丝绸之路沿线国家有何历史文化连结？沿线区域合作发展的基础何在？如何从深层次上推进沿线区域合作实现共赢？对于以上诸多问题的回答，是甘肃在新时期加强与沿线国家合作共赢的基本前提。

一　研究背景

（一）国际背景

20 世纪 90 年代以来，经济全球化已经成为当今世界发展的主旋律。经济全球化是指世界经济活动超越国界，通过对外贸易、资本流动、技术转移、提供服务，相互依存、相互联系而形成的全球范围的有机经济整体。在次贷危机之前，是由美国主导的经济全球化，而后危机时代，开始被发达经济体与新兴经济体所共同主导的经济全球化所取代，形成多元化主导的新趋势。经济全球化在世界范围内更加全面地推进国际分工和专业化生产，使各国之间的联系越来越密切，并有效地带动世界经济的增长，使各国经济的相互依赖性大大增强，相对削弱了各国经济的独立性,使各国经济成为相互依存、相互制约的有机统一体,同时也增加了各国经济运行的不确定性因素。随着经济全球化的加快和国际产业竞争的加剧,各国之间的经济协作、经济融合速度在不断提高,经济关联度大大加强。

在全球化这个大背景、大趋势、大潮流下,丝绸之路多年来一直在吸引世界的目光。各国曾纷纷提出自己的战略设想,其中影响较大的有:日本的"丝绸之路外交",美国的"新丝绸之路"计划,以及俄罗斯、印度、伊朗三国发起的"北南走廊"计划等。这些计划是我们认识"一带一路"倡议的国际参照系。

(1)1997年,日本提出"丝绸之路外交",初衷是保障能源来源的多元化。日本早期并不重视中亚外交,直到1997年桥本内阁首次提出"丝绸之路外交"设想,才开始加强与中亚的交往。当时日本政府认为:中亚各国远离国际市场,需要加强彼此间的经济合作,才能更有效地进入国际市场,日本应该帮助中亚各国实现一体化,在此过程中,日本可以强化在这一地区的政治与经济影响力。为此,日本执行丝绸之路外交的主要方式是:由日本政府提供开发援助,帮助丝绸之路沿线国家完善公路、铁路、电力等基础设施建设。为了推动丝绸之路外交,日本自2004年起推动设立"中亚+日本"机制,通过五国外长的定期会晤来促进政治对话、经贸合作、文化交流。但从实践效果来看,日本"丝绸之路外交"进展并不理想。首先,这可能与日本自身实力的相对衰退有关。由于日本经济增长长期停滞,日本模式在中亚渐渐失去了市场。"中亚+日本"机制越来越难以与上合组织等合作框架的影响力相媲美。其次,日本对中亚地区能源的重要性及相关安全议题的认识发生变化,渐渐失去了对丝绸之路外交的兴趣。再次,日本不具备开展中亚外交的地缘条件,同时中亚地区与日本的宗教文化差异较为明显。最后也是最重要的,日本外交缺乏自主权,例如2005

年乌兹别克斯坦爆发安集延事件后,美乌关系恶化,"中亚+日本"五国外长会议因而推迟。为了配合美国的意识形态外交,日本的丝绸之路外交也染上了鲜明的政治干涉色彩,侵蚀了与中亚各国互信的基础。

(2)1999年,美国国会通过"丝绸之路战略法案",表现出异常重视中亚地区的地缘政治价值。该法案计划通过支持中亚和南高加索国家的经济和政治独立,来复兴连接这些国家及欧亚大陆的"丝绸之路"。为此,美国致力于推动中亚国家建立市场经济和民主政治体制。2005年美国霍普金斯大学中亚高加索研究院院长斯塔尔提出"大中亚"计划,强调美国要以阿富汗为立足点,在中亚地区建立亲美的政治、经济与安全的多边机制,以促进地区发展与民主改造,服务于美国在该地区的战略利益。2011年美国国务卿希拉里·克林顿进一步提出"新丝绸之路计划",通过援助中亚地区国家的基础设施建设,推动实现"能源南下"与"商品北上"的战略目标,同时加大对中亚地区渗透,削弱俄罗斯对中亚的影响。2012年7月,在东京召开了关于"新丝绸之路"计划的部长级会议,美国希望将日本拉入该计划,以此加大遏制伊朗、围困中国并挤占中国对中亚地区的经济影响力,防止中国"西进"。总体而言,美国的"新丝绸之路计划"带有极强的意识形态色彩,与中俄两国展开地缘政治争夺的态势明显。然而,政治干涉为己方树立了对手,如伊朗、如阿富汗。同时,美国自身的安全问题也并没有因介入"大中亚"地区而得到根本改善。未来美国的"新丝绸之路计划"在"大中亚"地区的作为亦难有预期。

(3)2000年,俄罗斯、印度、伊朗三国发起"北南走廊"计划,即修建一条从南亚途经中亚、高加索、俄罗斯到达欧洲的货运通道,以便大大降低从印度到欧洲的货运成本。然而,自2000年提出以后,这项"北南走廊"计划一直进展缓慢,资金迟迟不能到位,政治分歧久难弥合。特别是由于处在计划核心位置的伊朗态度日渐消极，项目几乎陷入瘫痪。随着印度实力的提升，2011 年印度的态度转为积极，甚至表态愿意承担在伊朗境内的铁路与公路建设，这项计划方得以再度获得生机。但是，"北南走廊"的前景同样并不明朗。首先，"北南走廊"计划的提出仍然是地区大国在中亚抗衡其他国家影响力的尝试，当主导大国兴趣降低后，计划往往难以维系。其次，"北南走廊"通路上障碍重重，例如，印巴之间存在巨大的战略分歧等。因此，北南通路即便建成，也随时可能因突发性政治事件而再度被阻断。

（4）2013 年 10 月，韩国总统朴槿惠提出"欧亚倡议"，主要内容是加强与中亚国家的合作，发挥中亚连接欧洲和东亚地区的桥梁作用，推动欧亚经济合作。具体方案：一是建设从釜山出发，贯通朝鲜、俄罗斯、中国、中亚直到欧洲的"丝绸之路快车"，构建复合型物流网络；二是构建"欧亚能源网"，推动连接区域内的油气管道，"推动共同开发中国页岩气、东西伯利亚石油与天然气等，实现欧亚能源双赢合作"；三是加强"区域经济统合"，加速韩中日自贸区等贸易自由化讨论以形成巨大的统一市场。当然，韩国"欧亚倡议"可能还意在带动朝鲜对外开放，用经济纽带拉住朝鲜，缓和朝鲜半岛紧张局势。

（5）2012 年，哈萨克斯坦总统纳扎尔巴耶夫在外国投资者理事会上宣布实施"新丝绸之路项目"，提出哈萨克斯坦应恢复自己的历史地位，建立统一的具有世界水平的贸易物流、金融商务、创新和旅游中心，成为中亚地区最大的过境中心，欧洲和亚洲间独特的桥梁。

（6）1988 年，联合国教科文组织和开发计划署启动的为期 10 年的"丝绸之路复兴计划"，即"综合研究丝绸之路——对话之路"项目。到 2008 年，联合国开发计划署发起"丝绸之路复兴计划"，由 230 个项目组成，执行期限为 2008 至 2014 年，投资总额 430 亿美元，拟建立 6 条运输走廊，包括中国至欧洲、俄罗斯至南亚、中东铁路公路互通等,以改善古丝绸之路欧亚大通道的软硬条件。俄罗斯、伊朗、土耳其、中国等 19 个国家参加。

除上述国际组织和国家外,土耳其、阿塞拜疆等国也曾提出与丝绸之路有关的倡议。分析不难发现,以上诸多计划或战略的基本实施与推进情况,特别是其经验与教训,是中国"一带一路"建设必须清楚和汲取的。例如,从教训来看,其一,凡含有政治、安全和意识形态成分的倡议,均容易引起其他国家的疑虑,导致推进不畅。其二,中亚、南亚、东南亚地区国家基础设施和发展水平总体较为落后,有关倡议落实需要大量资金投入,但现行多数国际倡议虚多实少,导致进展缓慢或效果不明显。其三,有关倡议具有排他性,明确框定倡议实施的地域范围,并反对其他国家参与,这就容易引起其他国家的猜疑和不合作。其四,从地域上看,上述各方提出"丝绸之路"倡议或项目,交集在中亚,均将中亚作为联通欧亚大陆的枢纽和桥梁,而俄罗斯始终是绕不开的中亚地区安全体系的核心和主导力量。

(二)国内背景

"丝绸之路经济带"倡议是应运而生。2008 年后,中国既面对世界经济缓慢复苏、发展分化,国际投资贸易格局和多边投资贸易规则酝酿深刻调整,也面对国内经济发展进入新常态,供给侧结构性调整任务艰巨等问题。在这种内外形势下,2013 年 9 月 7 日,国家主席习近平在哈萨克斯坦纳扎尔巴耶夫大学演讲时表示:为了使我们欧亚各国经济联系更加紧密、相互合作更加深入、发展空间更加广阔,我们可以用创新的合作模式,共同建设"丝绸之路经济带"。构建"丝绸之路经济带"这一最新倡议,顺应世界多极化、经济全球化、文化多样化、社会信息化的潮流,秉持开放的区域合作精神,致力于维护全球自由贸易体系和开放型世界经济,将为沿线各国和地区未来发展带来广阔空间。

　　"丝绸之路经济带"作为国家战略提出后,在战略规划、区域组织、合作平台搭建、地方积极推动等各个层面取得了较大进展。

　　在战略规划层面,中国2015年出台了《推动共建丝绸之路经济带和21世纪海上丝绸之路的愿景与行动》。提出:中国政府倡议,秉持和平合作、开放包容、互学互鉴、互利共赢的理念,全方位推进务实合作,打造政治互信、经济融合、文化包容的利益共同体、命运共同体和责任共同体。"丝绸之路经济带"的重点方向:畅通中国经中亚、俄罗斯至欧洲(波罗的海),中国经中亚、西亚至波斯湾、地中海,中国至东南亚、南亚、印度洋。"21世纪海上丝绸之路"重点方向:从中国沿海港口过南海到印度洋,延伸至欧洲;从中国沿海港口过南海到南太平洋。根据"一带一路"走向,陆上依托国际大通道,以沿线中心城市为支撑,以重点经贸产业园区为合作平台,共同打造新亚欧大陆桥、中蒙俄、中国—中亚—西亚、中国—中南半岛等国际经济合作走廊;海上以重点港口为节点,共同建设通畅安全高效的运输大通道。中巴、孟中印缅两个经济走廊与推进"一带一路"建设关联紧密,要进一步推动合作,取得更大进展。

　　在区域组织层面,推动了以上海合作组织为重要平台的合作。2013年11月29日,李克强总理在乌兹别克斯坦首都塔什干出席上海合作组织成员国总理第十二次会议上明确承诺:"中方愿在新亚欧大陆桥东端的连云港为各成员国提供物流、仓储服务。"通过共建"一带一路"致力于亚欧非大陆及附近海洋的互联互通,建立和加强沿线各国互联互通伙伴关系,构建全方位、多层次、复合型的互联互通网络,实现沿线各国多元、自主、平衡、可持续发展。

　　在合作平台搭建方面,中国推动建立了亚洲基础设施投资银行(简称"亚投行")、丝路基金、金砖国家开发银行和上合组织开发银行四大平台。特别是中国倡议并主导建立的"亚投行"和丝路基金,产生了广泛的国际影响,提高了中国的国际地位。自 2014 年 11 月 4 日中央财经委员会会议提出发起建立"亚投行"和设立丝路基金,中国出资 400 亿美元的丝路基金迅速设立;2015 年 12 月 25 日"亚投行"正式成立,并于 2016 年 1 月 16 日开业,中国国家主席习近平出席"亚投行"开业仪式并为亚投行标志物"点石成金"揭幕。"亚投行"和丝路基金旨在为共建"一带一路"国家的基础设施、资源开发、产业合作、金融合作等与互联互通有关的项目提供投融资支持。综合来说,成立"亚投行"是一项利己利人的举措。对外,成立"亚投行"能为中国实现"一带一路"倡议提供强有力的资本支持,支持包括亚欧地区在内的世界各国的经济发展,并提高中国在国际经济事务上的话语权、影响力。对内,能解决中国资本过剩的问题,让中国巨额外汇储备发挥投资效益。

在地方积极推动层面,国内各省市自治区纷纷抢抓机遇。自"丝绸之路经济带"战略提出以来,国内陕西、甘肃、新疆、重庆等率先行动起来,寻求自身的发展机遇。例如,西安提出"打造成丝绸之路经济带的新起点和桥头堡";兰州提出"打造丝绸之路经济带的黄金段的钻石节点";乌鲁木齐则"要建设成丝绸之路经济带上的核心区,切实当好建设丝绸之路经济带的主力军和排头兵";重庆希望利用渝新欧国际大通道和两个保税港区打造对欧的贸易中心;内蒙古则欲通过铁路京包—包兰—兰新线通道以期融入丝绸之路经济带。另外,郑州、武汉和苏州等地也欲借"郑新欧""汉新欧"和"苏新欧"等国际铁路货运进入"丝绸之路经济带"。

(三)区域背景

就丝绸之路沿线区域而言,一头连着繁荣的东亚经济圈,另一头系着发达的欧洲经济圈,但在东亚、中国—欧洲之间的中亚地区、南亚和西亚的部分地区,形成了一个经济凹陷带。在这条凹陷带里,虽然有丰富的矿产资源、能源资源、土地资源和人力资源,以及古丝绸之路沿线众多的历史文物、古迹,壮丽的自然风光和多民族文化构成的宝贵旅游资源,但经济发展水平却与两端的经济圈落差巨大,不仅人均 GDP 相差悬殊,而且贫困人口比例远高于欧亚大陆的平均水平,经济发展水平与两端的经济圈存在巨大落差,整个区域存在"两边高,中间低"现象。

在东亚、中国—欧洲之间的这个经济凹陷带,严重落后于"区域经济一体化""世界经济一体化"进程。改变这种状态,需要找到合适的抓手,推动该区域的"区域经济一体化"。而中国倡议推动的建设"丝绸之路经济带",恰到好处地反映了这种发展需求。"区域经济一体化"作为世界经济领域的一种新现象,始终与世界贸易组织所推行的"世界经济一体化"相伴相生,均着眼于开放市场、取消贸易壁垒、提倡自由贸易。由于丝绸之路沿线各国之间利益共同点比较多,如果能围绕建设"丝绸之路经济带",推动建立商品、劳务、资金、劳动力统一大市场,实现生产要素自由流动,资源配置得以改善,满足企业对生产链整合和区域市场扩大的要求,就会大大促进丝绸之路沿线的"区域经济一体化",跟上"世界经济一体化"的趋势和步伐。所以,进一步激发域内发展活力与域外合作潜力,成为沿线各国的共同需求。

"丝绸之路经济带"的宏伟构想,顺应了和平发展、合作共赢的时代潮流,赋予了古老的丝绸之路以崭新的时代内涵,为沿线各国实现优势互补、合作发展提供了一个包容性巨大的发展平台。为此,这个倡议一经提出,就得到了国际社会的热烈响应,俄罗斯、蒙古和中亚、南亚、西亚等地区的数十个国家领导人明确表态支持这一倡议,欧盟、阿盟、联合国机构、国际金融机构和不少跨国公司也表现出浓厚兴趣,表达了共建"一带一路"的愿望。这一战略构想的实施,有利于沿线各国进一步加强务实合作,形成持续增长的新优势,迎来一个共建共赢的新时代。在这样的大背景下,无论是沿线各国还是一个地区,只有积极投身"一带一路"建设具体实践,才能最大限度地共享机遇、共享红利。

二　研究意义

(一)推动恢复丝绸之路的历史地位

　　丝绸之路是古代东西方最长的国际交通线,它的开辟是人类文明史上的一个伟大创举。这条国际交通线,搭起了丝绸之路沿线各国政治、经济、文化沟通的桥梁,促进了中华文明与古印度文明、埃及文明、希腊文明之间的传播和交流。丝绸之路极大地促进了中外商品贸易的发展,中原的丝绸、茶叶、瓷器等商品沿着这条路运往西域和西方,西域的苜蓿、葡萄、胡桃、石榴、胡萝卜、大蒜、西瓜、骆驼、汗血马等相继传入中原,极大地丰富了东西方人民的物质生活,提高了人们的生活水平。这种经济交流不但促进了西域、中亚、西方的经济发展,对中原经济的发展也起了一定的推动作用。丝绸与同样原产中国的瓷器一样,成为当时东亚强盛文明的象征。公元初,中国丝绸经过丝绸之路远销欧洲罗马帝国和中亚波斯等地。其中,波斯帝国、大食历来是中国丝绸的主要市场和集散地。其派遣中国贸易使团的次数频繁,仅唐贞观二十一年至宝应元年(647—762)的100多年间,其遣使共达23次,大食(今阿拉伯地区)在此期间共遣使共达31次。中亚、欧洲、北非、南亚诸国直接派遣到中国的贸易使团或商人为数不多,中国丝绸大多是通过漠北民族或中亚粟特胡商大量转运。比如漠北的匈奴、突厥、回鹘、西域诸国商胡及吐谷浑、吐蕃等,均先后充当了丝路贸易的中继者或向导的角色。它们通过各种方式在内地获得大量丝绸,再远销至欧洲等地。再如漠北游牧民族所建政权与内地政权的战争或和平交往,均围绕着丝绸贸易这个轴心而转动。

丝绸之路贸易的繁荣,使沿线各国、地区经济呈现出生机勃勃的景象,形成了一种特别的地域经济。丝绸之路沿线人口、城镇快速发展,商业、农业、手工业逐渐繁荣。东西方文化交流是丝绸之路的重要内容。丝绸之路开通后,中原的服饰、梳妆用具、造纸术、礼俗等传入西域;同时,西域的音乐舞蹈、制作面食的方法、佛教、绘画艺术、雕塑艺术、杂技等传入中国。经过上千年吸收融合,使中华文化更加绚烂多彩。西方各国各族使节、商人、工匠、僧侣等,经过丝绸之路往来定居,因而使风俗习惯得以相互传播、相互影响。以中国汉唐时长安为例,当时居有许多西方各色各等之人,在衣、食、住、行等方面无不习染西方各民族的特点。唐代尤盛,所谓的胡服、胡乐、胡食、胡马、胡风等,皆主要指西域各民族之风俗习惯。中国的养蚕丝织技术、造纸、印刷术、火药、指南针、制瓷等科学技术,对西方各国也产生了不同程度的影响,为世界文明发展起到了不可估量的作用。养蚕、丝织技术传入西域,大致在魏晋时期。

在丝绸之路的东西方文化交流和传播中,宗教占有重要地位。世界三大宗教都是由丝绸之路传入的,而儒学等中国传统文化也是由丝绸之路传入中亚和西方的。西汉后元二年(前87),佛教传入西域于阗国。此后,佛教自于阗向西或北传播到叶城、莎车、塔什库尔干、喀什、阿克苏、库车、焉耆等地,向东北方向传播到且末、若羌、米兰、楼兰等地。东汉时,佛教由西域传入中原,至唐代佛教逐渐中国化,中国佛教八大宗的六宗均在丝绸之路起点长安形成,并传播到全国各地,对中国传统儒学、道教及文学艺术等方面产生了深远影响。为了加强商业联系,波斯、西域各国商人不得不学习当地语言,接受当地风俗及宗教习俗,有的直接信奉了当地宗教。随着商业的发展,商人在改信当地宗教后,就将宗教信仰及活动随之传播到所到之处。经过传播者的不懈努力,最终使佛教融入中国乃至整个东亚文化,成为举足轻重的中国儒、释、道三家之一。中国儒家和道家崇尚以人本与理性为根本特征,以道法自然、心性觉悟为旨归,强调"己所不欲勿施于人",倡导各美其美、美美与共的中国文明,融合了佛教文化,又与伊斯兰文明和平共处,提供了不同宗教文明之间共生共荣的经验。

今天,在新的时代条件下,在时空都为之缩短的因特网、大数据、高速铁路、高速公路的环境下,丝绸之路往昔的经济、人文繁荣,不应该仅仅成为历史记忆。完全有条件使丝绸之路再一次复活,成为跨区域合作交流和促进不同国家和地区相互学习、共同进步的重要纽带。

(二)推动丝绸之路的当代复兴

随着改革开放的逐步深入,中国经济发展令世界瞩目,重建丝绸之路也成为丝路沿线国家和地区的共同愿望。与中国相邻的中亚各国希望与中国扩展合作领域,在交通、邮电、纺织、食品、制药、化工、农产品加工、消费品生产、机械制造等行业对其进行投资,并在农业、沙漠治理、太阳能、环境保护等方面进行合作。同时中国一些有识之士也不断呼吁,在现代交通、资讯飞速发展和全球化发展背景下,促进丝绸之路沿线区域经贸各领域的发展合作,既是对历史文化的传承,也是对该区域蕴藏的巨大潜力的开发。由于远离全球贸易的主要通道,内陆地区比较贫穷和落后;而沿海地区依靠全球贸易,更为发达和富裕。中国国内是这样,全球也是如此。

(1)"丝绸之路经济带"的建立是一个多赢的战略构想,是造福沿途各国人民的大事业。它必将使形成于2000多年前的古丝绸之路焕发出新的生机,内陆在全球经济中的地位会上升,全球经济格局将随之改变,开创内陆和沿海共同发展、更加平衡的新局面。丝绸之路经济带的建设,将为中国营造一个与周边国家的良好政治、国防、民族环境,有利于中国和中亚地区的经济联系更紧密、文化更互融、政治更互信,有利于中国新疆等地区的稳定发展和周边国家安全建设;推进区域间基础设施在内的各种互联互通,提高区域合作水平,推进区域一体化进程,激发区域内经济增长潜力,为全球经济提供新的增长力量;有利于构筑以开放促进中国西部大开发,以促进国内改革红利的释放来推动可持续发展。"丝绸之路经济带"集中体现了中国政府在坚持全球经济开放、自由、合作主旨下促进世界经济繁荣的新理念,也高度揭示了中国和中亚经济与能源合作进程中如何惠及其他区域、带动相关区域经济一体化进程的新思路,更是中国站在全球经济繁荣的战略高度推进中国与中亚合作跨区域效应的新举措。

(2)建设"丝绸之路经济带"是国内经济稳增长,解决中西部经济发展不平衡短板的一个强有力着力点。"丝绸之路经济带"的建设构想,将包括甘肃的西部地区推送到对外开放的前沿,极大地拓展我国经济发展战略空间;建设"丝绸之路经济带",将促进中国的西进战略,依托沿线交通基础设施和中心城市建设,以综合交通通道的开拓为发展空间,对域内贸易和生产要素进行优化配置的产业升级,促进区域经济一体化,实现区域经济和社会同步发展;建设"丝绸之路经济带",也将对我国的外贸出口产生积极影响,有利于拓展中亚、西亚和南亚市场。更大意义上说,"丝绸之路经济带"很可能会成为中国新的经济增长极,成为中国民族复兴的新动力。

(3)建设"丝绸之路经济带",将促进区域经济贸易合作共同繁荣。共享合作之益,共享互补之利。"丝绸之路经济带",东边牵着活力四射的亚太经济圈,西边系着发达的欧洲经济圈,沿线国家经济互补性强,在交通、金融、能源、通信、农业、旅游等各大领域开展互利共赢的合作潜力巨大。中亚国家与我国的友好交往已有上千年历史,在现代交通、资讯飞速发展和全球化发展背景下,促进丝绸之路沿线区域经贸各领域的发展合作,既是对历史文化的传承,也是对该区域蕴藏的巨大潜力的开发。中亚国家有很丰富的自然资源，中国在制造业、路桥建设等基础设施建设方面有很强大的技术力量，双方互有所需。

"丝绸之路经济带"的构想如顺利实施，将描绘出惠及经济带沿线各国甚而影响更深远的亚欧经济新版图，也将联动亚欧涵盖30亿人口的巨大市场，使辐射太平洋至波罗的海间亚欧大陆"共振"，使全球经济格局随之改变，开创内陆和沿海共同发展、更加平衡的新局面。

三　基本思路与研究重点

(一)基本思路

本书旨在通过回顾甘肃与丝绸之路沿线国家的历史文化往来，经济文化合作现状，阐释加强甘肃与丝绸之路沿线国家关系的必要性与迫切性。在此基础上，说明在国家推进"一带一路"倡议实施，并在甘肃召开"丝绸之路(敦煌)国际文化博览会"大背景下，需要加快打造"丝绸之路经济带"黄金段，加大面向丝绸之路沿线国家的对外开放，加强经济合作，拓展双边贸易，扩大文化交流。这就要求我们必须对甘肃与"丝绸之路经济带"沿线国家关系的历史与现状进行深度研究，探讨合作领域，评估存在的问题，探索未来前景，最终为有关方面提供知彼知己的第一手资料和参考，为甘肃与丝绸之路沿线国家在更为广泛领域寻求合作交流提供借鉴。

(二)研究重点

甘肃与"丝绸之路经济带"沿线国家关系问题研究涉及历史与现状，是一个复杂的系统工程。本书立足甘肃省与沿线国家和地区特殊的历史渊源联结基础，重点分析产业合作现状，经贸关系现状，航线交通现状，文化教育交流现状，通过力透历史，洞察现实制约，从而为甘肃促进面向丝绸之路国家的全方位对外开放，提供基本参考。

四 "丝绸之路经济带"甘肃黄金段建设进展

(一)甘肃黄金段建设的契机

唐宋以后 1000 多年,包括改革开放以来,由于甘肃偏处内陆,远离全球贸易的主要通道,造成整体发展水平比较落后。"丝绸之路经济带"建设给甘肃创造了历史机遇。甘肃区位特殊,既是古丝绸之路的主干道,也是现代"丝绸之路经济带"的重要组成部分,在维护丝绸之路和谐安全、保障物流人流信息流畅通中具有不可替代的位置,在推动丝绸之路发展、深化各领域合作中具有广阔的空间,在提升中国文化软实力、扩大中国文化国际影响力方面具有重要作用,有望成为建设繁荣丝路、人文丝路、绿色丝路、和谐丝路的中坚力量和重要支撑。

甘肃如果抓住并发挥好丝绸之路主干道"交通经济带"优势,有可能在"丝绸之路经济带"建设中重现光辉。"丝绸之路经济带"被认为是"世界上最长、最具有发展潜力的经济大走廊",本质上是跨国交通经济发展带,其内涵与"交通经济带""增长极"等概念密切相关。交通经济带,是以交通干线或综合运输通道作为发展主轴,以轴上或其吸引范围内的大中城市为依托,以发达的产业、特别是二、三产业为主体的发达带状经济区域。建设"丝绸之路经济带",从中国国内来看,可以使包括甘肃的西部地区的丝绸之路沿线,成为对外开放的前沿;从全球来看,可以使亚欧大陆的内陆地区更多地参与到全球贸易中来,中国和全球的经济发展都将更为平衡;从区域来看,丝绸之路经过的国家很多是内陆国家,其人均 GDP 远低于世界平均水平(哈萨克斯坦是一个例外, 它是人均 GDP 高于世界平均水平的内陆国家),上亿人生活的内陆处于全球经济发展的边缘,亟待改变发展失衡现状。构建"丝绸之路经济带"作为西北战略方向上的战略性经济带,将极大地拓展我国发展战略空间,促进经济走廊沿线国家的经济社会发展,也将给甘肃带来巨大的地缘政治和经济利益。今天,中亚各国希望与中国扩展合作领域,在交通、邮电、纺织、食品、制药、化工、农产品加工、消费品生产、机械制造等行业对其进行投资,并在农业、沙漠治理、太阳能、环境保护等方面进行合作,为这块沃土注入"肥料"和"生机"。甘肃投入合作建设丝绸之路经济发展带,推进区域经济一体化,将为甘肃和本地区更好地发展经济,参与经济全球化,同时最大程度地化解全球化的风险创造新机遇。

(二)甘肃黄金段建设的重点关切

(1)作为加快甘肃发展的最大机遇,构建整体战略。为推进"丝绸之路经济带"建设,甘肃省提出必须坚持把甘肃放在全球化和全国加快发展的大格局、大背景中,结合国家宏观战略调整和区域发展格局的形成,依据甘肃所处的区位、资源和产业优势,突出战略定位,明确发展导向,努力构建"丝绸之路经济带"空间开发发展的战略新格局。抓住并用好战略机遇,积极开拓中亚、中东、俄罗斯等新兴出口市场,突出连接欧亚大陆桥的战略通道和沟通西南、西北的交通枢纽,西北乃至全国重要的生态安全屏障,全国重要的新能源基地、有色冶金新材料基地和特色农产品生产与加工基地,中华民族重要的文化资源宝库,促进各民族共同团结奋斗、共同繁荣发展示范区的战略定位。着力实施好"中心带动、两翼齐飞、组团发展、整体推进"的区域发展战略;以加强薄弱环节为重点的基础设施建设战略;以节水和治沙为重点的生态安全战略;以改善民生为重点的社会发展战略;以优势资源开发转化为重点的产业发展战略。

(2)力争新型城镇化与"丝绸之路经济带"的紧密融合,加快甘肃新型城镇化步伐。坚持群落式布局、节点式推进、特色化发展,高起点规划、高标准建设、高质量管理,提升容纳人口、吸纳就业和承接产业功能,努力形成优势互补、布局合理、连接通畅、特色鲜明的城镇化建设新格局。全省东中西三大城市群实现通道连接顺畅,产业协作配套,融合互动发展。支持兰州加快老城区改造提升、高新区及经济区增容扩区和新区开发建设,把兰州建设成为全国有影响力的区域性特大城市。紧紧抓住国家实施关天经济区发展规划和陕甘宁革命老区振兴规划的有利时机,支持天水、平凉、庆阳加快城市建设,辐射带动东部地区发展。加快酒嘉、金武一体化进程。大力加强其他市州所在地城市建设,提升辐射和影响力。依托县城和中心城镇,以发展特色产业为纽带,以加大职业教育、提升劳动力素质为着力点,在大中城市周边、主要公路铁路沿线、大型矿区、重点景区等区域,建设一批特色鲜明、承载力和容纳力强的中小城镇。

(3)抢抓"五通"道路连通的机遇,全面提升立体化交通通达能力。按照骨干道路高速化、省内交通网络化、运输方式立体化的要求,抓好公路、铁路、机场等重大项目建设,实现主要出省通道、省会与各市州所在地之间高速公路连接,县县通高等级公路,力争14个市州全部通铁路,大幅度提升兰州机场枢纽地位,加快改造和建设支线机场,鼓励发展通用航空,努力形成内通外畅、运能充分、布局合理、安全便捷的综合交通运输体系。

(4)加快甘肃"国家生态安全屏障综合实验区"建设,打造"两型"社会。落实国家批复的《甘肃省加快转型发展建设国家生态安全屏障综合实验区总体方案》,保护好生态环境,既是维护国家生态安全的战略需要,也是实现甘肃经济社会可持续发展的必然要求。把"两型"社会建设摆在更加突出的位置,正确处理好经济建设、资源利用和环境保护之间的关系,探索一条具有甘肃特色的生态文明发展之路。

(5)发挥甘肃文化资源优势,加强与丝绸之路沿线国家交流与合作,彰显甘肃文化软实力。促进民心相通,需要打好丝路文化牌。充分发挥甘肃敦煌文化、丝路文化、地域民族文化等特色文化资源优势，着力打造"华夏文明传承创新区"，突出文化积累，加强文化保护，创新文化发展，以更大的力度推进文化改革发展，全面提升甘肃面向丝绸之路的文化凝聚力、影响力和竞争力。

（三）"丝绸之路经济带"甘肃段建设总体方案的实施

2014 年 5 月，甘肃省正式制定了《"丝绸之路经济带"甘肃段建设总体方案》。这份蓝图旨在落实"丝绸之路经济带"战略构想，推进甘肃省与中亚西亚等丝绸之路沿线国家的交流合作，努力把甘肃省建设成为"丝绸之路经济带"黄金段。

《总体方案》提出，将按照国家赋予甘肃省的重大战略定位，坚持团结互信、平等互利、包容互鉴、合作共赢的理念，坚持主动作为、服务大局，立足当前、着眼长远，点轴结合、全面带动，扩大开放、深度合作，政府推动、市场主导的原则，加快"丝绸之路经济带"甘肃段建设。充分发挥甘肃省的地理区位、历史文化、资源能源和产业基础等优势，紧紧围绕建设"丝绸之路经济带"甘肃黄金段，着力构建兰州新区、敦煌国际文化旅游名城和"中国丝绸之路博览会"三大战略平台，重点推进道路互联互通、经贸技术交流、产业对接合作、经济新增长极、人文交流合作、战略平台建设等六大工程，进一步提升兰（州）白（银）、酒（泉）嘉（峪关）、金（昌）武（威）、平（凉）庆（阳）、天水、定西、张掖、敦煌等重要节点城市的支撑能力，努力把甘肃省建设成为丝绸之路的黄金通道、向西开放的战略平台、经贸物流的区域中心、产业合作的示范基地、人文交流的桥梁纽带。

《总体方案》明确了"丝绸之路经济带"甘肃段建设的目标，将按照近期 2~3 年打基础、攻难点的目标，努力使全省对外开放的渠道不断拓展，与丝绸之路沿线国家经贸合作进一步加强，资源开发、装备制造、新能源、特色农产品加工等产业合作取得新进展，实现向中亚西亚进出口额占全省进出口总值的 20% 以上,直接投资、开展承包工程和外派劳务年均增长 10% 以上的目标;建立一批中外友好城市和驻外办事机构,与中西亚国家互利共赢、合作发展的机制初步形成,甘肃在"丝绸之路经济带"建设中的地位进一步提升。为切实保障"丝绸之路经济带"甘肃段建设蓝图的顺利实施,《总体方案》提出,将用足用好国家支持甘肃省兰州新区和循环经济示范区、华夏文明传承创新区、生态安全屏障综合试验区建设的各项政策。认真落实国家支持"丝绸之路经济带"建设的政策,通过国有资本金注入、投资补助、贷款贴息等方式,支持重大基础设施、能源资源开发利用、产业核心技术研发、战略合作平台建设。同时,进一步精简行政审批事项,改革企业赴国外开展商务活动审批,简化出入境人员审批手续,缩短审批时间。甘肃将成立省"丝绸之路经济带"甘肃段建设领导小组,加强省级统筹协调指导,推进国家战略规划和甘肃省总体方案的实施。

五 必要的说明

积极融入"一带一路"发展战略,是甘肃未来带全局性的发展方向。需要根据不同发展要素条件的分布情况和自身在国家经济社会发展体系中的地位和作用,对"丝绸之路经济带"黄金段建设的未来目标、方向和基础工作做进一步的谋划,方能达到指导全省经济社会发展的作用。

(一)为促进甘肃与"丝绸之路经济带"沿线国家的多领域合作,需要从宏观的角度结合内外环境的新变化,进行更深入的全局性战略谋划

甘肃需要从自身的比较优势、发展现状及国家发展的战略需求出发,同时根据自身的资源条件、科技水平、市场条件、产业经济发展状况,实事求是谋划未来的发展领域和重点任务。这一过程所包含的

内容,主要有未来时期的发展指导思想,甘肃不同地区在丝路经济带国家发展战略中所处的位置,全省在丝路经济带建设规划中的发展目标、发展规模、发展方式和发展水平,以及甘肃如何进一步促进与沿线国家和地区的文化交流、产业合作、经贸交流、设施互联互通等等。这就需要从区域经济发展的客观规律出发,准确把握未来的发展态势,寻找出一条适合自身实际的较为平坦的发展道路来。它的最大特点是综合性,就是不局限于某个行业和某个部门的发展,而是涉及省域范围内经济、社会、文化等各方面的发展。它是系统性强、前瞻性强、指导性强的战略设计,能够产生带动全省经济社会转型跨越的"乘数效应"。

(二)打开向西开放的省门,是甘肃扩大全方位对外合作的必然选择

在"一带一路"倡议实施推动下的国际化交流与碰撞,必然对甘肃省经济社会发展产生深远影响。近年来,省内一些企业、大学积极走出国门,不断寻求扩大对外合作与交流,丝绸之路(敦煌)国际文化博览会平台建立,已经初见成效。由于丝绸之路沿线的国家,大都属于经济、科技、教育、卫生、文化相对弱势的地区,对甘肃而言,今后除了需要注意防范宗教极端主义等"三股势力",应该大胆西进。甘肃作为文化资源大省,拥有敦煌莫高、丝绸之路等一系列世界驰名的文化标志,拥有孕育中华文明的黄河,拥有独特的民族文化等;作为传统老工业基地,拥有一定的工业特别是制造业基础,具有跟丝绸之路沿线国家进行产业分工与合作互补的条件。这些,是甘肃促进"丝绸之路经济带黄金段"建设需要予以重点关注的内容之一。

(三)扩大甘肃与丝绸之路沿线国家的合作,需要讲求效益原则

与丝绸之路沿线国家开展广泛的经济文化合作,事务十分庞杂。一方面,需要调动企业、院校、智库、社会各方的积极性,能由市场解

决的问题尽量交给市场，政府不搞大包大揽，尽可能提供服务和协调，帮助走出去、引进来。另一方面，对于必须由政府直接操作的事务，也需要合理使用人力、物力和财力，实行资源的择优配置。

（本文为作者主编《甘肃与丝绸之路经济带沿线国家关系：历史和现状》一书的概论，金城出版社 2016 年 10 月出版）

创新打造国与国智库合作《中国与丝绸之路沿线国家友好关系史丛书》项目，为助力"一带一路"建设发挥甘肃作用

近年来，在甘肃省委宣传部领导下，并得到外交部、中宣部、中国社科院支持，为加强与丝绸之路沿线国家人文交流和民心相通，省社科院展开与丝绸之路沿线国家的官方智库合作，共同编撰了《中国与丝绸之路沿线国家友好关系史丛书》（简称"双边史"）。先后与哈萨克斯坦中国研究中心、塔吉克斯坦总统战略研究中心、白俄罗斯国家科学院、乌兹别克斯坦总统战略研究所、西班牙圣保罗大学、马来西亚马中友协、塞浦路斯欧洲大学等七国智库和大学签约，合作编写双边友好关系史。其中的第一批成果，《中国—哈萨克斯坦友好关系发展史》（简称《中哈史》）、《中国—塔吉克斯坦友好关系发展史》（简称《中塔史》），经各自国家主管部门批准，已在 2021 年 1 月正式出版发行。《中国日报》（英文版）等国内外媒体大量报道，产生了愈来愈大的国内和国际影响。"双边史"创造了两个首创：中国与"一带一路"国家智库合作完成的双方官方认可的史书，在中国历史上也是前所未有的国与国双方官方认可的史书，具有极大的政治象征意义。

由于参与合作的丝绸之路沿线国家智库和大学有日益扩大的趋势，省社科院拟与省内各参与和支持单位一起持续努力，使"双边史"成为甘肃继"丝路花雨"之后又一具有国际影响力的文化新品牌。

一 "双边史"实施概况

"双边史"既是历史纪录又是时代产物,它的产生源于丝绸之路,源于习近平总书记提出的建设丝绸之路经济带倡议。

(一)"双边史"项目从《中哈史》起步

2016年2月,为落实将在敦煌举办的丝绸之路国际文化博览会的参加国,甘肃省委宣传部领导率团访问哈萨克斯坦,拜会哈方文化部长阿雷斯达别克和首任总统图书馆馆长卡西姆别科夫。中国外交部副部长张汉晖时任驻哈萨克斯坦大使,向甘肃访问团和哈方提出合作编写双边史的创新思路,双方达成合作编写《中哈史》的意向。之后,甘肃省社科院认真抓落实,主动与哈方首任总统图书馆馆长进行接洽,哈方为了机构规格对等,专门成立了"中国研究中心",双方商定了共同编撰《中哈史》的基本方式。经过中哈双方共同努力,撰写了双方认可的《中哈史》书稿。

2018年12月,中央宣传部印发关于《中华文化走出去工作重点任务项目清单(2018)》的通知,在总计93个项目中,《中哈史》列入,并且是唯一的著作类项目。

2019年2月,中国外交部办公厅以《关于对〈中哈关系史〉书稿审读意见的复函》,给中宣部出版局回复了修改意见。

2019年4月,国家新闻出版署批复同意《中哈史》修改后出版。

2019年6月,在按照国家新闻出版署意见及尊重哈萨克斯坦中国研究中心意见修改后,中国书籍出版社出版了《中哈史》中文版。

(二)《中塔史》成为塔吉克斯坦上升到国家层面的项目

塔吉克斯坦总统战略研究中心在得知"双边史"项目后,十分积极主动。2018年1月,塔吉克斯坦外交部第一副部长沙姆西津佐达签发文件,批准其总统战略研究中心与甘肃省社科院合作,共同编写

《中塔史》。

2018 年 2 月,塔吉克斯坦总统战略研究中心主任胡德别尔基·哈力克纳扎尔一行访问甘肃省社科院,双方达成合作编写《中塔史》协议,商定了编写提纲及时间进度等事宜。

2018 年 12 月,塔吉克斯坦总统拉赫蒙签署总统令,批准其总统战略研究中心与甘肃省社科院签署合作备忘录,合作撰写《中塔史》,总统令由塔方外交部转交中国驻塔大使馆并送中国外交部。

2019 年 4 月,塔吉克斯坦总统战略研究中心主任卡吉尔佐达·迪洛瓦尔赴兰州商谈,双方达成共识,举行《中塔史》定稿会。

2019 年 6 月,由甘肃省社科院和塔吉克斯坦总统战略研究中心合作编撰的《中塔史》(译名为《中国和塔吉克斯坦:从历史友谊到战略合作伙伴》)俄文版出版发行仪式在杜尚别举行。中国驻塔吉克斯坦大使刘彬、塔方总统战略研究中心主任卡迪尔佐达·迪洛瓦尔出席,中塔专家共 150 多人参加会议。

2020 年 9 月,国家新闻出版署批复同意甘肃省社科院与塔吉克斯坦总统战略研究中心合作编撰的《中塔史》中文版出版。

(三)"双边史"项目引起愈来愈多国家关注与参与。

2021 年,甘肃省社科院与白俄罗斯国家科学院、乌兹别克斯坦总统战略研究所、西班牙圣保罗大学等三国智库分别签约编撰《中国—白俄罗斯友好关系发展史》《中国—乌兹别克斯坦友好关系发展史》《中国—西班牙友好关系发展史》。2022 年,目前已与马来西亚马中友协、塞浦路斯欧洲大学等两国智库分别签约编撰《中国—马来西亚友好关系发展史》《中国—塞浦路斯友好关系发展史》。阿塞拜疆国家科学院远东所、吉尔吉斯斯坦总统战略研究所等也与甘肃省社科院达成了合作意向。

二 实施"双边史"项目的现实与历史价值

（1）打造了"一带一路"国际合作的长效文化项目。该项目采用国与国双方合作方式，超越了传统上的单边编写国别史或关系史，各说各话的做法，创造了一个由中国与各有关国家的官方智库共同编写双方认可的友好关系史的范例，不仅具有学术价值、历史价值，也极具政治象征意义和国际影响。

（2）服务了国家大局。通过这一项目，使中国与丝绸之路沿线有关国家达成共同的历史认知，有助于推动实现"民心相通"。向世界展示在"一带一路"背景下，中国与丝绸之路沿线国家实现"政策沟通、设施联通、贸易畅通、资金融通、民心相通"的友好合作深度。

（3）体现了甘肃担当。"双边史"立足长远，面向世界，体现了甘肃抢抓"一带一路"机遇，积极融入、主动服务"一带一路"建设的作为和担当。有助于进一步推动甘肃与丝绸之路沿线国家在共同历史认知基础上的文化交流，促进经济文化教育的全方位合作。

（4）抢占了有利先机。"双边史"在顶层设计、落地实施方面具有首创性，国际合作空间广阔，未来可以向陆上及海上丝绸之路沿线国家全面延伸，具有打造成为甘肃名片、国家名片的潜力和前景。

三 "双边史"项目已产生国际效果及影响力

（1）"双边史"项目已产生广泛国际影响。哈萨克斯坦因为该项目成立的"中国研究中心"，现在已发展为独立机构，与20多个中国高校科研单位签订了协议，全面展开了对华友好合作。2018年8月，哈萨克斯坦21家主流媒体代表团来甘肃省社科院访问，回国就本书进行了题为"友谊的历史：从过去到现在"等报道，在哈国引起极大关注。塔吉克斯坦总统战略研究中心与甘肃省社科院合作的《中塔史》

项目,引起了上至国家元首下至外交部、经济部门、学界、新闻界的高度重视。

（2）"双边史"产生了扩散效应。甘肃省的一些友好城市愿意与省社科院联合编撰纪录双方友好历史的"友城志"。目前,已与日本秋田县准备正式签约。此外,一些国家的汉学家,希望将自己翻译的中国古典文化典籍跟甘肃省社科院合作在其本国出版。甘肃省社科院为此启动"中华文化典籍在'一带一路'国家翻译出版工程",其第1部《论语》俄文版正在项目实施之中。

四 今后工作计划

近年来,从国家有关部门到各省市都在围绕贯彻习近平总书记2013年提出的"一带一路"倡议,主动实施"中华文化走出去"项目,力度前所未有。

甘肃"双边史"项目能够成功实施,是因为得到了从国家到省上各层面的关键支持。中央宣传部、外交部及驻哈萨克斯坦和驻塔吉克斯坦大使馆、国家新闻出版署给予了实质性支持;在省内得到了省委领导关心,得到了省委宣传部直接领导和指导,得到了省委、省政府有关部门和兰州城市学院的鼎力相助。

下一步,甘肃省社科院将继续拓展与"一带一路"国家智库的合作,计划用15~20年时间,每年完成一两部,讲好中国与丝路沿线国家的友好故事。

（1）打造样板工程。积极扩大"双边史"项目合作的朋友圈,讲好中国与共建"一带一路"国家的友好故事,不断提高成果质量和国际影响。在2022年完成与白俄罗斯国家科学院合作编撰的《中白史》,完成与乌兹别克斯坦总统战略研究所共同编撰的《中乌史》;将"双边史"合作拓展至"一带一路"大多数国家,努力将该项目打造成有世界影响力的合作项目,打造成为"一带一路"民心相通的样板工程、传世工程,为"一带一路"建设和国家外交贡献学术力量。

(2)建立协同机制。积极争取国家层面的指导和支持,不断拓宽项目渠道和合作领域。争取落实中央宣传部将"双边史"项目按国别纳入国家社科基金后期资助项目、"中华文化走出去"资助项目的支持意见。进一步扩大与省直各相关部门及省内高校之间的合作,优化资源配置,创新合作模式,加快形成上下联动、左右协同的高效运行机制。

(3)扩大外拓内联。积极参与国家层面的文化交流和文明对话活动,加强与国外官方智库、主流媒体之间的合作,深化与各国孔子学院、驻外分支机构及国内智库单位、国别与区域研究中心等机构的合作交流;稳步推动项目成果以多国语言文字形式出版;抢抓中国与共建"一带一路"国家建交周年时间节点,举办"双边史"成果发布会和学术研讨会,整体推出系列成果,不断扩大项目影响力。

(原文刊登于甘肃省社科院《呈阅件》2022 年第 6 期,省委领导作了肯定性批示。项目组成员:王福生、马廷旭、梁仲靖、陈小丽、侯宗辉、谢羽、李骅)

四 西线调水
（藏水入甘）

南水北调西线工程需要新思路新方案

——关于西线调水应从怒江、帕龙江或雅鲁藏布江选点的调研报告

伟大的时代需要伟大工程，对中国北方经济社会和生态建设有重大影响的南水北调西线工程的前期工作被国家提上了日程。2019年11月18日，国务院召开南水北调后续工程工作会议，会议提出"开展南水北调西线工程规划方案比选论证前期工作"。继南水北调东线、中线建设之后，各界期盼已久的西线工程终于进入了规划方案比选论证阶段。

每个时代都有每个时代的标志性工程。从古埃及金字塔、古希腊雅典卫城、古罗马圆形竞技场、苏伊士运河、巴拿马运河，到中国的万里长城、大运河、都江堰、南水北调、长江三峡大坝、青藏铁路等等，其中许多都是水利工程，都代表了一个时代的经济技术和社会发展水平。长期以来，中国北方面对的影响经济社会发展的最大制约因素，就是历史上从未能解决的水资源严重匮缺问题。它是制约可持续脱贫、解决"三农"问题、全面实现现代化的主要因素。在中国特色社会主义新时代，在我国的综合国力和工程技术水平已经具备了历史上从未有过的支撑条件下，推进伟大事业，实现伟大梦想，需要建设标志性的伟大工程。而"南水北调西线工程"就是顺应伟大时代需求、展现中华民族磅礴力量的伟大工程。

一 "水主沉浮":中国西北、华北的水资源短缺是亟待解决的发展瓶颈

水是生命之源、生产之要、生态之基。随着全球气候持续变暖,青藏高原及其边缘祁连山、昆仑山等山脉,冻土逐步消融,冰川加速融化,雪线不断上升。短期内,中国北方的降雨量明显增加,气候明显改变,发源于高原冰川的黄河、长江及西北的内陆河,融水也开始增加;长期看则不可持续,未来到了一定临界点,就会出现大的生态问题。在纯自然状态下已呈不可逆趋势,这是我国生态安全和经济发展面临的最大挑战。

中国北方特别是西北水资源严重短缺。就西北5省区而言,气候干旱,降雨稀少,多年平均降雨量50mm~400mm,而地面蒸发量高达1000mm~2600mm以上,是全国唯一降雨量极度少于农田作物和天然植被需水量的地区。华北五省区市则随着经济社会快速发展、城镇化建设、人口增加、人民生活水平提高,用水量大幅增加,水资源的严重不足已经愈来愈严重地制约着工农业生产的发展。京津唐工业产值占到全国工业总产值的10%,而水资源总量只占全国的6%。不少地方人均水资源量低于联合国规定的人均1700立方米严重缺水线,甚至有些低于人均1000立方米生存标准,对人们正常的生产生活活动产生重大影响。干旱缺水造成北方沙尘暴频发,荒漠化在一些地区扩大。

近年来各地按照中央要求不断加大了生态建设力度,采取了诸多政策举措:广泛推行节水措施,节约工农业和城市生活用水;退耕还林、退牧还草,限制过度放牧,植树造林;严格执行主体功能区规划,控制在禁止开发区和限制开发区的产业开发,建设生态保护区和国家公园;黄委会对沿线省区实行用水额度配给。这些措施成效巨大,但由于水资源总量没有增加,而水资源需求在不断增长,资源性

缺水问题依然严重。

以甘肃为例，缺水让甘肃生态环境更加脆弱，经济发展更加艰窘。盼水，让甘肃不再"饥渴"是 2600 万人民的由衷期盼。作为拥有 42.58 万平方公里的土地面积大省，实有耕地面积只有 1750 万亩。甘肃年平均降水量 270.4mm，平均年自产地表水资源量 202.02 亿立方米，不重复地下水资源量 7.54 亿立方米，水资源总量只有 209.56 亿立方米，人均水资源 1077 立方米，不到全国人均水平的 1/2；耕地亩均水资源量 378 立方米，约为全国平均水平的 1/4，属于严重缺水地区。

位于甘青两省交界作为我国西部地区重要生态安全屏障的祁连山，在全球气候变暖的大背景下，冰川及多年冻土消融退缩速度加快。祁连山具有维护青藏高原生态平衡，阻止腾格里、巴丹吉林和库木塔格三大沙漠南侵，保障黄河和河西走廊内陆河径流补给的重要功能，是黑河、石羊河和疏勒河三大水系 56 条内陆河的主要水源涵养地和集水区，被誉为河西走廊"生命线"和"母亲山"。然而，据中科院寒区旱区环境与工程研究所的第二次冰川编目统计，近 50 年来，祁连山冰川消失 509 条，面积减少 430 平方公里，面积减少超过 20%。进入 21 世纪，祁连山冰川呈现加速融化退缩的状况，以位于祁连山西部最大的山谷冰川老虎沟 12 号冰川为例，从 2005 年起观察，10 年间退缩了 160 米，平均每年退缩 16 米，冰川退缩的速度远远高于 1993 年至 2005 年期间（每年退缩 8 米）的退缩速度，是 20 世纪 90 年代的两倍。

从长远来看，冰川资源是有限的。当祁连山的冰川消融到一个临界点后，融水量就会随之减少，最后甚至消失，那时将对河西走廊、内蒙古东部乃至中国北方产生巨大的影响。

二 调整思路:南水北调西线工程需要从中国北方的整体发展、可持续发展的站位视野出发去规划方案

围绕西部调水,长期以来社会各界高度关注。从 20 世纪 50 年代提出的南水北调西线开始,众多专家先后提出了许多思路和建议。20 世纪 90 年代以来,先后出现了大西线(朔天运河)、藏水入疆、藏水入蒙、天河、藏水入甘等诸多的线路思路,各有千秋。

(一)早期的南水北调西线方案已经时过境迁

经过长期讨论,特别是伴随 20 世纪 50 年代以来的长江流域水利工程建设,及上中下游生态环境的变化,早期的南水北调西线方案的缺陷逐步显现。原西线工程方案的基本思路是:从长江上游金沙江、支流雅砻江、大渡河等长江水系调水,采用引水隧洞穿过长江与黄河的分水岭巴颜喀拉山,进入黄河,预计年调水 170 亿立方米左右,缓解黄河中下游地区至 2050 年左右的缺水。

从长江水系调水的早期方案时过境迁,局限性太大,今天已经不可行。原因:一是随着葛洲坝、三峡大坝等长江大型水利工程的建设,对长江下游生态已产生较大影响,如果坚持早期的方案,可能使问题更加严重。事实上长江下游生态已经到了临界点。二是从长江上游及其支流调水,可能影响已经建设的南水北调东线工程、中线工程的调水,甚至导致工程作废。至于对长江航运的影响,可能都算小问题了。三是引水量过小,不能解决中国西北、华北的经济社会发展用水,更谈不上改善生态环境。如果引水量少于每年 200 亿立方,没有必要上马如此宏大的工程。四是西线调水不能再只局限于重点考虑黄河中下游补水,因为南水北调东线工程、中线工程都是为黄河中下游补水所建设,而中国北方尚未开发利用的辽阔土地资源,主要集中在上中游的甘肃、新疆、内蒙古大地,应该转换思维统筹考虑。

（二）南水北调西线需要谋划高站位、宽视野、管长远的最具可行性线路

在新时代，南水北调西线工程需要跳出历史上头痛医头、脚痛医脚的狭窄思路和规划。今后应该站在系统性、根本上解决中国北方用水的角度，跳出局限于缓解黄河中下游地区用水的眼前之需、局部之需的调水思维，从战略上，从保障国家水安全、生态安全、粮食安全、边疆长治久安的高度，规划南水北调西线调水工程，系统性解决中国北方——甘肃、新疆、宁夏、内蒙古、陕西、山西、河南、河北、山东等省区的缺水问题，促进黄河全流域治理开发。经组织多方参与的联合考察队的实地调研及对多种引水意见、方案对比评估，下一步，南水北调西线工程引水点，应该从水量有保障的、尚未开发的怒江、帕龙江（帕隆藏布江）、雅鲁藏布江三条江当中作出选择。

三 考察所见：从怒江、帕龙江、雅鲁藏布江选点完全可行

中国有句老话，百闻不如一见。经组织联合考察队赴岷江、雅砻江、大渡河、金沙江、澜沧江、怒江、帕隆藏布、易贡藏布、雅鲁藏布等河流的实地考察，南水北调西线工程应该研究新方案：第一选择是从怒江取水，从三江并流处穿越，相比原来的金沙江方案，没有增加太大工程难度，水量有保障；第二选择是向青藏高原延伸至帕龙江（帕隆藏布江）引水，工程难度大幅增加，但引水量足以给长江下游补水；第三选择才是从雅鲁藏布江引水。从怒江、帕龙江、雅鲁藏布江选点引水的思路完全可行。

（一）通过设计沿青藏高原边缘绕行的调水线路，全程自流，将水调往缺水的中国北方

以从怒江引水为例，其主干线从青藏高原东南部水资源极其丰沛的江河取水，不超过国际通行取水做法，可借用澜沧江河道、金沙

江河道,以隧洞、水库和明渠相结合的方式经雅砻江、大渡河、岷江,绕过岷山到达甘肃境内。从甘肃境内依次过白龙江、渭河、洮河进入黄河刘家峡水库,向黄河中下游补水。如果加高刘家峡大坝,则可抬高水位经白银绕过乌鞘岭,过景泰县南山后即进入千里河西走廊,可以沿祁连山东侧平原引水进入新疆,也可以沿黑河古河道引水进入内蒙古。

(二)串联起西南诸河、长江、黄河和西北诸河,形成统一的中华大水网格局

以从怒江引水为例,并联西南、西北诸江河后,形成全国水量总调度体系,能够调剂水资源余缺。在澜沧江、长江、雅砻江、岷江的丰水季节,可以多调水到西北,抽丰补欠,引洪济旱;在长江、黄河的枯水季节,可以通过西线工程多引水由沿线的大坝放水:从而实现中国北方不干旱、南方无水患,营造九州大地的风调雨顺良性水环境。

(三)水源有永久性的可持续保障

以从怒江引水为例,不同于早期的南水北调西线从长江上游及其支流调水的方案。由于西藏东南部、云南西南部是印度洋气流与南太平洋气流汇合处,西南季风带每年带来大量水汽,主要江河年总径流量据统计约7546亿立方米。印度洋暖流覆盖区域常年降雨量充沛,各江河的水量都比较大,南水北调西线水源的可持续性具有充分保障。

(四)工程没有难以逾越的节点

工程全线主要由水坝、隧洞、明渠组成,充分利用了原有江河河道、水利设施,比如刘家峡水库。总体工程没有难以想象的浩大,单体工程也基本没有超出我国现有的水利水电工程的复杂程度。

(五)工程惠及西南沿线省区

西南省区的水电、养殖业、交通、旅游业都会有大发展。南水北调

西线有 10 余座可以发电的大坝，给沿线省区大大增加清洁能源。沿线拦水蓄水可以形成众多水库，能够发展水产养殖。伴随工程建设，沿线的公路建设也会有大发展。南水北调西线线路形成的运河，本身就是一条无与伦比的万里风景线，再加上沿线如繁星灿烂的人文景观，必将极大促进西南省区的旅游业发展。

（六）库区移民压力不大

南水北调西线沿线多为高山峡谷，人口稀少，涉及搬迁移民不多。各江河的上游也缺少坡度 25 度以下的土地，缺乏可持续发展第一产业、第二产业的条件。而且，线路经过的云南、四川、甘肃的江河上游及周边地区，历史上往往是地质等自然灾害频发的地区，依靠频繁的就地救灾、扶贫，无法从根本上解决问题，需要迁移人口。而西北受水区的甘肃河西走廊、新疆东部、内蒙古西部有辽阔的待开垦土地，只要解决了水，届时需要大量人口。

（七）大幅拉动经济增长

目前我国的钢铁行业、水泥行业都存在比较大的产能过剩问题。南水北调西线工程虽然预计投资额巨大，但工程无论是筑大坝、打隧道，还是建水渠，消耗的基本是大量的水泥、钢材，可以有效化解过剩产能，并且会对整体经济发展产生较大的拉动作用。

四　一劳永逸：南水北调西线将是一项光耀世界水利史的治本工程

中华人民共和国成立特别是改革开放以来，修建了历史上前所未有的大量水利水电设施，解决了全国各地许多局部性、区域性或流域性的缺水问题。中华人民共和国成立后，毛泽东同志曾先后提出："一定要把淮河修好"，"一定要根治海河"，"一定要把黄河的事情办好"。在物资匮乏、技术条件落后的年代，修建了包括十三陵水库、密云水库、官厅水库等 86000 多座大中小水库，修建了包括三门峡、新安江、刘家峡等 241 座水电站,修建了包括林县红旗渠等引水工程。

改革开放 40 年来,水利水电工程高歌猛进。邓小平同志 20 世纪 80 年代初面对建不建长江三峡工程的争议,要求"三峡问题要考虑"。我国陆续修建了南水北调东线工程、西线工程、引滦入津工程等,建成了葛洲坝、长江三峡大坝。除了怒江、黑龙江、雅鲁藏布江等少数跨境河流,在西南、西北主要河流进行了高强度的水利水电梯级开发。在这一时期,甘肃也建成了引洮工程、引大入秦、景泰提水工程、疏勒河工程等。

进入中国特色社会主义新时代,习近平总书记提出"节水优先、空间均衡、系统治理、两手发力"的重要治水思想,赋予了新时代治水的新内涵、新要求、新任务。为了深入贯彻习近平总书记重要治水思想,在更大力度推进节水型社会建设,着力提高水资源综合利用水平,充分发挥市场和政府的作用,不断完善水资源管理体制机制的同时,按照习近平总书记要求,要通盘考虑重大水利工程建设。从保障国家水安全、系统性解决中国北方缺水的角度,南水北调西线工程无疑提供了从根本上解决问题的方案。

对中国北方包括甘肃而言,南水北调西线调水工程是千载难逢的机遇。西北五省区望南水北调西线调水如盼甘霖,有共同的紧迫需求。西北地区受水资源短缺等基本要素制约,与东中部地区差距日益拉大,在 2020 年与全国同步全面建成小康社会的任务尤为艰巨。而更为艰巨的是,实现脱贫与达到小康目标后,如何确保能够可持续发展,与全国同步实现社会主义现代化。因此,如果能够借力南水北调西线工程解决西北地区水资源需求,势必成为惠及西北大地的历史性工程,意义非凡。

（一）南水北调西线工程有利于西北地区更好地抓住"一带一路"机遇

以甘肃为例,历史上处在古代丝绸之路上的关键地带,有著名的河西走廊连接中原和西域地区,是古代中原王朝向外传播文化与经贸往来的最重要通道。地缘上看,甘肃地处欧亚大陆桥的核心通道,是华夏文明与域外文明交流融合之地,在促进中外文化交流方面具有举足轻重的作用。贯彻习近平总书记构建"丝绸之路经济带"倡议的"五通"要求,需要着力发挥自身的枢纽地位和通道优势。南水北调西线工程将会使千里河西变成"江南水乡""绿色长廊",大幅提升甘肃的绿色生态产业竞争力,推动文化旅游产业大发展,有力促进甘肃与丝绸之路沿线国家的互联互通。

（二）南水北调西线工程有利于北方农村彻底实现可持续精准脱贫

西线方案的线路涉及甘肃绝大多数极度缺水的贫困地区,将极大改善流域沿线陇南、定西、白银、武威等连片特困县和金昌、酒泉等插花型贫困县的生态环境、生产环境和人居环境,解决这些地区"靠天吃饭"的困境,以及民生与水资源短缺之间的矛盾,使已脱贫人口安居乐业,发展生产,走上可持续致富之路。

（三）南水北调西线工程有利于西北地区生态建设与环境保护

以甘肃为例,整体处于较严重的水资源短缺状态,过度的水资源开发,引发了一系列的环境问题。有关对全球水资源的评价认为,当水资源开发利用率大于40%,区域处于较严重的水资源短缺状态。2003—2016年甘肃省水资源开发利用率均大于40%,内陆河流域的水资源开发利用率超过100%。南水北调西线工程的实施,无疑将为河西走廊注入血液,在两侧山脉的作用下,河西走廊水气循环会发生巨变,祁连山的生态将会恢复,生态安全屏障作用也将得到保障。同时,南水北调西线工程从河西走廊流向新疆东部、内蒙古西部,也将

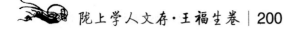

使这些地区发生历史巨变。有望使新疆罗布泊重变水泽,内蒙古居延海再现泽国,并且根治中国北方的沙尘暴。

（四）南水北调西线工程有利于保障粮食安全

习近平总书记反复强调,保障国家粮食安全是一个永恒课题。我国东中部已经没有开发增加耕地的余地,而甘肃、内蒙古、新疆拥有开发潜力无限的荒地荒漠。就甘肃来说,农用地总面积3.67亿亩,占总土地面积的53.71%,其中,耕地面积7537.20万亩,只利用了约1750万亩;牧草地面积2.16亿亩,盐碱化、沙化、植被退化比较严重,草场载畜能力较低。未利用土地总面积2.99亿亩,占土地总面积的43.84%,其中裸岩石砾地、盐碱地、沙地占绝大多数。南水北调西线工程的实施,将使甘肃大面积的未开垦荒地,特别是河西走廊平坦辽阔的戈壁荒漠变成良田,至少增加1.5亿亩耕地,并使2.16亿亩劣化牧草地变成优质草场。

（五）南水北调西线工程有利于维护边疆长治久安

西北各省区是多民族聚集区,也是"老、少、边、穷"比较集中的地区。以甘肃论,现有54个少数民族成分,约占全省总人口的8.7%。南水北调西线流经甘肃,解决了水的问题,可以改造民族地区的干旱、半干旱现状,解决群众基本的生产生活用水,再造秀美山川,建设美丽家园。解决了水的问题,能够更好地促进民族团结,实现边疆稳固。

参考文献:

[1]王浩,秦大庸,严登华.南水北调西线工程水源区水资源及其演变规律[J].中国水利,2014(21).

[2]王浩.红旗河西部调水工程供水价格的分析与思考[Z].光明网,2018.08.09

[3]段向群,吕加平.大西线调水先西北后华北的新构想[J].新视野,2000(2).

（原文为《伟大时代需要伟大工程——基于红旗河西部调水线路实地考察的思考》。后经修改，以《南水北调西线工程需要新思路、新方案——关于西线调水应从怒江、帕龙江或雅鲁藏布江选点的调研报告》为题，刊载于《开发研究》2020年第1期）

关于南水北调西线工程的思考和建议

自 2019 年 11 月国务院南水北调后续工程工作会议提出"开展南水北调西线工程规划方案比选论证前期工作",社会各界期盼已久的西线工程终于进入了方案比选阶段。目前,南水北调西线工程已成为中华人民共和国成立以来,我国在研持续时间最长、各种方案最为纷纭的调水工程。在新形势下,亟须加快这一对拉动全国经济增长、消化过剩产能、保障生态安全和粮食安全等作用巨大的工程规划方案比选确定进程,并尽快付诸实施。

一 推进南水北调西线工程是时代需要

加快比选确定西线规划方案是保障中国战略安全和生态安全的需要。随着全球气候持续变暖,青藏高原及其边缘祁连山、昆仑山等山脉,冻土逐步消融,冰川加速融化,雪线不断上升,直接影响环祁连山的河西走廊、环昆仑山的新疆南疆,延伸影响除东北以外的整个中国北方。短期内,北方的降雨量有所增加,气候有所改变;长期看则不可持续,未来到了一定临界点,就会出现大的生态问题。在纯自然状态下已呈不可逆趋势,这是我国战略安全、生态安全面临的最大挑战。

加快比选确定西线规划方案是解决西北、华北水资源总量短缺的需要。就西北五省区而言,气候干旱,降雨稀少,多年平均降雨量50 毫米~400 毫米,而地面蒸发量高达 1000 毫米~2600 毫米以上,降雨量极度少于农田作物和天然植被需水量。华北五省区市则随着经济社会快速发展、城镇化建设、人口增加、人民生活水平提高,用水量大幅增加,水资源严重不足已经愈来愈严重制约工农业生产的发展。干旱缺水造成北方沙尘暴频发,荒漠化在一些地区扩大。

加快比选确定西线规划方案是在"新基建"中拉动中国经济巨轮的需要。西线工程是中国有待实施的受益面最广、影响面最大的历史性工程,既能大幅消化钢铁、水泥等过剩产能,又能增加数亿亩耕地,还能使中国西北、西南发生巨变。

加快比选确定西线规划方案是缩小中国南北差距、东西差距的需要。历史上形成的经济社会发展的南北差距、东西差距,与"胡焕庸线"关系极大。因为资源性缺水影响的不仅仅是农业发展,也严重影响北方和西部的工业化、城镇化进程,导致差距扩大。

二　南水北调西线工程作用巨大

西线工程将为脱贫攻坚和乡村振兴提供可持续支撑。西线工程及其拓展,涉及绝大多数极度缺水的地区,将极大改善沿线生态环境、生产环境和人居环境,改变这些地区"靠天吃饭"的困境,使已脱贫人口安居乐业,扩大生产,走上可持续发展之路。

大幅改善整个北方和西部生态环境。西线从河西走廊流向新疆东部、内蒙古西部,在河西走廊两侧山脉的作用下,水气循环所带来的局部气候变化,将会使祁连山的生态得到恢复,新疆罗布泊有望重变水泽,内蒙古居延海再现泽国,并且根治中国北方的沙尘暴。

保障国家粮食安全。我国东中部已经没有开发增加耕地的余地,而甘肃、内蒙古、新疆拥有开发潜力巨大的辽阔荒地荒漠,由调水量决定,可增加2~6亿亩耕地。

彻底解决西北各省区的水资源矛盾。西北各省区面临共同的水资源总量严重短缺的困难,建设区域内调水或水电工程,只会产生矛盾,解决不了根本问题。如果实施西线工程,河西走廊线路及西北各省区因水资源分配而导致的地方矛盾将会得到化解。

三 有关对策

成立高规格的西线工程领导机构,统筹方案的比选及建设。建立领导机构及其工作机构,在西线工程方案的比选中发挥党中央参谋助手作用。比选出西北、华北、西南共赢、多赢的方案,由于长江流域是中国的经济重心,四川省、重庆市是经济大省(市),比选确定的方案不应以长江水系引水的水量为重点。

西线工程方案应以从怒江、澜沧江、察隅河、雅鲁藏布江调水为重点,并以环青藏高原边缘线路为考量。伴随青藏高原腹地、长江中下游生态环境的变化,历史上从长江上游水系以及怒江上游、雅鲁藏布江中上游调水的西线工程的各种方案,今天已经不可行。有关方面酝酿的分三阶段沿青藏高原边缘从长江、怒江、雅鲁藏布江走低线调水的思路是理性选择。

引入第三方评估和竞争机制比选西线工程方案。为了避免历史上一些工程项目的遗憾教训,可以邀请有关单位作为第三方评估机构,也可以"华山论剑"的方式,让各方案的制定者讲一讲自己方案的优点,他人方案的缺陷,变闭门选马为公开赛马,拿出最优方案。

(原文刊登于《甘肃日报》2020年6月4日理论版)

南水北调中线建设成效对规划西线的启示

甘肃省社会科学院西线工程前期研究（藏水入甘）项目组在2021年6月调研南水北调中线，赴武汉长江水利委员会座谈中线与西线方案，从丹江口水库到古柏渡穿黄工程实地了解了情况。该项目工作自2017年9月起步，经甘肃省政府批准启动南水北调西线（藏水入甘）方案比选前期研究，其主要原因是鉴于与东部省市发展差距拉大，常规工作已难以缩小差距，需要寻求战略性的中长期解决办法。本着对重大战略性工程先期介入的初衷，联合中铁集团西北科学研究院、甘肃省广电总台等单位，自2018年以来先后实地考察了黄河水利委员会早期方案（上线线路）、大西线、红旗河、长江水利委员会林一山方案、黄委会新方案的下线线路等五条主要比选线路，希望通过推动西线调水这一重大战略项目，为实现黄河流域生态保护和高质量发展提供水资源支撑。结合中线调研与西线比选研究，有关情况表明，南水北调中线建设取得的重大成效，对规划西线方案具有借鉴意义。

一 高站位 宽视野 管长远 作战略性布局

南水北调在中国历史上是比大禹治水更加伟大的工程。大禹治水基本是传说，而南水北调则是前无古人的历史性工程。东线一期工程和中线一期工程已经分别于2013年、2014年建成输水，但西线方案迄今还没有最后确定。在南水北调东、中、西三条线中，中线工程极具前瞻性。

（一）南水北调中线是战略视野、战略谋划、战略布局的典范

1952年，可以称之为南水北调元年。早在1952年8月，着眼于黄河水资源先天不足和未来发展的需要，时任黄河水利委员会主任王化云组织查勘了从通天河调水入黄河的线路，这是我国第一次南水北调勘查。同年10月，毛泽东主席第一次视察黄河，王化云汇报了始自西线的南水北调设想，毛泽东说："南方水多，北方水少，如有可能，借点水来也是可以的。"[1]

从南水北调工程的起步过程看，始于1953年2月，毛泽东与长江水利委员会主任林一山在长江军舰上讨论了三峡工程和南水北调。毛泽东说：南方水多，北方水少，能不能把南方的水借给北方一些？毛泽东用铅笔在地图上指着白龙江问：白龙江的水能不能引向北方？林一山回答：不可能穿过秦岭把白龙江水引向北方，把白龙江水引向西北更有意义，引水工程也有兴建的可能性。毛泽东指着汉江问：汉江行不行？林一山回答：汉江有可能。当毛泽东指向丹江口一带时，林一山说：这里可能性最大，可能是最好的引水线路。毛泽东问：这是为什么？林一山回答：因为长江水利委员会当时在研究汉江中下游防洪问题时曾提出过丹江口水利工程，只是还没有考虑利用这个工程进行南水北调。毛泽东的提醒，使林一山立刻想到，如果进行调查研究，丹江口工程有可能作为南水北调的一个方案。毛泽东听到丹江口一带可能有条件兴建引水工程时，立刻高兴地说：你回去以后立刻派人查看，一有资料即刻给我写信。还叮嘱林一山：三峡问题暂时还不考虑开工，但南水北调工作要抓紧。[2]在这次接见后不久，长江水利委员会便布置了引汉济黄线路的查勘。当年查勘了三条线路，其中一条就是当前南水北调中线的基本线路。1956年11月，长江水利委员会编制《汉江流域规划要点报告》，明确兴建丹江口水利枢纽的

主要任务是,"防洪、发电、灌溉、航运,远景结合引江济黄济淮"[3]。

1958年3月,毛泽东在成都召开的中央政治局扩大会议上说:"打开通天河、白龙江,借长江水济黄,从丹江口引汉济黄,引黄济卫,同北京连起来"[4]。正式决定兴建丹江口水利枢纽工程。其后又在北戴河会议通过了《中共中央关于水利工作的指示》,明确指出:全国范围的较长远的水利规划,首先是以南水北调为主要目的,即将江、淮、河、汉、海各流域联系为统一的水利系统规划[5]。这是"南水北调"一词第一次见于中央正式文件,也是构建"中华水网"最早的思路。1959年,在《长江流域规划要点报告》中,长江水利委员会提出南水北调总的布局是从长江上、中、下游分别调水,中线工程近期从汉江丹江口水库引水,远景从长江干流调水[6]。

由于上述工作的前瞻性,为南水北调中线后来的成功打下了坚实基础。1958年9月1日,丹江口水利工程开工。该水利枢纽是开发治理汉江的关键控制性工程,也是南水北调中线水源工程。分两期建设,初期工程于1958年9月动工兴建,1973年底完工。在建设大坝时,充分考虑了未来的中线调水,坝址选择与坝基建设,都作了计划安排,为后来顺利建设中线创造了条件。2003年12月30日,南水北调中线一期工程开工建设,将丹江口大坝由原来的162米加高到176.6米,与北京形成约百米的落差。工程从丹江口水库调水,起点是陶岔渠首,沿京广铁路线西侧,全程自流北上,向河南、河北、北京、天津供水。其主要节点是"穿黄工程",在郑州古柏渡黄河河床底部40米深处开凿两条4250米长的隧洞,从而穿越黄河。终点到北京团城湖和天津外环河,干线全长1432公里。

(二)南水北调西线已是我国在研时间最长的调水工程

从1952年提出南水北调西线开始,已是我国在研持续时间最长、各种思路和方案最为纷纭的调水工程。西线以黄河水利委员会从通天河侧仿调水早期方案为蓝本,数十年不断酝酿,多次实地勘察,在不同层面不断研究论证。也曾长期被作为唯一认可的西线方案。

20 世纪 90 年代以来,围绕西线调水,又先后出现了大西线(朔天运河)方案、长委会林一山怒江方案、红旗河方案,以及藏水北调、藏水入疆、藏青线等诸多的思路。对于比选研究南水北调西线工程的最佳方案,都具有一定的参考价值。

自习近平总书记 2020 年在中央财经委员会第六次会议上作出关于加强南水北调西线工程规划方案论证和比选的重要指示后,西线方案比选工作开始加速。水利部作出工作安排,黄河水利委员会当年 4 月、5 月先后两次开展了方案比选考察,酝酿了新的比选方案;8 月 27 日,黄委会正式向水利部上报优化调整的比选新方案,水利部组织通过了专家论证会。

据有关报道,目前供参考的有三个比选方案。

方案一:双线方案,上线 80 亿 m^3+下线 90 亿 m^3。

上线:侧仿调水 40 亿 m^3 到贾曲,线路长 526.8 公里;雅大联合调水 40 亿 m^3,到贾曲,线路长 325.7 公里。

下线:两条线路,两河口调水 50m^3 亿入洮河,线路长 618 公里;双江口调水 40 亿 m^3 入洮河线,路长 413.5 公里。

方案二:双线方案,上线 40 亿 m^3+下线 130 亿 m^3。

上线:从雅砻江、大渡河联合调水 40 亿 m^3 到贾曲。

下线:三条线路,叶巴滩调水 50 亿 m^3 入洮河,线路长 846.8 公里;两河口调水 40 亿 m^3 入洮河;双江口调水 40 亿 m^3 入洮河。

方案三:单线方案,下线 170 亿 m^3。

由三条调水线路组成:叶巴滩调水 70 亿 m^3 入洮河线路,由 2 条隧洞组成;两河口调水 60 亿 m^3 入洮河;双江口调水 40 亿 m^3 入洮河。[7]

当前，围绕落实国家"十四五"规划明确提出的深化南水北调西线工程方案比选论证，在各方意见和建议的基础上，尽快确定比选新方案，已经愈来愈成为社会共识。

（三）甘肃省社科院开展西线方案考察比选研究的基本情况

甘肃省社科院联合各有关单位，自 2018 年以来对南水北调西线主要的参考方案进行了 5 次野外线路考察，考察的目的不是提出自己的线路，而是对历史上有影响、有可能性的 5 个方案进行比较，提出有利于西北、有利于全局的客观意见，推动西线工程尽快落地。

2018 年 6 月至 7 月，考察了红旗河、大西线。联合考察队赴四川、云南、西藏、青海，就线路经过的岷江、大渡河、雅砻江、金沙江、澜沧江、怒江、桑曲、帕隆藏布江、易贡藏布河、雅鲁藏布江，以及甘肃境内的白龙江、洮河、渭河、黄河刘家峡等江河关键节点的入水口、出水口、坝址位置等进行实地调研。2019 年 6 月，考察了河西走廊、新疆南疆和吐哈地区。联合考察队实地调研了玉门—瓜州—敦煌—阿克塞段，巴音郭楞州—和田—喀什段，哈密—玉门段。

2020 年 4 月至 5 月，考察了黄委会从通天河侧仿至贾曲上线方案、长委会从怒江东巴至贾曲方案。联合考察队与国家层面对南水北调西线的最新工作部署相衔接，与黄委会 4 月 16 日的考察大体同步，从贾曲进黄河的入口开始，深入青藏高原腹地，直至通天河侧仿、怒江东巴，对黄委会的上线线路和长委会怒江线路进行了比选调研。2020 年 7 月，考察了内蒙古、宁夏、陕西可能的受益区。联合考察队环绕腾格里沙漠、巴丹吉林沙漠、乌兰布和沙漠、库布齐沙漠、毛乌素沙漠，对南水北调西线可能涉及的石羊河流域、黑河流域，内蒙古阿拉善盟、巴彦淖尔、鄂尔多斯，陕北靖边县、定边县，宁夏中卫市沿黄地区等进行了实地调研。2021 年 4 月，考察了黄委会西线比选新方案的优化下线线路。联合考察队从甘肃境内的九甸峡水电站、引洮工程开始,实地调研了新线路在洮河的入水口岷县西江镇、白龙江入水口迭部县旺藏镇和尼奥峡水电站、白龙江调水工程代谷寺镇;在四川境内的主要节点大渡河双江口水电站、雅砻江两河口水电站,直至新方案的起点金沙江叶巴滩水电站,这三个水电站均为在建工程,两河口水电站将在2021年10月建成使用,双江口水电站和叶巴滩水电站将在2024年建成使用。

经实地考察对比后看到:历史上的各个方案都是时代条件的产物。一方面,都是当时工程技术水平和经济发展水平下所能设想的产物,都有其当时的合理性,也有其时代局限性。另一方面,西线方案在不断探索中进步,视野从长江延伸到怒江,再到雅鲁藏布江;线路从高原高线方案调整到高原边缘的低线方案。黄委会早期上线调水方案产生于20世纪50年代,在青藏高原取捷径,从侧仿到贾曲进黄河,线路最短,投资最少,属于高原高线方案;长委会林一山怒江方案产生于60—70年代,把眼光拓展到了怒江上游,也是高原高线方案;大西线产生于90年代,把视野放到了雅鲁藏布江中游,但还是高原高线方案;前几年的红旗河方案,把视野转向了雅鲁藏布江下游印度洋暖湿气流覆盖的地方,属于环青藏高原边缘的低线方案。黄委会下线新方案则是优化了的环青藏高原边缘的低线方案。

除了实地调研,2020年6月,甘肃省社科院的全国政协委员代表课题组提交了关于加快南水北调西线工程提案,被全国政协列入2020年度重点提案督办调研项目之一。2020年9月,课题组赴黄委会规划院(南水北调西线项目办公室)座谈,围绕西线工程规划新方案交流了意见。2020年9月,全国人大常委会副委员长丁仲礼院士就西线工程派调研组赴有关省区调研,到甘肃省社科院座谈。2021年2月,甘肃省社科院和省科学院联合召开推动南水北调西线和黑山峡开发方案科学比选座谈会,就黑山峡开发提出兼顾甘肃、宁夏、内蒙古三省区平衡的"二黄河"替代方案建议。

（四）西线工程需要从中国北方的整体发展、可持续发展的站位视野出发去规划方案

南水北调西线需要谋划高站位、宽视野、管长远的最具可行性线路。1953年2月，毛主席曾第二次召见黄河水利委员会主任王化云，了解从通天河引水调查情况，当他听说只能引水100亿立方米，当即表示：100亿立方米太少了，能在长江多引些水就好了[8]。之后，在很长时期，有关方面根据对长江水系调水的上限研究，预计西线调水规模的规划都是170亿立方米。

目前看，如果西线以从长江水系调水为主，局限性太大。原因：一是随着葛洲坝、三峡大坝等长江大型水利工程的建设，对长江下游生态已产生较大影响，如果不调整方案，可能使问题更加严重。事实上长江下游生态已经到了临界点。二是长江流域是中国经济重心，从长江上游及其支流调水为主，对长江经济带、长江航运的影响势必很大。三是引水量过小，不能解决中国西北、华北的经济社会发展用水，更谈不上大幅改善生态环境。四是西线调水不能再局限于重点考虑黄河中下游补水，因为南水北调东线工程、中线工程已经都是为黄河中下游补水所建设，而中国北方尚未开发利用的辽阔土地资源，主要集中在上中游的甘肃、新疆、内蒙古大地，应该转换思维统筹考虑[9]。

甘肃省社科院西线工程前期研究项目组经组织多方参与的实地调研，对5个主要方案对比评估，并经与主要的研究设计单位的有关专家交流，共同倾向是：当下先易后难，"先做中间"，从长江上游水系有限调水；长期看则应"两头延伸"，把南水北调西线工程引水点向尚未开发的西南诸河延伸。

二 统算利弊 全局利大弊小即应坚决实施

世上没有十全十美的事,做事不能求全责备。按绝对的生态主义观点,都江堰、红旗渠都不应该搞了。对重大水利工程,需要站在经济社会发展、生态建设、环境保护、人民生活等全局高度,预研分析工程正面效果与负面问题,评判利弊,统筹算账,只要于全局利大弊小,就应该坚决实施。南水北调中线工程是全局利大弊小,西线也是全局利大弊小。

(一)南水北调工程中线工程是利大弊小的典范

南水北调中线是在丹江口水利枢纽初期工程基础上加高续建的水源工程。2005年9月开工,2013年通过蓄水验收,2014年12月正式向北方供水。丹江口大坝加高后高程由162米提高到176.6米,正常蓄水位由157米提高到170米,相应库容增加至272亿立方米,相应水库面积扩大为1058平方公里,总库容增加为319.5亿立方米。工程完工后,枢纽职能调整为防洪、供水、生态、发电、航运,达到近期调水量95亿立方米、后期调水量120~130亿立方米的需求。

目前看,南水北调中线工程已成为功在当代、利在千秋的战略性基础设施。就惠及区域之广大,中线工程作用比都江堰还要伟大。截至2021年4月初,中线工程提前实现了年调水量95亿立方米目标,累计调水近400亿立方米。如今,南水已经惠及京津冀豫4省市24座大中城市及130多个区县,直接受益人口超6900万人,已成为包括北京、天津在内的多个北方重要城市生活用水的主力水源。通水以来,丹江口水库水质95%保持在Ⅰ类水,中线干线供水水质稳定在Ⅱ类标准及以上,确保了一江清水向北流。

南水北调中线工程近年来全力配合实施华北地区地下水超采综合治理,成为北京、天津、雄安新区、白洋淀、永定河等生态补水的重要水源。在保证正常供水的前提下,自 2017 年 10 月起向中线工程受水区进行生态补水,补水量累计超过 51 亿立方米。2016—2021 年度,生态补水量分别为 2.03 亿立方米、12.55 亿立方米、10.85 亿立方米、24.03 亿立方米、1.28 亿立方米。受水区河湖水质提升、地下水位回升,生态环境效益显著。中线工程在保障北方水安全、优化水资源配置、修复水生态、改善水环境等方面发挥了重要的战略支撑作用。

当然,南水北调中线工程在运行过程中也表现出一些问题。首先,存在设计中的不足,由于全部明渠输水,占用土地面积大,水量蒸发大,管护运行成本高。其次,存在实施后新问题,伴随大的生态环境变化,汉江上游来水减少,与中线调水量加大叠加,使汉江中下游缺水逐步严重,被迫实施引江济汉。再次,全局性水资源供需矛盾叠加压至中线,中线工程通水 4 年供水需求即达到设计规模,且中线水质优良,随着中线供水和生态补水任务的逐年加重,以及引汉济渭、鄂北水资源配置工程的建成通水,更加之东线工程因水质和提调成本问题,使中国北方的用水需求叠加压向中线。另外,存在运行管理问题,中线水源工程现行供水水价不是全口径成本水价,生态补水水价偏低,且水费收取率较低,库区面源污染问题难以根除等等。

(二)西线工程是中国有待实施的受益面最广、影响面最大的历史性工程

南水北调工程单就西线而言,都会是一项光耀世界水利史的治本工程。特别是在习近平总书记已在推进南水北调后续工程高质量发展座谈会发表重要讲话的今天,已经解决了重要性、必要性和基本遵循,现在的主要任务就是怎么实施。

(1)黄委会新方案的下线属于西北、西南、华北共赢和多赢的方案。西线工程之所以争论了 69 年,焦点集中在生态环境影响、工程安全、库区移民、工程难度及工程投资效益等方面,尤其是四川方面担

心的生态安全、工程安全、库区移民问题。黄委会最新的下线调水方案解决了上述关键问题:一是环青藏高原边缘都是降水量大的区域,避免了对高原生态的影响;二是四川境内主要节点都有在建的水电站,基本不产生新的库区移民,而且只要通过打隧道串联起来即可,解决了工程安全问题。三是中国隧道技术已是世界一流,现在盾构机已可打15米直径的隧道,在四川和甘肃主要节点均已有在建与建成的水电站的情况下,工程难度大幅降低,工程投资效益明显提高。据估算,建设西线的下线一期工程只需要近2400亿元人民币投资。

(2)青藏高原腹地生态状况确实已不宜建设高线调水工程。历史上对西线工程的反对意见,主要集中在从青藏高原布线的上线方案。高原腹地的现场情况表明:一是降水量小,出现荒漠化现象,生态环境已经十分脆弱,趋势不容乐观;二是高原气候寒冷,一年当中有半年的冰冻期,有效调水时间太短;三是高寒气候影响钢筋水泥耐受性,加之养护队伍生活不便,后期维护运营成本高。

(3)南水北调西线工程对全国作用巨大。一是能够大幅消化钢铁、水泥过剩产能,在"新基建"中拉动中国经济巨轮;二是解决西北、华北的水资源总量短缺;三是缩小中国南北差距、东西差距,过去有关人士将西北工业化、城镇化发育不够,作为不宜搞大型调水工程的理由,是颠倒了因果关系;四是为乡村振兴提供可持续支撑;五是大幅改善北方特别是西北的生态环境;六是保障国家粮食安全,由调水量决定,在甘肃、内蒙古、新疆可增加2亿亩以上耕地[10]。

三 兼顾各方 使受益省区最大化

南水北调中线除了主要受益目标的北京、天津、河北三省市,湖北、河南两个搬迁移民和占用土地大省,作为主要的受影响区域,也是主要的受益区。将来南水北调西线也需要借鉴中线经验,统筹兼顾各相关省区市利益。

(一)南水北调中线是兼顾京津冀豫鄂五省市的典范工程

中线工程的主要受益区不仅是京津冀,湖北省也是受益区。襄阳引丹灌区取水水源为丹江口水库,规划多年平均引水量 6.28 亿立方米,是国家大型灌区,也是襄阳市最大灌区、主要粮食生产区,粮食产量占襄阳市的 1/3。引丹灌区面积 2980 平方公里,范围包括襄阳市辖老河口市、襄州区、樊城区、高新区等 4 个县市区、34 个乡镇的 257 万亩耕地。引丹灌区还担负着襄阳市辖"一市三区"及襄北农场 132 万人、180 万头大牲畜饮水安全的任务。

河南省也是受益区。南阳引丹灌区是国家大型灌区,位于河南、湖北两省交界处,是国家南水北调中线工程供水范围内建设的第一个大型灌区,年引水 6 亿立方米。引丹灌区设计灌溉面积 150.7 万亩,有效灌溉面积 115.4 万亩,涉及邓州、新野两市县 19 个乡镇,具有防汛、排涝、抗旱,向城镇供水,解决西南岗丘人畜饮水,改善生态环境等综合功能。引丹灌区原来直接从丹江口水库取水,取水口为陶岔渠首,自 2014 年 12 月南水北调中线工程通水以来,引丹灌区改为就近从中线总干渠取水。

(二)南水北调西线需要借鉴中线统筹兼顾各方利益

(1)西线工程应该站在构建"中华水网"高度,兼顾西北、华北、西南各省区利益。一方面,站在系统性、根本上解决西北、华北用水的角度,跳出局限于眼前之需、局部之需的调水思维,从保障国家水安全、生态安全、粮食安全、边疆安全的高度,规划南水北调西线调水工程,系统性解决黄河流域 9 省区及新疆的缺水问题,促进黄河全流域生态保护和高质量发展[11]。另一方面,在国家层面统筹解决西南省区关注的生态安全、工程安全、库区移民问题,解决基础设施还建、发电收入分配等问题。西北省区则应主动接收库区移民。

（2）按照《黄河流域综合规划》对黑三峡河段开发与南水北调西线工程统筹安排的意见，用增量水资源解决西北水问题。西北各省区面临共同的水资源总量严重短缺的困难，建设区域内调水或水电工程，只会产生矛盾，解决不了根本问题。在下一步的黑三峡河段开发工作中，理应采纳《黄河流域综合规划（2012—2030）》关于黑山峡河段开发工程决策宜结合南水北调西线调水工程考虑的安排，在刘家峡修建分水设施，经兰州新区、白银景泰至宁夏中卫，采用以渠代坝修一条人工渠进入宁夏的"二黄河"方案，解决其干旱缺水区域的可持续发展，化解甘宁黑三峡大柳树高坝之争。同时，也可以缓解黄河兰州段、白银段防洪压力，兼顾各方利益。

（3）增强建设南水北调西线的双线并行方案上线的合理性、必要性。如果以向黄河中下游调水为目的，采纳下线方案即可解决，没有必要建设上线。建设上线，应以解决青海湟水流域、甘肃河西地区乃至新疆、内蒙古西部用水为主。利用上线海拔高的优点，经湟水进大通河，再充分利用已有的"引大入秦"工程，经兰州新区，在白银景泰分水到河西走廊。

（三）南水北调西线方案比选对甘肃总体有利

（1）南水北调西线无论方案采取上线和下线并行还是只采取下线单线，均需要进刘家峡水电站。就甘肃而言：一方面，新方案下线穿过白龙江进洮河，解决了甘肃的引洮工程和拟建的白龙江调水工程的水量保障，能够使定西、平凉、庆阳、天水等中东部区域未来发展一、二、三产业的用水无忧；另一方面，有可能使甘肃成为西北水利枢纽，并彻底化解甘肃与周边省区水资源争端。如果设计经刘家峡进河西走廊线路，则可通过黑河向内蒙古分水，经敦煌向新疆分水；如果采用"二黄河"（从刘家峡经兰州新区、白银景泰修一条人工渠进入宁夏中卫）方案，替代黑山峡建高坝，则可解决宁夏用水需求。

（2）甘肃的前途命运在于抓住"加快构建国家水网"机遇,争取在甘肃段使水进河西、再造河西。一是甘肃未开发的 2 亿亩以上荒地基本都在河西走廊,人口只有约 500 万,甘肃未来发展的潜力和希望在河西。二是河西走廊引入水资源后,将使白银、武威、金昌、张掖、酒泉五市的土地资源变成"活资源",沿线城市均有发展成大城市的潜力,从而吸引人口聚集。三是河西走廊可发展用地需求量大的工业,在工业领域已不可能由国家投资上大项目的今天, 唯有利用活化后的土地资源吸引工业投资,培植新的增长点。

（3）强调西线工程进河西走廊对西部生态安全的屏障作用。西线工程若进河西走廊,可以保障石羊河流域的青土湖、黑河流域额济纳旗东西居延海、疏勒河流域哈拉诺尔湖等尾闾生态性补水。同时,在河西走廊两侧山脉的作用下,预计水气循环会发生较大变化,祁连山的生态将会恢复。

（4）在河西走廊统筹解决南水北调西线调水的移民搬迁问题。人口也是生产力,应该主动在河西走廊地区承接安置西南库区人口,同时安置本省区的库区人口。

（5）南水北调西线受益区共同推动。西北的地方智库、人大代表、政协委员,通过媒体、研讨会、高端论坛等多种形式建言,共同推动加快南水北调西线工程建设,包括经河西走廊向新疆、内蒙古的延伸工程。

参考文献:

[1][4]董宏量.画梦长江[M].武汉:长江出版社,2020:308.

[2]林一山.林一山回忆录[M].武汉:长江出版社,2019:143.

[3]林一山.林一山回忆录[M].武汉:长江出版社,2019:144.

[5]林一山.林一山回忆录[M].武汉:长江出版社,2019:145.

[6]董宏量.画梦长江[M].武汉:长江出版社,2020:309.

[7]张金良,马新忠,景来红,杨立彬.南水北调西线工程方案优化[J].南水北调与水利科技(中英文),2020,18(5):111-112.

[8]林一山.林一山回忆录[M].武汉:长江出版社,2019:169.

[9][10][11]王福生.南水北调西线工程的新思路与新方案[J].开发研究,2020(1):1-5.

（原文刊载于《开发研究》2021年第4期）

统筹南水北调西线工程甘肃段
与黑山峡水利工程建设规划方案比选研究

南水北调西线工程方案比选工作加快,为甘肃借南水北调西线建设东风,改变因水资源严重短缺制约发展局面带来了希望。同时,也为统筹解决黑山峡开发争议,兼顾甘宁蒙三省区利益平衡带来了希望。

一 南水北调西线工程对甘肃省的重要意义

甘肃省是西线工程的受水区之一,也是水资源短缺、生态环境脆弱、经济社会发展滞后等问题极为突出的省份。从 20 世纪 50 年代起,甘肃省先后开工建设了引洮工程、景泰川电力提灌工程、引大入秦工程、引硫济金等水利工程,在一定程度上缓解了省内部分地区的生活生产用水,但仍存在很大的局限性。伴随全省经济社会的快速发展,面对与全国同步实现现代化的要求,水资源的需求越来越高,省域内有限的水资源已经不能满足需要。

(一)有利于甘肃构筑西部生态安全屏障

甘肃地处黄土高原、青藏高原和内蒙古高原三大高原交会处,是黄河、长江上游的重要水源涵养区,在保障国家生态安全中具有举足轻重的地位。纵贯河西走廊的祁连山,是黑河、石羊河和疏勒河三大内陆河的发源地,同时阻挡了腾格里、巴丹吉林、库姆塔格三大沙漠的会合和南侵,千百年来维系着沙漠绿洲的生态平衡。甘肃黄河流域绝大部分地区处于 400 毫米等降水量线以西,自然条件差,生态历史欠账多、问题积累多、现实矛盾多。水资源总量短缺、时空分布不均衡、供给结构性矛盾突出，人均和亩均水资源量分别为全国平均水平的 1/3 和 1/5。实施西线工程，无疑将为甘肃注入血液，祁连山生态安全屏障作用将得到保障，河西走廊、新疆东部、内蒙古西部生态环境也将发生历史巨变，甘肃在国家生态安全战略格局中的重要地位将得到提升。

(二)有利于甘肃促进区域经济协调发展

伴随南水北调西线工程解决水资源要素，甘肃陇中、陇东、陇南、河西四大区域迎来协调发展机遇。目前，甘肃中部沿黄流域人口和生产总值占全省比重都在 80%左右，区域经济发展不协调。西线工程实施后，甘肃中部兰州、白银、定西、临夏，有了外调水源的保障，必将助推传统产业优化升级、新兴产业的快速培育，尤其是沿黄流域作为我国石化、有色、冶金和核工业基地，具备了加快发展的条件。甘肃东部平凉、庆阳、天水，通过西线工程保障拟建的白龙江引水工程及引洮工程的水量，可以彻底解决生产生活用水，创造可持续发展的基本条件，加快工业化、城镇化进程。甘肃南部陇南、甘南，西线工程可有效拉动当地投资，使当地生态更优，助推特色农业、旅游业等的发展。甘肃河西地区武威、张掖、金昌、嘉峪关、酒泉，只要西线工程能够水进河西，即可实现再造河西：甘肃未开发的 2 亿亩以上荒地、2.16 亿亩劣化牧草地基本都在河西走廊，人口只有约 500 万，只要有水，土地资源即可变成"活资源"，沿线城市均有发展成大城市的潜力，从而吸引人口聚集；河西走廊可以发展用地需求量大的工业，在工业领域已不可能由国家投资上大项目的今天，唯有利用活化后的土地资源吸引工业投资，培植新的增长点。

(三)有利于甘肃服务国家能源战略

我国已向国际社会宣布了 2030 年实现碳达峰，到 2060 年实现碳中和的减碳战略目标。在这一背景下，甘肃需要发挥自己的优势，服务国家能源战略。甘肃能源资源富集,陇东地区煤炭、石油、天然气资源储量丰富,是我国重要的能源化工基地;河西走廊风光资源优势巨大,已建成装机千万千瓦级的国家新能源基地。南水北调西线工程的实施,可有效破解甘肃能源融合发展瓶颈,为充分发挥地区资源优势创造有利条件。解决了河西走廊水资源瓶颈,将更有条件发展风电、光电、核电,壮大清洁能源产业,大幅提高森林植被覆盖率,发挥减碳作用。解决了陇东地区水资源瓶颈,将更有条件解决当地的污染治理,利于生态环境的修复。

（四）有利于甘肃发挥保障国家粮食安全和边疆安全作用

西线工程有利于保障国家粮食安全。甘肃河西走廊、黄河流域气候多样、光照充足,具备发展现代农牧业得天独厚的基础和条件。现阶段我国常规可开发的耕地空间不大,东中部已无大的土地开发余地,未开发的土地资源主要集中在西北的甘肃、新疆以及内蒙古地区。实施西线工程,将使西北地区大面积的未开垦荒地,特别是河西走廊平坦辽阔的戈壁荒漠变成良田,将为国家粮食安全提供可靠的后备耕地资源。同时,有利于维护边疆长治久安。甘肃是我国沿边九省市之一,少数民族人口占到了全部人口的9%左右。解决水的问题,可以保障民族地区群众基本的生产生活用水,促进民族地区工业化、城镇化进程,加快民族地区现代化的步伐,更好地实现民族团结,保障边疆稳固。

二 国家主要政策走向

（一）国家在战略层面加快了西线工程工作节奏

南水北调西线工程从1959年起进入国家有关规划和文件,但方案一直没有最后确定,没有进入决策及实施层面。2019年起,国家在战略层面加快了节奏。

2019年11月，国务院召开南水北调后续工程工作会议，强调推进南水北调后续工程等重大水利建设，拉动有效投资，促进发展，造福人民，提出"开展南水北调西线工程规划方案比选论证等前期工作"。

2020年1月，习近平总书记主持召开中央财经委员会第六次会议，研究黄河流域生态保护和高质量发展问题，作出关于加强南水北调西线工程规划方案论证和比选的重要指示。

2020年11月，习近平总书记视察南水北调东线工程的源头江都水利枢纽，指出："北缺南丰"是我国水资源分布的显著特点，党和国家实施南水北调工程建设，就是要对水资源进行科学调剂，促进南北方均衡发展、可持续发展。

2021年3月，十三届全国人大四次会议通过《国民经济和社会发展第十四个五年规划和2035年远景目标纲要》，其中明确规定，"深化南水北调西线工程方案比选论证"，实施国家水网、雅鲁藏布江下游水电开发等重大工程。将西线工程与雅鲁藏布江下游水电开发都写入国家五年规划，在历史上是第一次。

2021年5月13—14日，习近平总书记视察南水北调中线，并在河南南阳主持召开了推进南水北调后续工程高质量发展座谈会，要求：审时度势、科学布局，准确把握东线、中线、西线三条线路的各自特点，加强顶层设计，优化战略安排，统筹指导和推进后续工程建设，"加快构建国家水网主骨架和大动脉"。

（二）国家有关部门加快西线工程比选论证新方案步伐

西线方案比选工作在2020年开始加快。水利部作出工作安排，黄委会在2020年4月、5月先后两次开展了方案比选考察。黄河设计院于2020年8月按要求提交《论证报告》，提供了比选新方案；8月27日，黄委会正式向水利部上报优化调整的比选新方案；9月21日，水规总院组织初审；11月3日，《南水北调西线工程规划方案比选论证》通过了水利部水利水电规划设计总院组织的复审。其后,新方案报送国家发改委。目前,国家发改委、中国工程院都在组织西线工程比选论证。

三 黄委会提供决策参考的组合方案及分析

（一）黄委会提供决策参考的组合方案

黄委会 2020 年底在充分论证基础上,提出供决策参考为 170 亿立方米的自流调水选项方案。目前,黄委会推荐西线一期工程调水 80 亿立方米,共拟定了三个方案。

上线方案:通天河侧仿调水 40 亿立方米+雅砻江、大渡河联合调水 40 亿立方米。调水比例降低,综合调水比例通天河 30%、雅砻江为 34%、大渡河为 36%,调水影响大幅度减小。上线调水 40 亿立方米,前期工作已经达到项目建议书阶段,具备先期可研及开工条件。

图1 黄委会西线一期工程上线方案图

二是上下线组合方案:上线雅砻江大渡河联合调水 40 亿立方米+下线大渡河双江口调水 40 亿立方米。上下线方案投资小,单方水投资

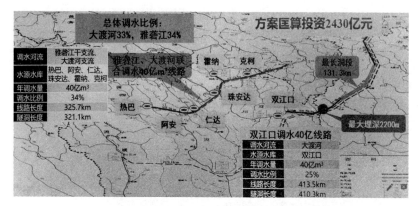

图2 黄委会西线一期工程上下线组合方案图

约30元,工程线路短,工程难度小。上下组合方案有利于调入水量的配置和高效利用,上线调水入黄河后有龙羊峡水库可进行较充分的调蓄,对解决黄河上游的水资源短缺及配置非常有利,下线在岷县入洮河,对甘肃、陕西覆盖范围大,配套工程简单,对高效利用水资源十分有利。

三是下线方案:两河口40亿立方米+双江口40亿立方米。下线后续水源充足,可两头延伸,根据发展需要,可进一步延伸到澜沧江、怒江、雅鲁藏布江等河流调水,加大调水规模,解决河西走廊、新疆等西北地区缺水问题。

(二)以实地考察为依据的对黄委会新方案的分析

1. 历史上的各个方案都是时代条件的产物

在实地考察对比后可看到,都是当时工程技术水平下所能设想的产物。黄委会上线调水方案产生于20世纪50年代,在青藏高原取捷径,从侧仿到贾曲进黄河,线路最短,投资最少,属于高原高线方案;黄委会新方案的下线,则是优化了的环青藏高原边缘的中高线方案。

2. 黄委会新方案的下线是最具科学性、可行性的优化线路

西线工程之所以争论了69年,焦点集中在生态环境影响、工程

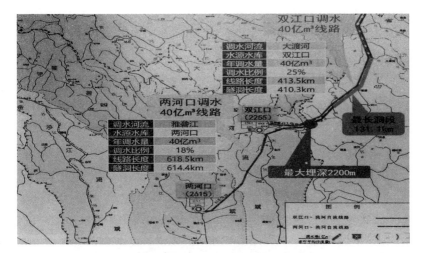

图 3　黄委会西线一期工程下线方案图

安全、库区移民、工程难度及工程投资效益等方面,尤其是四川方面担心的生态安全、工程安全、库区移民问题。黄委会最新的下线调水方案解决了上述关键问题:一是环青藏高原边缘都是降水量大的区域,避免了对高原生态的影响。二是四川境内主要节点都有在建的水电站,基本不产生新的库区移民,而且只要通过打隧道串联起来即可,解决了工程安全问题。三是中国隧道技术已是世界一流,现在盾构机已可打 15 米直径的隧道,在四川和甘肃主要节点均已有在建与建成的水电站的情况下,工程难度大幅降低,工程投资效益明显提高。所以,它属于西北、西南、华北共赢和多赢的方案。

3. 青藏高原腹地生态状况确实已不宜建设高线调水工程

历史上对西线工程的反对意见,主要集中在从青藏高原布线的高线或称上线方案。高原腹地的现场情况表明:一是降水量小,出现荒漠化现象,生态环境已经十分脆弱,趋势不容乐观;二是高原气候寒冷,一年当中有半年的冰冻期,有效调水时间太短;三是高寒气候影响钢

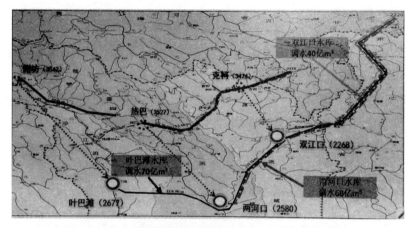

图4 黄委会南水北调西线下移方案图

筋水泥耐受性,加之养护队伍生活不便,后期维护运营成本高。

4. 黄委会新方案对甘肃总体有利

新方案的上线和下线均需要进刘家峡水电站。就甘肃而言:一方面,新方案下线穿过白龙江进洮河,解决了甘肃的引洮工程和拟建的白龙江调水工程的水量保障,能够使定西、平凉、庆阳、天水等中东部区域未来发展一、二、三产业用水无忧;另一方面,有可能使甘肃成为西北水利枢纽,并彻底化解甘肃与周边省区水资源争端。如果设计经刘家峡进河西走廊线路,则可通过黑河向内蒙古分水,经敦煌向新疆分水;如果采用"二黄河"(从刘家峡经兰州新区、白银景泰修一条人工渠进入宁夏中卫)方案,替代黑山峡建高坝,则可解决宁夏用水需求,彻底化解矛盾。

四 黄河黑山峡段开发方案争议及分析

黄河黑山峡段开发因为方案选择难题已经讨论数十年。在新时代,应该以习近平生态文明思想为指引,站在黄河流域生态保护和高质量发展的全局高度,对黄河黑山峡段小观音高坝并大柳树低坝、大柳树高坝、4级低坝三个开发方案,以及最新的以渠代坝"二黄河"方案进行科学论证,就如何科学、合理地保护和开发利用黄河水资源,协调实施南水北调西线工程与黑山峡开发等问题,提出兼顾甘肃、宁夏、内蒙古三省区利益的建议。

（一）黄河黑山峡段开发方案的历史演进

自20世纪50年代以来,我国开展了黑三峡河段水库建设的规划工作。规划的第一个方案是小观音高坝并大柳树低坝方案。1954年,黄河规划委员会编制《黄河综合利用规划技术经济报告》,从坝址地震安全性出发,基于小观音坝址优于大柳树,确定了小观音高坝与大柳树低坝二级开发方案,并经1955年全国人大一届二次会议通过。1969年刘家峡水库建成运行后,1975年正式将甘肃靖远黑三峡小观音高坝列入国家基本建设新建项目。后因发电需求已不再突出,又存在淹没自然遗产、淹没土地、需要移民等诸多因素工程搁置。1981年宁夏回族自治区向国务院提出请求建设大柳树水利枢纽。1992年水利部向国务院上报关于报送黄河黑山峡河段开发方案论证的报告,正式推荐大柳树高坝一级开发方案。2005年、2008年、2014和2020年,甘肃省政府四次向国务院上报关于调整黄河黑山峡段开发规划的函或请示,表明甘肃省积极配合水利部黄河水利委员会,希望科学合理明确新时期黄河黑山峡段功能定位和选择开发方案。

（二）对黑山峡开发应尊重中国科学院报告与国家973项目意见

中国科学院地学部于2009年设立了"黄河黑山峡段开发问题调研"咨询课题,组织多名院士专家就坝址地震安全、泥沙输移与河道淤积、防凌防洪、水资源调配、灌溉与生态、水库淹没与移民等问题进行了现场考察调研,形成了《关于黄河黑山峡段开发问题的建议》咨询报告。该报告客观公正,科学释清了高坝方案与低坝方案两种意见及其利弊。低坝方案的缺陷主要是在发电等经济效益方面较低,尤其是不能在宁夏境内形成大面积新灌区;高坝方案的缺陷是在库区上游产生淹没自然遗产、淹没耕地,并需要进行大量移民搬迁,在库区下游则可能加剧粗泥沙"淤积于内蒙古河段"等生态安全方面的后果。

2011—2015年,中国科学院寒旱所、地理资源所、湖泊所和清华大学、兰州大学、黄委会黄科院等单位的专家学者,承担并完成了国家重点基础研究发展计划(973计划)项目《黄河上游沙漠宽谷段风沙水沙过程与调控机理》报告。该科研报告论证了在黄河上游1080公里沙漠宽谷段,内蒙古河段已形成的200余公里"悬河"是历史悬河,而不是新悬河;造成黄河上游沙漠宽谷地上悬河的粗泥沙属于"沙漠源",即地上悬河乃是由于长期以来乌兰布和沙漠输移沙漠沙、库布齐沙漠输送粗泥沙而形成;报告查明了内蒙古河段65%~85%泥沙粒径大于0.08毫米,通过科学分析,证明洪峰难于悬移河床粗泥沙;报告提出宁蒙沙漠宽谷段粗泥沙不能下输,只能按照"就源治理"的思路解决黄河泥沙问题。

黑山峡若建大柳树高坝引黄河水形成新灌区,造成日常来水减少,会加剧内蒙古河段水沙矛盾。可能使粗泥沙增多加剧"悬河",其结果不是"有利于遏制悬河发展态势,有效调节黄河水沙关系,减少泥沙淤积,稳定下游河床,减轻下游负担",而是加剧内蒙古段地上"悬河"等生态危险,产生严重后果。

(三)建设高坝不利于实现黄河流域生态保护和高质量发展

目前黄河水资源总量短缺形势十分严峻。在"87分水方案"时,黄河水资源总量为年580亿立方米。但是近几年黄河上游来水却持续减少,2000年至2018年,平均上游来水只有463亿立方米,水资源总量减少了100多亿立方米。黄河上游的水资源利用率达80%,远超国际公认的 40%的红线标准。黄河上游主要湖泊面积萎缩 30%,地下水严重超采。黄河支流断流非常严重,有的支流只是在人为干预下,近几年才没有断流。经测算,目前通过节水措施已经不能解决黄河水量严重不足的问题。

所以,黄河流域现在的主要问题是缺水而不是缺坝,亟待用扩大增量的办法化解矛盾,而不宜更多开发存量而使水量矛盾加剧。从黄河上游的青海、甘肃、四川、宁夏、内蒙古,到中游的陕西、山西和下游的河南、山东,9 个省区当中有 8 个缺水,甚至是极度干旱缺水。在流域内现有水量及已建成系列水电大坝条件下,黄河已经多年没有发生防汛洪峰、蓄水、堤防安全等方面的明显问题,而是普遍喊"渴"。如果不能通过上马南水北调西线工程,解决增量水源,仅在黑山峡段建设高坝,其结果只能是局部地区在改造荒漠、增加灌区、改善生态环境等方面受益,而在上游、下游的更大区域产生其他更多尖锐问题,不利于实现黄河全流域生态保护与高质量发展。

五 甘肃统筹应对西线工程与黑山峡河段开发的对策

南水北调西线工程是中国有待实施的受益面最广、影响面最大的历史性工程。在习近平总书记就南水北调工程发表了重要讲话的今天,已经解决了重要性、必要性和基本遵循,现在的主要任务就是怎么落实,研究甘肃怎么办。

(一)紧紧抓住"加快构建国家水网"机遇,争取南水北调西线延伸至河西走廊内陆河流域

黄委会新方案一期已经考虑了西线调水进石羊河,但还需要争取向黑河、疏勒河流域延伸,争取调水量增加到 20 亿立方米以上。需要加快与水利部、黄委会西线办的沟通和协调。一方面,着重强调河西走廊在西部生态安全屏障中的重要作用,西线若进河西走廊,可以

保障石羊河流域的青土湖、黑河流域额济纳旗东西居延海、疏勒河流域哈拉诺尔湖等尾间生态性补水。另一方面,利用西线工程水资源分配向国家重点战略安全工程倾斜的意见,争取西线分水方案增加甘肃白银、金昌、酒泉等地涉及国家安全的能源化工、有色金属等重点领域的水资源配额。

(二)争取统筹安排黑三峡河段开发与南水北调西线工程,采用"以渠代坝"方案进宁夏,避免高坝大库对生态环境的影响

黄河黑山峡河段开发工作,应采纳《黄河流域综合规划(2012—2030)》关于黑山峡河段开发工程决策宜结合南水北调西线调水工程考虑的安排,采用"以渠代坝"方案:一是可以利用"引大入秦"引水工程线路,将南水北调高线调水方案来水,从龙羊峡水库(海拔2600米)—青海大通河—天堂寺(海拔2300米)向兰州新区(海拔1800米)、景泰(海拔1600米)、宁夏等地高线自流调水;二是以刘家峡水库(海拔1730米)为起点,采用渡槽、涵洞等方式向景泰等地自流调水(图5)。在景泰设立分水工程,一条线进入甘肃河西走廊、内蒙古阿拉善左旗右旗,另一条线进入宁夏中卫,实现精确调水,精准用水。既实现了向宁夏调水的目标,又减少了修建高坝大库对生态环境的破坏和影响,是经济效益与生态效益双赢的举措。

(三)建议国家对黑山峡开发高坝方案与内蒙古段地上"悬河"的因果关联进行水工模型试验分析,避免造成历史性遗憾

黄河流域各省区段的生态安全,需要作千年大计的统筹考虑。历史上中科院《建议》、973项目两个权威报告被搁置,对报告阐释的黄河宁蒙段的水沙关系,国家各部门、新闻媒体以及受影响的内蒙古地区等有关各方均不了解。在中国科学院《建议》中列出了有关分析:由于内蒙古河段河床泥沙粒径粗,河岸沙质松软,大流量洪峰通过时难以冲刷河床,但容易冲刷河岸,常引起河岸崩塌。理论模拟分析指出,

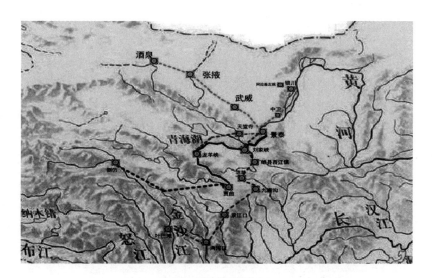

图5 南水北调西线调水景泰分水工程设想图

大流量洪峰过程通常"冲刷宁夏河段,淤积于内蒙古河段"。历史上多次发生中长洪水,造成内蒙古巴彦高勒—头道拐河段严重淤积的冲淤效应。

模型试验是科学试验中一项重要的研究方法和专门技术。依据国家相关规范规定,大型的水利工程,必须进行水工模型试验,故长期以来,水工模型试验是水利工程建设中不可缺少的有力手段。基于内蒙古段河岸河床演变的特殊性,应针对黑山峡开发高坝方案与内蒙古段地上"悬河"的因果关联关系开展水工模型试验、计算机数值模拟技术等,对建高坝给内蒙古段带来的日常来水减少、大坝人造洪峰两重因素叠加可能因床沙粗化而使"悬河"更加恶化的风险性进行评估,通过物理模拟、数学模拟、量化分析后再下结论。否则,由于对内蒙古河段河岸河床演变的科学论证不足,仓促建设高坝,有可能成为中华民族治黄史上永久的痛点。

（四）对高坝方案淹没损毁景泰黄河石林国家地质公园等自然遗产和丝绸之路文化遗产问题，拿出前置性保护和解决方案

黄河是中华民族重要的地理标识、文化标识和精神标识，保护、传承、弘扬黄河文化是中华民族文化发展的永恒主题。黄河河谷是黄河文化的重要载体，有许多不可再生的自然遗产和文化遗产。黑山峡开发若采用高坝方案，将淹没景泰黄河石林国家地质公园，使正在申报的黄河石林国家地质公园为世界地质公园项目叫停，从而使生成于400万年前、面积30平方公里、我国现存的第三纪地质的孤本毁于一旦。同时高坝方案还将淹没损毁古丝绸之路中段北路重要通道五佛沿寺、北武当、古渡口、明代黄渠等一批宝贵的丝路遗迹。

（五）对黑山峡河段开发涉及的甘肃重要沿黄生态经济带重建、景电工程等水电工程重建、移民搬迁等严峻问题，争取上升到国家战略规划层面统筹解决

黑山峡河段开发涉及问题十分复杂。一是涉及甘肃重要的沿黄生态经济带重建，包括正在建设的循环化工产业基地、生物医药产业基地、特色新材料产业基地、煤炭储运交易转化产业基地等，其重建所面临的经济、生态、民生等新问题十分严峻。二是涉及甘肃省的景电工程、兴电工程、双永工程等241座提灌站受损严重，需要异地选址重建，直接关系300余万亩灌区和30万人的用水安全。三是涉及甘肃省靖远县、景泰县和平川区近12万人大规模移民。目前这些地区的农民已经脱贫致富，有些已初步达到生活富足的水平，高坝建设使这些地区成为淹没区，已脱贫致富的农民要搬迁到新的地区，由此带来的不可控因素很多。对这些重大的经济、生态、社会和民生问题，需要在国家层面统筹解决。

六 近期主要工作方向及建议

（一）坚定支持黄委会西线工程双线并行或单一下线方案，以及"先做中间，两端延伸"南水北调西线思路

南水北调西线下线是珍珠链方案，投资少见效快，基本不涉及新建大坝、新增移民，主要是隧道串联，也不涉及生态破坏。如果能推动尽快上马，解决白龙江引水工程、引洮工程水量，中东部发展问题就解决了。

南水北调西线"先做中间，两端延伸"，先做容易的，取得成功后，再二期怒江、三期雅江。这样，既解决了长委会的顾虑，也与国家十四五规划"实施雅江下游水电开发"结合了起来。

（二）向黄委会建议增强建设上线的必要性，利用上线海拔高的优点解决湟水流域、河西走廊用水为主

西线工程如果以向黄河甘肃段以下及中下游调水为目的，采纳下线方案即可解决，没有必要建设上线。建设上线，应利用上线海拔高的优点，以解决青海湟水流域、甘肃河西地区用水为主，进而解决内蒙古西部、新疆东部用水。这样，就可以充分发挥现有水利工程的作用，经湟水进大通河，再充分利用已有的"引大入秦"工程，经兰州新区，在白银景泰分水到河西走廊，再延伸至内蒙古、新疆。

（三）力争南水北调西线上、下线均进河西走廊，将刘家峡打造为西线工程中心分水枢纽

南水北调西线下线只要进甘肃，利用引洮工程和拟建的白龙江引水工程，陇中、陇东缺水问题自然就解决了。所以，应将甘肃省诉求集中于西线上、下线均进河西走廊三大内陆河流域，枝节问题可先不提。

黄委会新方案的上线和下线均需要进刘家峡水电站，如果将其打造为中心分水枢纽，有助于化解西北省区水资源争端。若设计经刘

家峡进河西走廊线路,则可通过黑河向内蒙古分水,经敦煌向新疆分水;如果采用"二黄河"替代黑山峡建高坝,则可解决宁夏用水需求,彻底化解矛盾。同时,也可以缓解黄河兰州段、白银段防洪压力,兼顾各方利益。

(四)大力宣传"二黄河"进宁夏方案,站在情与理的制高点

由于宁夏方面对黑山峡建高坝,已经不止于解决用水需求,所以,甘肃若宣传采用从刘家峡经兰州新区、白银景泰修一条人工渠进入宁夏中卫"二黄河"方案,替代黑山峡建高坝,解决宁夏用水需求,保障其干旱缺水区域的可持续发展。这样,既有助化解"甘肃长期不同意筑坝影响宁夏发展"的恶意网络舆情,站在情与理的制高点;也有助以间接方式向国家提高甘肃的权益诉求。

(五)向国家高姿态建议在河西走廊解决西线调水移民,强调其有益于边疆安全

向国家建议结合西线工程进河西走廊疏勒河流域,在敦煌市毗邻新疆的地区,统筹解决南水北调西线调水的移民搬迁问题,强调其有益于国家边疆安全和战略安全。同时,也借此促进西线工程进敦煌及疏勒河流域。这是双赢的建议,人口也是生产力,应该主动承接安置西南库区人口,同时安置本省区的西线工程库区人口。

(原文系甘肃省政府决策咨询委员会 2021 年度委托课题,2021 年 12 月结项。课题负责人:王福生,课题组成员:王建兵 李晶 李振东 何剑 胡苗 徐吉宏)

五 智库建设

发挥智库重要作用　凝聚全面改革共识

党的十八届三中全会通过的《中共中央关于全面深化改革若干重大问题的决定》，深刻剖析了我国经济社会发展面临的重大改革实践问题，描绘了我国全面深化改革的新蓝图，是我们党在新的历史起点上全面深化改革的科学指南和行动纲领。社科理论工作者要增强使命感和责任感，充分发挥熟悉政策理论和专业学科集中的优势，积极投身于全面深化改革理论和实践的探索前沿，充分发挥哲学社会科学创新理论、咨政服务、推动发展的重要作用，最大限度地凝聚深化改革的共识。

一　围绕改革新任务积极开展理论研究

习近平总书记指出："改革是由问题倒逼而产生，又在不断解决问题中而深化。"伴随着新一轮改革实践的不断深入，一系列新的实践课题迫切需要研究，人民群众关心的热点和难点问题需要解疑释惑。社科研究机构需要充分发挥学科齐全、专家学者集中的理论研究优势，积极组织社科理论工作者紧紧围绕新一轮改革实践，围绕"五位一体"的社会主义建设事业的总体布局，深入开展理论研究，为全面深化改革实践提供理论保障和智力支持。一是要以全面深化改革实践中的重大问题为导向，围绕改革的关键环节和难点问题开展理论研究。社科理论工作者应该以强烈的问题意识，围绕全面深化改革过程中的重大实践问题开展理论研究，通过一系列具有前瞻性和指导性的理论研究成果，把党的十八届三中全会提出的指导思想和目标任务转化为具有操作性的工作思路，为解决甘肃省经济社会发展中的突出矛盾和问题服务，全面深入贯彻落实党的十八届三中全会精神。二是紧紧围绕政府决策的难点问题和人民群众关注的热点问题，加强重大问题的决策咨询研究。把理论研究同解决实际问题结合起来，使理论研究成果更好地转化为各级政府的工作思路，转化为干部群众的自觉行动。社科理论工作者只有真正深入全面深化改革实践的最前沿，才能获得鲜活的理论研究选题，只有通过理论研究不断推动理论创新，才能真正发挥哲学社会科学认识世界和改造世界的重要作用，社会科学研究机构的"思想库"和"智囊团"的作用才能真正得到充分体现。

二 聚焦改革新实践，积极开展调查研究

当前，我国发展进入新阶段，改革进入攻坚期和深水区。全面深化改革是一项系统的艰巨工程，需要不断从第一线总结经验。党的十八届三中全会指出："鼓励地方、基层和群众大胆探索，加强重大改革试点工作，及时总结经验，宽容改革失误，加强宣传和舆论引导，为全面深化改革营造良好社会环境。"社科研究机构需要发挥优势学科、新兴学科和交叉学科集中的优势，积极组织社科理论工作者深入全面深化改革实践的前沿，运用多学科的视角开展调查研究，及时总结人民群众在全面深化改革实践中创造的鲜活经验。一要充分发挥哲学社会科学在试验研究和典型案例研究方面的独特优势，及时对人民群众在全面深化改革实践中创造的新经验、新举措作出科学的总结和理论概括，充分发挥调查研究在榜样示范、典型引领方面独特的作用。二要将国情、党情、社情、民情的调查研究与理论研究有效结合起来。国情、党情、社情和民情的调查研究，是推动理论创新的基础。

社科理论工作者要把基础理论研究和应用对策研究有效结合起来，在充分调查研究基础上，提出具有可行性和操作性的对策建议，有效发挥调查研究在开拓思路、预判形势、把握规律、科学决策中的应有作用。三要把调查研究的重心放在人民群众最关心、最现实、最迫切的问题方面。围绕教育、医疗、就业、收入分配等重点民生问题，开展深入的调查研究，运用社会科学舆情调查研究方法，及时反映人民群众的呼声、诉求和期盼。通过深入的调查研究梳理社情民意，为化解社会矛盾、解决关系人民群众切身利益问题提供有益的视角和决策参考。

三 围绕文化体制改革新任务，弘扬社会主义核心价值体系

党的十八届三中全会强调："紧紧围绕建设社会主义核心价值体系、社会主义文化强国，深化文化体制改革，加快完善文化管理体制和文化生产经营机制，建立健全现代公共文化服务体系、现代文化市场体系，推动社会主义文化大发展大繁荣。"社会主义核心价值体系是实现中国梦的重要精神动力和支撑，社会科学研究机构作为传播中华民族传统优秀文化、弘扬中国特色社会主义先进文化的重要阵地，社科理论工作者作为弘扬社会主义核心价值体系的重要力量，应该积极投身于文化体制改革实践，以高度的文化自觉和文化自信，大力弘扬社会主义核心价值体系。一是要充分利用文化传承和创新方面的独特优势，加强中华民族传统优秀文化研究，不断挖掘中华民族传统优秀文化中有益于促进社会主义核心价值体系建设的合理元素，并赋予新的时代内涵和文化样式，进而增强社会主义核心价值体系的影响力。二是要积极探索社会主义核心价值体系传播途径与表达方式。通过文化研究、文艺作品创作等多种形式，把社会主义核心价值体系的内容体现在文化研究成果、文艺作品和文化传播等各个

方面;善于把握时代特征和人民群众的审美需求,围绕人民群众的精神文化需求,用人民群众喜闻乐见的形式和通俗易懂的语言,阐释和宣传社会主义核心价值体系, 使社会主义核心价值体系真正成为整个社会精神生活的主旋律。

(原文刊登于《甘肃日报》2013 年 11 月 22 日理论版)

努力向现代特色高端智库转型

　　《甘肃蓝皮书》已走过了十年历程,规模由最初的 2 种发展到如今的 10 种,影响由最初甘肃省社会科学院(以下简称省社科院)的科研平台发展成为如今的甘肃省内智库的第一品牌。《甘肃蓝皮书》的诞生与发展,充分展现了传统社会科学研究机构向现代特色智库、高端智库转型的历程。

　　2004 年中央下发《关于进一步繁荣发展哲学社会科学的意见》,把繁荣发展哲学社会科学提到党和国家事业发展的战略高度,明确了哲学社会科学"认识世界、传承文明、创新理论、咨政育人、服务社会"的职能定位和重要作用,指出地方社会科学研究机构应主要围绕本地区经济社会发展的实际,开展应用对策研究。为了贯彻落实《意见》精神,甘肃省委下发《关于繁荣发展哲学社会科学的实施意见》,明确指出,省社科院主要围绕省委、省政府中心工作开展应用对策研究。省社科院按照这一要求,提出了"六个以"的办院方针,积极建构发挥省委、省政府"思想库"和"智囊团"作用的长效机制,努力探索服务甘肃经济社会发展的可行路径,倾力打造发挥智库功能为省委、省政府决策服务的战略平台。经过两年的酝酿和探索,在"十一五"开局之年的 2006 年,省社科院编研的《甘肃经济社会发展分析与预测》和《甘肃舆情分析与预测》面世,引起社会各界的热烈反响,标志着《甘肃蓝皮书》的正式诞生。至"十一五"末,《甘肃蓝皮书》规模已由原来的 2 种增加到 5 种,覆盖了经济、政治、社会、文化、县域等研究领域,成为甘肃省委、省政府及有关部门的参考资料和决

策的依据，成为省内各级人大代表、政协委员、专家学者和社会各界非常重视的民主决策、参政议政、科学研究和认识省情的重要参考书。

"十二五"期间，省社科院又确定了"拓展合作领域、扩展编研规模、壮大编研队伍、提升编研水平、加强成果转化"的蓝皮书编研思路。甘肃省社科院首倡西北五省区社科院联合编研出版《西北蓝皮书》。这一倡议得到了陕西、宁夏、青海、新疆等省区社科院的一致赞同。2011年首部《中国西北发展报告》诞生。《西北蓝皮书》的编研和出版发行，使甘肃省社科院系列蓝皮书的研究拓展到了丝绸之路的国内主要区域。从2014年起，甘肃省社科院先后主动与省住房和城乡建设厅、省民族事务委员会、省商务厅、省统计局、酒泉市政府等积极合作，共同编研出版了住建、民族、商务、酒泉等四种蓝皮书，使《甘肃蓝皮书》拓展到了重要行业和地区。到"十二五"收官之年的2015年，省社科院蓝皮书系列丛书已由最初的2种发展到了现在的10种之多，《甘肃蓝皮书》已经成为服务党委政府决策和全省经济社会发展的甘肃智库的第一品牌、甘肃社会科学界的学术品牌、甘肃文化领域的标志品牌、甘肃一些重要行业及市州工作的展示品牌。

展望未来，伴随国家和省上对建设特色新型智库、高端智库的日益重视，《甘肃蓝皮书》的作用和影响也将更加突出。2014年11月，中共中央办公厅、国务院办公厅印发《关于加强中国特色新型智库建设的意见》，要求充分发挥中国特色新型智库咨政建言、理论创新、舆论引导、社会服务、公共外交等重要功能，明确了社会科学院在特色新型智库体系中的重要地位。《甘肃蓝皮书》作为甘肃省社科院打造陇原特色新型智库的核心载体，也将开启服务省委、省政府决策、为甘肃经济社会发展提供智力支撑的新航程。

（原文刊登于《甘肃日报》2016年1月15日理论版）

2021 年度《甘肃蓝皮书》总序

《甘肃蓝皮书》是甘肃省社会科学院倾力打造的全面反映甘肃经济、政治、社会、文化、生态等各领域发展最新情况的智库研究成果转化平台。多年来，在省委、省政府及有关部门、单位的支持下，经过全院科研人员的合力攻坚，《甘肃蓝皮书》研究成果日益丰富，社会影响力日益扩大，已由最初的院内科研平台，发展成为如今的甘肃省内智库服务党委政府决策和全省经济社会发展的重要品牌、社会科学的学术品牌，思想文化领域的标志品牌，甘肃有关部门、行业和地方工作成就的展示品牌。

《甘肃蓝皮书》的诞生与发展，生动记录了甘肃省经济社会的巨大变迁和人民群众关注点的时代变化，充分展现了传统社会科学研究机构向现代特色智库、高端智库、数字智库转型的发展历程。2006年《甘肃经济社会发展分析与预测》《甘肃舆情分析与预测》面世，标志着《甘肃蓝皮书》正式诞生。至"十一五"末，《甘肃社会发展分析与预测》《甘肃县域和农村发展报告》《甘肃文化发展分析与预测》相继面世，《甘肃蓝皮书》由原来2种增加到5种。2011年首倡甘肃、陕西、宁夏、青海、新疆西北五省区社科院联合编研出版《中国西北发展报告》。从2014年起，甘肃省社科院加强与省内重要部门和市（州）合作，先后与省住房和城乡建设厅、省民族事务委员会、省商务厅、省统计局、酒泉市共同编研出版《甘肃住房和城乡建设发展分析与预测》《甘肃民族发展报告》《甘肃商贸流通发展报告》《甘肃酒泉经济社会发展报告》。2018年与省精神文明办、平凉市合作编研出版《甘肃精神文明发展报告》《甘肃平凉经济社会发展报告》。2019年与省文化和旅游厅、临夏州合作编研出版《甘肃旅游业发展报告》《临夏回族自治州经济社会发展形势分析与预测》。2020年与兰州市合作编研出版《兰州市经济社会发展形势分析与预测》,与宁夏、青海、甘肃、内蒙古、陕西、山西、河南、山东等省区社科院合作编研《黄河流域蓝皮书——黄河流域生态保护和高质量发展报告》。至此《甘肃蓝皮书》的编研出版规模发展到16本,涵盖了经济、政治、社会、文化、县域、住建、商贸、旅游、民族等领域,地域范围从省内市(州)拓展到"丝绸之路经济带"、黄河流域的国内主要相关区域。

2020年《甘肃蓝皮书》继续秉持稳定规模、完善机制,提升质量、扩大影响的编研理念,在选题和框架设计方面,紧密结合世情、国情、党情及省情实际,围绕中心、服务大局,紧跟时代、反映当下。《甘肃蓝皮书》始终坚持追踪前沿、创新驱动、服务党委政府宗旨,坚定不移走高质量发展之路。一是密切跟踪学术前沿,持续拓宽研究视野,及时掌握新思想、新观点、新论断,坚持基础研究和应用研究并重,突出《甘肃蓝皮书》优势、特色。二是坚定开放合作,更好利用省内外创新资源,提升创新能力,大力促进大数据、云平台、人工智能等技术与社科研究渗透融合,建构数字化时代蓝皮书编研体系,驱动《甘肃蓝皮书》向更高质量、更高水平发展。三是面向全省发展需求,聚焦全局性、战略性和前瞻性的重大理论与现实问题,为党委政府决策和社会提供事实依据充分、分析深入准确、结论科学可靠、对策具体可行的研究成果,促使《甘肃蓝皮书》更加"接地气"。

在"十四五"时期,甘肃省社会科学院作为省属综合性社会科学研究机构和智库,将立足新发展阶段,贯彻新发展理念,进一步聚焦甘肃"十四五"时期经济社会发展的重大问题,开展应用研究、战略研究、对策研究,切实发挥好决策咨询、资政建言、服务党委政府作用,沿着打造西部最具国内外影响力的现代特色智库、高端智库、数字智库的方向扎实迈进。

凝心聚力著华章,守正创新谱新篇。相信在各方共同努力下,《甘肃蓝皮书》将继续提升学术影响力和品牌知名度,展现"甘肃风格",彰显"陇原品质",成为服务党委政府科学决策更有价值的参考书,成为深度了解和认识甘肃省情的重要窗口,从而为加快建设幸福美好新甘肃、不断开创富民兴陇新局面提供智力支持和理论支撑。

(原文为 2021 年度系列《甘肃蓝皮书》的总序,社科文献出版社 2020 年 12 月出版)

六 思想文化

关于构建社会主义和谐社会需要把握和处理好的几个关系

党的十六届六中全会通过的《关于构建社会主义和谐社会若干重大问题的决定》，是在我们党的历史上，第一次专门就社会建设问题出台的决议。进入新世纪以后，中国的现代化进程处在一个极为关键的历史时期，随着改革开放事业的向前推进，人口、资源和环境问题日益突出，制约了经济社会的协调发展；体制改革进入攻坚阶段，面对深层次矛盾长期攻而难克。解决大问题需要大智慧，在这样特定的时代条件下，我们党从中国特色社会主义事业总体布局和全面建成小康社会全局出发，提出构建社会主义和谐社会的重大战略任务，是对社会主义建设规律的新探索，是对邓小平理论和"三个代表"重要思想的新发展。

学习和落实《决定》，既需要做深入的理论思考，又需要结合实际做有针对性的研究。这样才能保证在贯彻和落实中，减少盲目性，增强科学性，避免极端化的观点的误导，克服形式主义的操作方式。当前和今后一个时期，从理论和实践结合的要求出发，学习贯彻《决定》应该把握和处理好八个关系。

一　需要处理好全局性与局部性的辩证关系

构建社会主义和谐社会，包括两层相互联系和相互区别的含义，一层是从"大社会"角度，也就是从全局性讲的；一层是从"小社会"角度,也就是从局部性讲的。"大社会"角度的和谐社会建设,是包括经济建设、政治建设、文化建设在内的全部社会建设,是从社会主义建设总体布局的意义上讲的。"小社会"角度的和谐社会建设,是指相对于经济建设、政治建设、文化建设而言与之并列的社会建设,是从社会主义建设总体布局的一个重要方面和解决 21 世纪头二十年全面建成小康社会的现实问题的角度讲的。这两层含义,既相互联系,密不可分;又相互区别,不能混淆。

六中全会《决定》既从"大社会"着眼,对构建社会主义和谐社会涉及的经济、政治、文化、社会建设等领域提出了要求,强调要把和谐社会建成落实到党和国家全部工作之中;又明确提出要从"小社会"入手,并从作为社会主义建设整体布局的重要方面和 21 世纪头二十年全面建成小康社会的目标要求出发部署和谐社会建设,注意了社会建设与经济建设、政治建设和文化建设密不可分的联系。《决定》确立的构建和谐社会的指导思想、目标任务、基本原则和主要举措等,都体现了社会建设与经济、政治和文化建设,"小社会"与"大社会",全局性与局部性不可分割的辩证关系。因此,在实际工作中,我们需要把握好"大社会"与"小社会"、全局性与局部性的辩证统一。既要从全局性着眼,把和谐社会建设落实到包括经济建设、政治建设、文化建设、社会建设和党的建设等在内的全部工作当中,不能脱离了经济建设、政治建设和文化建设去搞和谐社会建设;又要从局部性着手,"以解决人民群众最关心、最直接、最现实的利益问题为重点",努力发展社会事业,促进社会公平正义,建设和谐文化,完善社会管理,增强社会创造活力,推动社会协调发展。

二 需要处理好长期性与阶段性的辩证关系

和谐是一个历史范畴,构建和谐社会贯穿于社会主义社会整个历史过程,同时又需要在每个阶段去解决相应的具体问题,是长期性与阶段性的辩证统一。

我们首先要深刻认识构建和谐社会的长期性。所谓长期性,是指和谐社会是社会主义事业全过程的目标。和谐社会的实现不可能是瞬息之间、一蹴而就的,它受到经济政治文化发展水平的制约,是一个历史的发展过程。对于实现和谐社会的长期性,我们需要有清醒的估计,这样才能在理论上避免陷于空想社会主义,在工作中避免犯"左"的错误,避免历史上经常发生的简单化和急躁冒进。

其次,需要深刻认识构建和谐社会的阶段性。所谓阶段性,是指构建和谐社会在 21 世纪头二十年即到 2020 年所要达到的目标,这个阶段的目标和全面建成小康社会的目标相一致、相衔接。我们进行的构建社会主义和谐社会,是在全面建成小康社会的背景和进程中展开的。因此,构建和谐社会的目标任务与建设小康社会的目标任务在实质上是一致的。关于构建社会主义和谐社会的阶段性目标任务,《决定》概括了九条:社会主义民主法制更加完善,依法治国基本方略得到全面落实,人民的权益得到切实尊重和保障;城乡和区域发展差距扩大的趋势逐步扭转,合理有序的收入分配格局基本形成,家庭财产普遍增加,人民过上更加富足的生活;社会就业比较充分,覆盖城乡居民的社会保障体系基本建立;基本公共服务体系更加完备,政府管理和服务水平有较大提高;全民族的思想道德素质、科学文化素质和健康素质明显提高,良好的道德风尚与和谐的人际关系进一步形成;全社会创造活力显著增强,创新型国家基本建成;社会管理体系更加完善,社会秩序良好;资源利用效率显著提高,生态环境明显好转;实现全面建设惠及十几亿人口的更高水平的小康社会目标,努力形成全体人民各尽其能、各得其所而又和谐相处的局面。实现这些阶段性目标任务需要做艰苦的努力,不是轻而易举能够达成的,有大量复杂的问题亟待解决。

在把握构建和谐社会的长期性和阶段性辩证关系上，我们既要看到和谐社会的实现是一个长期的历史任务，不能变成虚构的乌托邦；又要清楚我们所要构建的和谐社会总是在一定的阶段性和层次性上讲的，脱离了阶段性，就会使和谐社会成为一个遥不可及的目标，不利于调动人民群众的积极性和创造性。

三　需要处理好相对性与绝对性的辩证关系

在构建社会主义和谐社会问题上，历史要求我们以高度的理性，认识和把握相对性和绝对性的辩证关系。和谐是一个相对范畴，如果把和谐范畴绝对化，理论上是相悖的，实践中结果可能是相反的。

唯物辩证法的矛盾学说告诉我们，任何事物都是矛盾的统一体，矛盾无处不在，矛盾无时不有。同一性和斗争性是矛盾的两大基本属性，矛盾的同一性和斗争性之间既相互区别，又相互联结，共同推动事物的发展。所以，和谐与不和谐是一个矛盾的统一体，和谐总是相对的，这是矛盾的同一性和斗争性的原理所告诉人们的，在任何时候我们都应坚持马克思主义的基本理论。那种把和谐描写成可以是完全的、充分的、彻底的，试图把和谐绝对化的观点，缺乏理论依据，更不符合中央的精神。我们所要建设的社会主义和谐社会，也即《决定》作为构建社会主义和谐社会的总要求明确提出的：民主法治、公平正义、诚信友爱、充满活力、安定有序、人与自然和谐相处。这清楚地表明，我们所要构建的社会主义和谐社会是指社会的体制安排、运行机制和实际状态，都处于一种良性、协调运转和发展的状态，而不是试图建立一个无矛盾、无差别的社会。在工作中把握相对性和绝对性的辩证关系，应对两个问题具有清醒认识：首先，我们追求的和谐社会是建立在社会多元化的基础之上的，而且当今社会的经济成分、价值观念、文化生活和个人追求等的多元化趋势还在扩展,构建和谐社会需要顺应这个趋势,而不能与之相悖。其次,和谐表现为稳定,但稳定不等于和谐。改革发展需要稳定,"稳定压倒一切",和谐社会的直接表现毫无疑问是社会稳定,但不能因此把稳定等同于社会和谐,高度集中的计划经济时代也曾长期稳定,那是以社会发展失去生机和活力为代价的。

四 需要处理好可能性与现实性的辩证关系

和谐是一个具体范畴,在构建社会主义和谐社会的进程中,需要我们时刻把握好可能性与现实性的辩证统一。按照唯物辩证法的基本原理,构建和谐社会既是可能的又是现实的,是一个不断由可能到现实、由现实向可能转化的历史过程。

现实性要求我们量力而行。构建和谐社会需要从现实出发,而不是从可能出发。我们应认识到,历史只能提出和解决它能够解决的问题,从根本上说,社会、政治、经济、文化的发展程度如何,和谐社会建立和实现的程度也就如何,它不取决于人们的主观意志和善良愿。一方面,经济的发展水平当然不等于社会和谐的水平。和谐社会不是经济发展的自然结果,如果不能伴随经济发展同时解决社会公平、民主政治和精神文明等层面的问题,就不可能有和谐社会。另一方面,经济、政治、文化的整体发展程度决定了社会和谐的水平。一个社会的经济文明、政治文明、精神文明的实际发展水平体现了它的进步程度,也决定了社会和谐的层次是处于高层次还是处于低层次。我们所要构建的和谐社会既是建筑在经济发展基础上的社会,也是建筑在不断发展的社会主义民主政治和文化事业基础上的社会。所以,构建和谐社会必须一切从实际出发,在工作中坚持实事求是的思想路线,从解决现实的、直接的经济政治和文化的问题入手,以客观务实的态度确定目标任务和制定政策措施。

可能性要求我们尽力而为。构建和谐社会需要在现实的基础上，充分发掘可能性，不断提高社会和谐的水平。这就要求我们在实际工作中充分发挥主观能动性，以科学发展观为指导，围绕发展这个第一要务，在推动经济社会全面发展的过程中，逐步解决好"五个统筹"的问题，克服前进中的各种障碍，争取好的可能性，避免坏的可能性，使构建和谐社会的进程不断由低到高向前发展。

五 需要处理好高效性与公平性的辩证关系

社会要和谐，首先要发展。在构建社会主义和谐社会进程中，我们所要不断追求的是高层次的和谐，不是低水平的和谐。而要不断实现高层次的和谐，关键是要把蛋糕做大，而后是把蛋糕分好。社会发展因此就需要有动力、活力，同时又要促进社会公平正义，这就要求我们处理好高效性与公平性的辩证关系，也即要处理好效率和公平的关系。

改革开放以来，我们实行了允许一部分地区和一部分人先富裕起来及"效率优先，兼顾公平"的方针政策，逐步确立了以公有制为主体、多种所有制经济共同发展的基本经济制度，实行与之相适应的以按劳分配为主体、生产要素按贡献参与分配等多种分配方式并存的分配制度，建立和完善了社会主义市场经济体制。 通过打破平均主义并走出计划经济体制，释放和激发了社会活力，解放和促进了生产力的发展。但同时，也出现了垄断行业收入过高、非法经营、权钱交易等分配不公的现象，引起舆论的关注和一些不满。十六大以来我们党提出"要更加注重公平"，把维护社会公平放到更加突出的位置，体现了我们党立党为公、执政为民的本质要求。按照《决定》的要求，今后将通过进一步深化分配制度改革，理顺分配关系，解决人民群众最关心、最直接、最现实的利益问题,去促进社会公平正义。根据社会发展的现实和中央的精神,在新的时代条件下处理效率与公平的关系,既能做大蛋糕又能分好蛋糕,需要我们工作中把握住三个基本点:第一,实行先富后富政策和发展市场经济,产生收入差距是必然的和正常的,不能以差距的有无作为判断公平的尺度,否则就会扼杀社会的活力和效率并倒退回平均主义。第二,收入差距应当是在权利公平、机会公平、规则公平的基础上产生的,收入差距本身不说明和不等于不公平,只有不合理、不合法的收入差距才是不公平的,问题的关键在于创造公平的竞争环境。第三,合理合法的收入差距也不能扩展的过快过大,需要统筹调控在一定的"度"的范围内,不能使收入差距严重和悬殊到影响社会生活困难群体和困难群体基本生存的地步,必须通过综合运用经济、法律等手段调节高收入,扶助低收入群体。

六 需要处理好均衡性与非均衡性的辩证关系

社会的发展是在均衡与非均衡这一矛盾中向前的。从中国社会主义建设的大背景来看,改革开放以前,中国社会是处于计划经济体制下的发展基本停滞的均衡状态;改革开放以来,我们按照邓小平同志"两个大局"的战略思想,实行非均衡发展的政策,推动由计划经济向市场经济的转型,东部沿海地区和一部分人迅速先富裕起来,拉大了与整个社会,特别是与西部地区和贫困人口之间的差距,中国社会处于打破计划体制后的快速发展的非均衡状态;当前,随着中央确立科学发展观这一新的指导思想,实施"五个统筹",暨构建社会主义和谐社会的提出,标志着由计划经济向市场经济转型基本完成后,中国社会开始走向完善社会主义市场经济的新的动态均衡的过程中。构建"和谐社会"的提出,既是中国社会从停滞的均衡—发展的非均衡—发展的动态均衡的历史必然,也体现了党中央对均衡性与非均衡性的辩证法的完美把握。

在构建和谐社会过程中把握均衡性与非均衡性的辩证统一，要求我们学会用弹钢琴的办法。均衡的办法要求我们照顾全面，充分考虑面上的工作；非均衡的办法要求我们突出重点，把握好先后与主次关系。否则，单向地使用均衡的办法或非均衡的办法，工作中都会难免顾此失彼。任何一级政府特别是地方政府，掌控的资源总是有限的，过度地照顾平衡，就会将有限的资源撒白胡椒面，结果必然是什么都做了，又什么都难到位；突出抓主抓重，若在配置资源上过于失衡，也会影响改革发展稳定全局工作的推进。在把握均衡性与非均衡性的方法上，必须视事物的发展，综合考虑和统筹运用。

七 需要处理好整体性与区域性的辩证关系

从中央到地方，都面临一个不同层次的整体性和区域性关系处理问题。构建和谐社会要求我们把握整体性和区域性的辩证统一，它意味着既要制定和坚持整体的发展目标和任务，又要确定服务于整体目标的协调的区域发展战略；它也意味着既要从整体上提出要求，每个地区又要去解决自己的特殊问题。科学发展观和构建和谐社会所明确要求的统筹区域协调发展，实质上就是要解决好整体与区域发展的关系问题。近年来，国家先后实施了西部大开发、振兴东北老工业基地、中部崛起和东部加快发展等区域发展战略，这些区域发展战略，都是服务和服从于中国社会主义现代化建设整体目标的。以西部大开发战略的实施为例，由于改革开放后实行先富后富及向东部沿海地区倾斜政策，东西部发展差距不断拉大。而没有西部的小康就没有全国的小康，没有西部的现代化就没有全国的现代化，中央从实现全面建成小康社会的整体目标出发，通过实施西部大开发，及时扼制了区域发展日益严重的失衡。

在构建社会主义和谐社会的进程中，处理好整体性与区域性的辩证关系，促进区域经济协调发展，也是地方政府的重要职责。就目前的情况，一些省区域内的发展差距比省际区域间的发展差距更大。以甘肃省与广东省 2002 年的情况比较为例，广东省国内生产总值 11674.4 亿元，甘肃省国内生产总值 1161 亿元，恰好相差 10 倍；而同年甘肃省的兰州市国内生产总值 386.78 亿元，甘南州国内生产总值 16.76 亿元，相差达 23 倍。所以对地方政府而言，统筹解决好区域协调发展问题，对实现构建和谐社会整体目标至关重要。

八　需要处理好理论性与实践性的辩证关系

关于社会主义和谐社会的构想既要好看，还要好用。所谓要好看，就是构建社会主义和谐社会的构想要理论化、系统化；所谓要好用，就是构建社会主义和谐社会的构想要变成可操作的事情，需要指标化、制度化、政策化。这就要求我们准确把握理论性与实践性的辩证关系，并将其统一于构建社会主义和谐社会的伟大实践。

首先，构建社会主义和谐社会本身就是理论与实践相统一的产物。构建和谐社会既是我们党艰辛探索的理论成果，又是积累正反两方面经验长期实践的结晶。中华人民共和国成立后我们党为促进社会和谐进行了长期的探索，从毛泽东同志《论十大关系》《关于正确处理人民内部矛盾的问题》，到邓小平同志的社会主义本质论和"稳定压倒一切"等论述，再到江泽民同志的《社会主义现代化建设的若干重大关系》和三个文明协调发展等思想，都孕育着促进社会和谐的重要思想。十六届六中全会《决定》则是全党智慧进一步发展的结晶，成为中国特色社会主义理论与实践的最新成果。

其次，构建和谐社会必须在《决定》的指引下，继续加强实践探索，并在实践的基础上深化对和谐社会的理性认识。构建和谐社会是一个复杂的系统工程,需要围绕中央确定的目标任务将其具体化。一是应指标化,建立一套客观、科学的评价指标体系,将人均GDP增长率、人均收入增长率、物价指数、就业率、入学率、犯罪率、平均寿命、人居环境的改善、行政公开度、社区管理参与度等软硬指标包括在内,通过确定科学的评价标准体系把和谐社会建设落到实处。二是应制度化,和谐社会的建设过程是一个制度变迁的过程,我们需要通过加快改革,建立和健全能够促进社会协调发展的行之有效的制度体系。为此,除了继续推进经济体制、政治体制和文化体制创新,还需要创新包括社会事业管理体制、社会保障体制、社区管理体制、民间组织管理体制和社会信用体制等在内的社会管理体制。三是应政策化,构建和谐社会要求有政策保障,在经济、政治、文化和社会等领域及时制定和形成有效的政策体系,特别是需要针对社会事业、社会公平、社会安全、社会保障等薄弱环节加大政策支持力度,以不断完善的政策设计推动和谐社会建设。通过抓好这三个关键环节,推动构建和谐社会实践在深度和广度上不断向前,在此基础上加强对实践经验的总结和提炼,进一步深化对和谐社会的认识,一定会形成比较科学和完备的构建社会主义和谐社会的理论体系。

（原文刊载于中央党校《理论前沿》2007年第4期）

以思想再解放实现甘肃新发展

在 30 年的改革开放进程中,甘肃通过不断解放思想,一次次打破旧观念、旧体制的束缚,为改革开放和现代化建设开辟了道路。解放思想成为新时期经济社会发展的精神动力与显著特点。改革开放迈出的每一个重大步骤,经济体制发生的每一项深刻变革,经济社会生活出现的每一个明显进步,都离不开思想解放的推动。在新的历史起点上,甘肃省要实现全面建成小康社会奋斗目标,完善社会主义市场经济体制,仍然面临着一些旧观念、旧思路、旧体制、旧工作方法的阻碍。有必要从全面贯彻落实党的十七大和省第十一次党代会精神,从深入学习实践科学发展观的高度,在新一轮思想大解放中,深刻审视甘肃所处环境的变化,深刻分析甘肃思想观念现状,深刻反思甘肃省情与发展思路,以海纳百川的精神找差距、求良策,把思想从不适应、不利于科学发展和体制创新的禁锢中解放出来。从而如省上领导在"省市主要领导干部深入学习实践科学发展观研讨班"讲话中所要求的:坚持解放思想,拓展思路,努力走出欠发达地区、西部老工业基地创新发展的新路子。

一 站在新的历史起点上 甘肃需要新一轮思想大解放

思想是行动的向导,解放思想则是正确行动的先导。改革开放过程中的每一次解放思想,从来都不是单纯发生在思想领域,而是深刻地根植于社会,作用于经济政治文化各领域。甘肃改革开放以来各方面取得的成绩和进步,都是源自于不断解放思想;目前还存在的障碍和问题,根源也在于我们解放思想上还有差距;完成新阶段的各项目标任务,更需要去进一步解放思想。在当下的社会转型期、矛盾凸显期,也是改革关键期,如何通过新一轮思想大解放,推动甘肃更好地科学发展和加快发展,解决长期发展积累下来的一些深层次矛盾和问题,成为摆在全省面前的一个重大课题。

(一)坚持不懈解放思想,历来是推进全省改革开放和现代化建设的精神动力

十七大报告指出:"解放思想是发展中国特色社会主义的一大法宝。"回首全省改革开放的历程,无疑就是一部不断冲破藩篱、打破僵局的解放思想史。在继续解放思想中思考未来的发展改革之道,有必要汲取甘肃30年解放思想的历史经验。

甘肃与全国同步,改革开放新时期是从解放思想开始启航。30年来经历了多次大的思想解放,都在甘肃产生了广泛、深刻的影响。第一次是1978年开始的真理标准大学习大讨论,破除"两个凡是",恢复党的实事求是的思想路线,为党的十一届三中全会作出全党工作重点向以经济建设为中心转移的重大决策作了思想准备。第二次是1980年开始的生产力标准大学习大讨论,明确了改革的实质是解放和发展生产力。第三次是1984年党的十二届三中全会,突破了把计划经济同商品经济对立起来的传统观点,转向发展公有制基础上的有计划的商品经济。第四次是1987年开始的社会主义初级阶段理论和党的基本路线大学习大讨论,明确了"一个中心"与"两个基本点"的关系。第五次是1992年邓小平"南方讲话"谈话和党的十四大,确定"三个有利于"的标准,澄清了计划与市场、姓"社"与姓"资"的关系,确立了建立社会主义市场经济体制新方向。第六次是1997年党的十五大,提出大胆探索公有制的有效实现形式,澄清了姓"公"与姓

"私"的关系。第七次是党的十六大和十六届三中全会,提出以人为本的科学发展观,确立了全面建成小康社会的战略目标,明确了要建立现代产权制度,发展混合所有制经济。通过这些学习讨论,使全省上下的思想空前解放,观念发生很大变化,并随之突破了改革开放实践中遇到的一些重大问题:如家庭承包是不是分田单干,股份合作制、股份制和产权制度改革是不是私有化,国有企业兼并、破产是不是国有资产流失,大力发展非公有制经济和扩大对外开放的必要性,以及营造"三个环境"、着力改善软环境的紧迫性等。

甘肃30年的解放思想历程表明,每一次思想解放,都是一场重大的思想和观念革命。思想解放的程度决定着我们的发展水平、工作水平;思想解放每前进一步,改革开放就向前推进一步;思想观念每出现一次大的转变,现代化建设就会有一次重大突破。正是全省上下一次次的思想解放,带来了甘肃改革开放以来的巨大发展和变化。

(二)新的时代发展背景,提出了通过思想大解放实现甘肃科学发展、加快发展的迫切要求

首先,进一步解放思想是当前深入学习实践科学发展观的迫切要求。新一轮思想大解放是在贯彻落实科学发展观背景下的解放思想。科学发展观是我们党在新世纪新阶段,从中国国情的实际出发,适应现代化需要,努力把握发展的客观规律,吸取人类关于发展的有益文明成果,着眼于丰富发展内涵、创新发展理念、开拓发展思路、破解发展难题而提出的最新理论成果。科学发展观从根本上说,就是一切为了人的发展观,有着强烈的现实针对性。用这样的标准去衡量,就不难发现,有哪些阻挠科学发展的陈腐观念需要破除,有哪些见物不见人、限制人的积极性和创造性发挥的体制机制需要变革。把这些问题弄清楚并在全社会形成共识,才是真正的思想解放。在甘肃深入学习实践科学发展观,首要任务是要通过解放思想纠正以往发展中

的一些偏差。由于过去衡量经济社会发展采用简单的 GDP 指标，相对忽视教育、文化、卫生、环保、人的幸福指数等方面的考量，存在对 GDP 的盲目崇拜。一些地方在指导思想上把经济增长这一实现社会富裕和人民幸福的手段，当作一切工作的唯一目的。由此也影响到经济运行中的一些问题难以解决，如高投资、高成本带动的经济增长机制没有改变，外向型经济体系没有建立起来，民营经济发展滞后，经济运行仍然主要靠政府推动，运用市场机制能力很弱，城乡民生问题欠账很多。这就要求我们在学习实践科学发展观的过程中，一定要做到解放思想先行，解决在贯彻落实科学发展观方面还存在的思想误区及相应的体制和工作方法问题。

其次，进一步解放思想是推动全省向信息化引领的新型工业化转型的迫切要求。新一轮思想大解放是由农业文明向现代工业文明转型背景下的解放思想。现在的世界已进入知识经济和信息化时代，我国已进入工业化中期，工业化、信息化、城镇化进程大大加快，工业文明背景下的社会主义市场经济有了快速的发展。但就甘肃而言，我们仍处于工业化初期阶段向中期阶段过渡的时期，工业发展的速度大大滞后于东部的年均水平，城市化水平 2007 年才接近全国 1997 年的水平。整体来看，甘肃目前处在历史和现代的十字路口，一只脚已经迈进现代，另一只脚还拖着沉重的历史包袱，处于工农两个时代的生产方式、城乡二元社会结构大体上都是三七开的过渡阶段。全省还有 1700 万人口在小农经济的生产方式笼罩之下，计划经济、权力分配及小农意识形态还有相当的影响，由农业文明迈向工业文明的历史任务才刚刚开始。因此，甘肃需要在新一轮思想大解放中，勇敢地正视发展的阶段性巨大差距，把发展的观念从寄托在向国家等靠要上，转向努力在传统社会向现代社会变迁的制度创新上走在前面。

第三，进一步解放思想是继续全面建成小康社会的迫切要求。新一轮思想大解放是全面建成小康社会背景下的解放思想。改革开放特别是实施西部大开发战略以来，甘肃保持了稳步较快的发展。但我们要正视这样一个事实：东部地区是在基本实现小康基础上开始全面建成小康社会的，甘肃是在总体未达到基本小康情况下开始全面建成小康社会的。甘肃与全国其他省区相比，不仅经济发展水平很低，各项指标下滑到全国较后位次，而且在社会发展、科技进步、人才队伍、对外开放等方面也形成了很大的差距，处于经济社会全面落后的欠发达状态。甘肃历史上曾经拥有的很多优势已经丧失了，在全国的位置已经退无可退了。我们不能不承认，发展的差距实质上是改革开放步伐的差距；改革开放的差距，在很大程度上反映了思想解放的差距。因此，在新的时代背景下，从我国现代化建设整体发展的视野来审视，思想解放是实现甘肃新发展的又一个历史机遇。如果不充分正视甘肃落后的深层次原因，一味地强调客观条件的制约，不解放思想，我们就难以确立新的正确发展思路和应对挑战的举措，就会再次错失良机，在全国发展中被进一步边缘化。

（三）在新一轮思想大解放中需要针对省情和发展思路进行深刻反思

首先，进一步解放思想要求我们在深刻反思中深化对省情的认识。在对省情的认识上，长期以来多种看法并存，概括起来：从劣势角度看，主要是生态环境差、自然条件恶劣、经济总量小、人均水平低，还有不沿海、不沿江、基本不沿边的区位劣势，城乡二元结构问题突出，市场化、工业化、城镇化水平低等。从优势角度看，主要有兰州是国家地理坐标中心、甘肃处于西北"坐中六联"的区位中心、有国家"一五"至"三线建设"时期强投入建立的工业基础，有以镍、铅锌、马铃薯、中药材为代表的一些优势资源，甘肃还有深厚的文化底蕴，有居于全国前列的历史文化遗产，有"人一之、我十之，人十之、我百之"

《陇上学人文存·王福生卷》264

的吃苦奋斗精神等等。

基于这种种看法,过去我们对省情的判断表现为两种倾向。一方面,主流认识是集中在最为直接的自然条件差、生产力水平低等难题上。这种判断符合甘肃的基本实际,对制定全省发展战略起到了一定的支撑作用。但自然条件差是客观,生产力水平低是结果,都是历史形成的,不能充分说明和解释甘肃差距拉大的原因。另一方面,知识界希望重视并发挥的优势省情,则随着时空因素的变化已经消失或难以实现。如在过去曾有的比较优势中,石油、铜等资源优势已经丧失;所谓甘肃"坐中六联"的区位优势在信息化、交通高速化、物流业现代化的今天,已经不可能再人为造一个西北区域中心去当"二传手"集散商品;依托人文资源优势发展旅游业的美好愿望,也受制于延绵近2000公里狭长地理及景点分散、交通滞后诸因素。所以,在经济全球化、一体化和我国现代化发展的新的背景下,我们应站在全国发展的大格局中,运用市场经济的思想理念,以思想解放去深化对甘肃省情的认识。既要避免从理想化、想当然出发去认识省情,从而闭门造车提出一些不切实际的发展思路;也要避免从纯自然、纯结果出发去认识省情,从而视野狭窄找不到走出"西部锅底"的大思路。今后审视省情,应从解决问题的角度,从找到形成差距的要害的角度,还是应更多地看到省情劣势。因而在相当一个时期,"深居西部内陆、生态环境脆弱、城乡二元结构、市场化工业化滞后",仍是甘肃的基本省情。

其次,进一步解放思想要求我们在深刻反思中为长期以来的发展思路把脉。在新一轮思想解放中,我们需要在贯彻落实科学发展观和省委"四抓三支撑"总体工作思路的基点上,反思和总结以往的发展思路。历届省委、省政府根据甘肃不同时期不同阶段的发展特点,从实际出发制定了发展战略,如"双带整推""河西再造""工业强省""两抓两放"等发展思路,是完全正确的,对甘肃经济社会发展都起到了巨大的指导作用。这些提法的共同的核心精神和工作重点,就是企业和产业的发展及对全省整体经济带动力的发挥。特别是"工业强省",更是"十五"计划以来连续几届省委班子坚定不移推进的重大战略。正如省委有关领导同志前不久指出:十五以来全省经济快速发展的实践充分证明,实施工业强省战略的决策,顺应经济社会发展的内在要求,符合甘肃发展的阶段性特征,是完全正确的,从国际发展经验看,工业化是实现现代化不可逾越的历史阶段。所以,借鉴国内外发展的历史经验,吸取甘肃发展的历史经验,今后应坚定地把重点放在完善工业强省的思路和措施上。一方面,冷静客观地分析甘肃现有的工业及相匹配的资源,在全国乃至世界还有什么比较优势,另一方面,下决心"有所为有所不为",集中有限的资源扶持现在还有比较优势的工业和产业。

(四)在新一轮思想大解放中需要领导干部带头在前

解放思想,需要解决解放谁的思想的问题。毫无疑问,解放思想是针对全体党员干部。我们每个党员干部都是一定的观念和体制环境的一分子,每个人都生活于相应的环境,也都影响着相应的环境。通过解放思想改造观念和体制环境,每个党员干部都有责任。当前解放思想的一个主要障碍,就是不把自己摆进去。说起解放思想,人人都觉得有必要,但人人都认为自己思想很解放,不把自己摆进去,解放别人,忘了自己。作为肩负领导责任的领导干部,在解放思想中更应以身作则,起好带头作用。

解决甘肃发展面临的许多问题和矛盾,要靠各级领导干部带头解放思想去破题。全省工作中长期的一个顽症就是"中梗阻"——贯彻落实不力。许多好的战略或工作思路由于缺乏坚强一贯的领导、扎实的工作和有效的执行力,或束之高阁,或半途而废,或流于形式。工作中虚造声势、形式主义的现象仍有市场。当代社会交通和通信高度发达,要求我们各级领导干部提升现代理念,掌握和应用现代科技手段来管理社会,降低管理成本,提高工作效率和执政水平。但在这方面,我们不少干部的思想认识水平、管理能力还比较弱。不少干部还缺乏收集、整理、分析、归纳和应用各种信息来进行科学决策的能力;少数干部的思想仍然在计划经济时代,缺乏掌握市场经济规律的能力;工作缺乏科学性和预见性。凡此种种已成为影响经济社会可持续发展的制约性主观因素。继续解放思想,对各级领导干部提出了更高标准。这要求我们的领导干部树立理性思维和世界眼光,要有不惧风险、不畏困难的勇气,在坚持"三个有利于"标准的前提下,抱着对甘肃2600万人民高度负责的精神,敢于打破禁区,大胆地试,大胆地闯。

二 甘肃新一轮思想解放面对的主要难题和障碍

解放思想在不同时期面对不同的突出问题,是一个常讲常新的永恒任务。推动新一轮思想解放,主要任务之一是大力更新观念,着力查找深入贯彻科学发展观中有待进一步解放的思想空间,着力克服制约科学发展的观念障碍和体制障碍。这就要求我们在深刻反思中剖析思想观念现状。应该说,在历次解放思想中,甘肃都注重了克服与社会主义市场经济发展不相适应的传统的封建意识、小农意识、教条意识、计划观念、狭隘保守意识。但客观地讲,计划观念、小农意识还有相当的基础和氛围,与沿海发达地区相比,以市场经济、民主政治的要求来衡量,甘肃还缺乏与工商业社会相适应的商业精神、市场观念、人本观念。同时,随着市场化进程的加快,在观念层面、体制层面、工作层面,又凸显出一些新问题。

(一)发展思路上有短视观念,工作作风表现为短期行为

甘肃发展滞后的一个重要原因,就是在一些地方,程度不同地存

在发展思路上的短视观念。其主要表现,就是缺乏长期坚持的符合当地实际的发展思路。有的地方或部门在制定发展战略和工作思路时,缺乏抓基础、求实效、看长远的指导思想,缺乏周密细致的调查研究和科学论证,缺乏对本地实际的深入、准确的认识和把握,或多或少存在思路不够开阔、取向不够明确的问题。一些地方发展思路变动过于频繁,往往带有很强的领导者个人色彩和阶段性特征,其结果,总是随着地方主要领导人的变动而变化,随着上级部门工作任务的改变而改变。上面摇摆不定,下面无所适从,导致地方经济社会发展缺乏连续性、整体性和长期性。

在短视观念的作用下,短期行为严重。有的地方及一些领导干部,在工作作风上表现为不屑埋头苦干、扎实工作,而是倾心表面文章,急功近利,追求表面政绩;上任伊始急于作出成绩,不经科学论证,不做深入细致的调查研究,拍脑袋超越前任构想新的发展蓝图;不讲经济效益,急于求成,乱上项目;不顾单位和个人的实际能力,超越现实,大办"好事",做表面文章。从思想根源上说,短期行为说到底是个人主义价值观和不正确的政绩观的产物。它说明有的领导干部对党、对人民的事业,还缺乏"当一任领导,想几代人事情"的思想境界,还缺乏坚强的党性原则和作为领导者的远见卓识,也说明我们在政府管理和干部考核管理体制方面还有待于健全和完善。

(二)品牌观念不强,影响了优势产业的发展和龙头企业的做大

甘肃在品牌发展方面存在许多不足,从企业对品牌地位的认识,到政府对品牌的组织扶持,没有提升到发展战略的高度或全局的力度。一是全国知名品牌数量太少。目前,甘肃省共有6个品牌获得"中国名牌"产品称号,比例占全国的1%不到,在西北五省名次靠后。二是一些企业品牌观念不强。品牌是当今企业的核心竞争力。然而,相当一部分"甘肃名牌"企业不愿涉足中国名牌之列。尽管不少地方产

品在企业所在地很有知名度，但企业故步自封，名牌意识差，导致企业不能做大做强。三是企业规模小，产品市场占有率低。市场占有率是培育创建品牌的关键指标，甘肃有不少"甘肃名牌"产品质量虽然过硬，但由于规模小，其产品很难拓展到周边省市的市场，更难推向全国市场。四是品牌产品缺乏技术升级、形象包装和市场推介。五是各级政府扶持品牌的力度不够，企业缺乏成长为品牌企业的政策和体制环境。没有形成如同内蒙古的以品牌为龙头做长本省产业链、做大市场份额的战略意志和战略决策。各级政府在推进"工业强省""抓项目"工作时，对实施品牌战略和扶持名牌方面投入不足，缺乏强有力的组织与政策扶持。虽然搞了多年"陇货精品"，由于力度有限，类似"百士特"的一些地方品牌最终销声匿迹。

（三）社会信用观念缺失，缺乏经济健康活跃发展所需的诚信环境

世界经济已经进入"信用经济时代"，诚信是市场经济健康发展的重要基石。在甘肃，信用缺失仍是十分严重的现象。一是一些政府信用不足。政府信用对整个社会信用体系的良性运行具有主导作用。一些地方政府在实际工作中不讲信用的问题十分突出，如为了"政绩"，在招商引资过程中，不是踏踏实实搞好本地区的软硬环境，而是为了尽快促使投资者将投资项目及资金落实，不顾信用，向投资者作出一些不能实现的承诺。少数地方政府随意乱收费、乱罚款、乱摊派。二是部分企业信用缺失。一些企业生产、出售假冒伪劣产品，缺斤少两、以次充好；作出虚假承诺，降低服务标准，以商业欺诈行为获利；不按合同提供相应服务，随意毁约、违约，拒绝承担毁约成本；建立虚假财务报表，偷税、漏税，或拖欠税款。三是个人信用不足。表现在融资难，一面是个体私营业主贷不到款，一面是银行不敢向其贷款；表现在农村农产品购销合同纠纷多、履约难；表现在国家助学贷款发放后还款难等方方面面。

（四）重物轻人观念较重，人力资源发掘发挥不足

以人为本是科学发展观的核心，科学发展观针对的就是见物不见人的发展误区。甘肃面临的不可回避的一个重大战略性发展问题，就是人才和人力资源的挖掘和作用发挥。我们亟待树立"人本观念"，克服重物轻人观念。

国内外经济的竞争，归根到底是人才的竞争。对于甘肃来说，人力资源无论是数量上还是质量上，与全国相比都有一定的差距。但现实中存在一些现象：不少地方"人本观念"淡薄，对十分重要的人力资源挖掘和发挥重视不够；一些地方不重视科技人才和科研工作，科技人才的才能无法发挥；有些地方不重视科技成果的转化，不懂得科技在工农业生产发展上的重要作用，讲鼓励的空话多，作实际支持少；有少数领导决策缺乏技术理念，认识不到人才资源创造财富的价值，封建的"官本位"思想严重。特别是对现有人才的合理使用问题，是制约甘肃省人才资源发挥的一大障碍。有些地方对人才的关心和爱护不够，引而不用；有的对人才求全责备，以点带面，套用党政干部标准评判科技人才和企业人才，不能以全面辩证的眼光对待人才；有些地方党政部门干部结构不合理，没有专业人才，不敢大胆使用专业人才，甚至排斥专业人才。这些现象造成甘肃经济社会发展缺乏实际的人力资源支撑，导致甘肃省发展中的软实力越来越弱。

（五）改革创新意识不强，缺乏把自己摆进去的敢闯敢试精神

甘肃省在靠解放思想推动市场经济发展的同时，仍然存在抓机遇能力不够，开拓创新意识不强，敢闯敢冒敢试不够，遇到争议坚持不力的差距。主要表现在：一般讲解放思想容易做到，在实际工作中抓落实却比较难；要求他人解放思想容易做到，放在自己身上则回避矛盾；上边明确了的事情能够办，自己从实际出发去闯则比较难；已经做过的事情可以干，没有做过的新事物还不敢干和不会干。实际工

作中,经常出现上动下不动、左动右不动、你动我不动的现象,思想解放没有很好地体现和落实在改革创新工作中。"醒来早,起来迟""慢半拍",是多年来困扰甘肃的一个问题。每一次全国性的解放思想我们也都解放了,在体制改革上也什么都搞了,但总是慢半拍、不彻底。今后能否克服因循守旧观念,增强改革创新意识,能否克服无所作为的精神状态,增强奋发有为的意识,是甘肃缩短从"醒来"到"起来"的关键。

(六)既得利益左右思想和行为,政府部门转型缓慢

甘肃仍处于传统经济与现代经济、旧体制与新体制"双轨并存"的社会转型期。"转型期"的体制和政策漏洞,给部分团体及社会成员带来既得利益。既得利益不仅左右着部门和个人的思想行为,它还具有反面的思想导向和社会示范效应,成为阻碍思想解放和政府转型的惰性力量。分析造成既得利益的根源,矛盾最突出、任务最迫切的是政府转型。当前,由适应计划经济的审批型政府向适应市场经济的服务型政府转型缓慢,行政管理体制改革不到位,一些地方存在公共权力部门化、部门利益化、利益个人化的现象,个人利益凌驾于部门之上,部门利益凌驾于政府和公众之上。同时,垄断行业改革滞后,它们长期盘踞公共资源高地并独占利润,严重阻碍市场自由竞争与创新突破,已经成为特殊利益集团的典型代表,而省级及以下地方政府因对其基本无管理权限,对打破垄断行为无能为力。其后果,是局部左右了整体,部门调控了政府,难以形成改革开放的合力。要想解放思想,必须厘清利益惯性对思想解放掣肘的束缚,必须挣脱利益格局对改革进程的捆绑。

三 以创新的思路推动甘肃科学发展

思想解放的程度决定改革创新的力度。目前,甘肃解放思想所面

临的任务更加具体,破题也更加艰难。甘肃发展面对的最大问题,仍然是发展不足。比起沿海省市天然的区位优势,我们常常有发展靠不上"海"、靠不上"江"、基本靠不上"边"的痛感。区位偏远,更需要打开"省门"。只有在进一步解放思想中,把科学发展观的要求转化为谋划发展的正确思路,转化为促进发展的政策措施,才能吸引更多的人流、物流、资金流到甘肃来,甘肃才能大跨度发展,才能更和谐地发展。

(一)谋划"长远战略",确立能够一以贯之的发展大思路

围绕贯彻科学发展观和省委"四抓三支撑"的总体工作思路,以创新的精神推动甘肃科学发展、加快发展,建立能够一以贯之地促进经济社会持续发展的长远战略是当务之急。

谋划"长远战略",需要充分考虑战略的全局性、宏观性、长期性和稳定性等特性。一是从短视、临时的认识误区中解放出来,突出战略的稳定性、长远性,不坚持这些特点,战略将流于形式。二是从只重视战略的决策环节、忽视战略的执行环节的观念障碍中解放出来,在重视战略制定的同时,更加重视实施战略配套的手段,提升战略实施效果。三是从强调发展战略的普遍性而忽视特殊性的束缚中解放出来,实施差别化发展战略,更加重视战略的区域性和个性化特征,更加重视省域内各市州资源和产业基础的差异、特点。四是顺应发展规律,在把握国际国内发展新动向中实施新战略。

纵观国内外发展大势,谋划"长远战略",着力点应放在完善"十五"以来坚持的"工业强省"战略上,构建大"工业强省"战略。甘肃今后发展面对三个绕不过去:工业化必经的重化工业阶段绕不过去,信息化与工业化快速融合发展的大趋势绕不过去,对农业的工业化改造和经营绕不过去。全省应顺应世界信息化与工业化一体化发展的大潮流,围绕走信息化引领的新型工业化道路,构建大"工业强省"战略。其内涵就甘肃而言主要指:大力推动以信息化改造的传统工业、

信息化的新材料和新能源工业、信息化的"农工业"、信息化的现代物流业的发展,力争 2020 年达到工业化中期水平。

把大"工业强省"战略作为全省经济发展的核心战略,作为一以贯之的大思路:一是拓建宽广视野,在范围上不再局限于传统意义上的第二产业;在体制上不受所有制形式等的束缚。二是坚定地从省情、从实际出发,依托现有的资源优势,如有色金属、风力光电资源,以及马铃薯加工业和制种业、油气煤炭、生物医药和中藏药的技术优势和产地优势。三是坚定地依托已有的骨干企业。四是突出甘肃还有比较优势的产业,除了做大做强以兰化、庆化为代表的石油化工产业,以镍为主的有色冶金与有色金属新材料产业,以马铃薯为代表的特色农产品加工产业,以及煤电化工一体化产业、生物医药与中藏药产业,尤其要突出省上最新决策的"河西风电走廊"建设与相应的先进装备制造业发展,着力"打造新型能源大省"。五是围绕大"工业强省"战略,制定以优势工业和产业的发展带动产业结构调整的总体规划和实施方案,调整产业布局,加强技术支撑,增加资金投入,加大组织协调,使这些产业在甘肃未来发展中真正成为支柱产业、高效产业和高附加值产业。

(二)确立"品牌兴省"战略 力促优势产业和企业集团做大做强

未来甘肃发展,品牌建设是将资源优势转化为经济优势的关键环节。一是提高对品牌重要性的认识。在经济全球化的当代市场经济中,品牌已发展为一种新的经营模式,是市场竞争的高级阶段。品牌不仅可以带活一个企业,其辐射力量可以带动一个产业,振兴一方经济。正因为如此,一个区域或一个国家拥有的强势品牌越多,综合经济实力就越强,强势品牌的数量已在某种程度上成为决定一个区域或国家经济强弱的重要指标。二是科学制定品牌发展战略。甘肃品牌长不大,与企业缺乏有效的品牌战略有直接关系。企业品牌战略是一个企业的核心和灵魂,战略设计正确与否,直接关系到企业的成败。三是坚定不移地走规模化、集团化、专业化、国际化之路。搞规模化,既要注意量的扩张,更要注重质的提高。搞集团化,关键要解决好企业集团的凝聚力、向心力问题,发挥集团规模经营资源、市场、技术、管理等优势,实现目标价值最大化。搞专业化,就是要把自己的品牌做精、做大、做强。搞国际化,就是要开拓国际市场,积极参与国际市场竞争,逐步提高自己的竞争力。四是将品牌战略提高到事关甘肃全局的大战略。政府对省内企业生产的优秀的、具有自主知识产权的品牌产品实行倾斜政策;努力创造培育和扶植甘肃品牌的政策和制度环境;创造甘肃品牌形成的舆论条件,大力为甘肃优秀企业做好宣传工作。集中有限的财力和物力开发一些品牌项目,"家底"薄弱的甘肃,要发展品牌,只有采取集中优势力量的办法,否则遍地开花就会劳而无功。

(三)突出"诚信立省",加快社会信用体系建设

社会信用体系建设事关全省经济社会发展全局,没有"诚信立省"就不会有健全的市场体系。一是需要强化政府信用,树立"诚信政府"形象。政府率先垂范,取信于民,大力抓好自身诚信建设。要强化法治意识,德治意识,服务意识,效率意识,廉政意识,切实转变职能,做到严格依法行政,照章办事,言而有信,提高政府行政公信力。二是要加强企业诚信建设。打造诚信经济,必须有诚信企业。以企业诚信制度建设为突破口,建立健全诚信制度体系,包括培育诚信理念,健全监管机制,完善信息披露制度,加快建设信用评级制度,推行违信惩罚制度等等。通过诚信制度建设约束企业经营行为,树立企业良好诚信形象。三是要加强社会中介机构信用建设。大力培育和发展信用调查、信用认证、信用评估、信用担保等社会中介服务组织,促进中介服务业的快速发展。特别要加快中小企业信用担保体系建设,缓解中

小企业特别是私营企业贷款难的问题。加快中介服务机构行业协会建设,引导社会中介机构诚信经营,完善自律机制,维护良好的社会中介秩序。逐步建立和完善社会中介机构的市场准入、退出机制,失信惩戒机制,从业管理制度和信用记录制度,促进信用中介组织的规范发展。四是以建立覆盖全省的个人信用查询系统为突破口规范个人诚信。尽快建立个人信用制度,积极开展个人征信运作模式和政策法规的研究,研究制定个人信用制度建设的实施意见,培育个人征信的法治环境。五是发挥政府在诚信建设中的主导作用。制度创新的问题、市场发育滞后和市场失灵的问题,包括诚信立法的问题,都需要政府发挥关键作用。否则,就会支付较大的发展成本。

(四)围绕"人才强省",创造干部队伍竞争向上、勇于创新的机制和氛围

甘肃省已确立了"人才强省"的正确战略。但无论是在数量还是质量上,全省人才资源与全国其他很多省份相比,仍有很大的差距。人才流失现象并未得到根本的遏制,制约人才资源发挥的诸多因素仍然存在。特别是需要进一步加强人才队伍中关键的干部队伍的建设。一是拓展干部队伍选拔渠道,改善干部队伍结构,提高干部队伍质量。经济社会的全面发展,客观上要求干部队伍有良好的结构。不论工作经历、专业背景,还是年龄、学历结构,都要有科学合理的搭配,以形成高质量的干部队伍。二是规范干部队伍选拔和任用机制,实现真正意义上的公平竞争。公开、公平、公正、透明选拔各级领导干部是产生优秀人才的前提。应下大力气健全制度设计和选拔机制,提高干部选拔任用的科学性、规范性。三是从改革干部考核制度和管理体制入手,制定落实科学发展观的评价指标体系。抓紧完善各地党政领导班子和领导政绩考核评价办法,研究相应奖惩机制和措施。考察干部要重点看贯彻科学发展观的能力与水平、成效与实绩。四是合理

使用人才，为他们提供施展才能的平台。从国内外人才流动的实践看，人才的使用和价值的充分发挥，是聚集人才的决定性因素，而不是单纯的高薪、高福利待遇。在使用人才上，防止片面强调用待遇留人，而不讲用事业留人、感情留人的情况。各级领导干部要从思想上充分认识到"人才资源是第一资源"，在具体的工作中尊重人才、爱惜人才，最大限度地发挥人才的价值，大胆使用人才。把我们最优秀的人才选拔到党政干部队伍中来，用科学而高效的管理来推动甘肃各项事业的发展。

（五）加快"政府转型"进程，为整体改革提供新的动力

经过近几年推动政府转变职能，全省各级政府机关服务发展的意识有了增强。但与党的十七大"建设服务型政府"的要求还有很大距离，全省各级政府仍然处在从适应计划经济的审批型政府向适应市场经济的服务型政府的转型的过程中。在解放思想中加快政府转型，一是切实提高认识。政府转型是发挥市场在配置资源中的基础性作用的重要前提和保证，市场经济要求建设"小政府"，转变政府职能，向公共服务型政府转型，更多地发展社会事业，加强社会管理，营造公平竞争的法治环境。同时，政府转型是整体改革能否实现新突破的关键环节。当前，深化经济社会领域的各项改革都在一定程度上依赖于政府转型的进展，政府转型不到位，其他改革很难取得突破和进展。二是加快行政管理体制改革，除了按中央部署进行政府机构改革，全省应大胆借鉴东部经验，推动"省直管县"的改革，加大乡镇体制综合改革力度。三是下大力气深化行政审批制度改革。在东部省份一天能办到的事，在甘肃不允许办两天。大幅精简审批事项，简化审批环节，对已取消的事项，禁止搞"变相审批"和"权力上收"，对招商引资企业、大企业、重点项目建立"绿色通道"。四是继续推进政务公开。大力发展电子政务，落实好政府信息公开，在完善"厂务公开""村

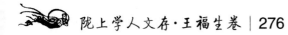

务公开"的同时,加强以政务公开为重点的基层民主政治建设。

(六)加强生态建设 力争成为国家生态安全的战略基地

科学发展观的提出为把甘肃定位成维护国家生态安全的战略基地指明了方向。甘肃的地理位置和资源生态状况,迫切要求未来的甘肃发展战略,要从维护国家生态安全的高度认识甘肃的生态文明建设,并从这一立足点出发,谋划甘肃经济、政治、文化和社会建设中的一系列重大项目。从国家关注、支持甘肃发展的重点看,突出生态建设,应该成为甘肃在未来国家区域战略格局中赢得比较优势地位、实施赶超战略的重要思路。把甘肃定位为维护国家生态安全基地,并把这一事关全局的发展思路作为统领甘肃未来发展的重大决策尽快确定下来,不仅符合国家整体发展战略,也符合甘肃省情。为此:一是需要政府部门牵头,组织力量研究把甘肃定位为维护国家生态安全基地的重要性、迫切性和可行性,呈送中央有关决策部门;二是审视甘肃发展抓项目中重大项目申报成功的经验,从维护国家生态安全这个思路进一步发掘甘肃下一步的重大项目,为甘肃未来发展提供项目支撑;三是进一步加强培训教育,统一思想,明确生态战略发展重点,提高各级领导干部贯彻落实的执行力。

(原文刊载于《调查与研究》2009 年第 1 期,甘肃省委党校课题组成员:王福生、丁汝俊、宋圭武、鲜鹏、陈永胜)

坚持中国特色社会主义文化发展道路
建设社会主义文化强国

党的十七届六中全会《决定》，从中国特色社会主义事业"四位一体"总体布局的高度，提出了在新形势下坚持中国特色社会主义文化发展道路，建设社会主义文化强国的指导思想、重要方针和总体目标，是指导我国当前和今后一个时期文化改革发展的纲领性文件。深入研究和贯彻《决定》确定的指导思想、奋斗目标和重要方针，不仅对加快文化改革和发展，而且对整个中国社会未来长远发展具有极其重要的作用。

第一，中国特色社会主义文化发展道路是我们党在不断探索、不断创新的历史实践过程中形成的

中国特色社会主义文化发展道路形成的过程，是中国共产党在新民主主义革命、社会主义革命和建设、改革开放的各个历史时期，对思想文化建设在实践中不断探索、不断创新，对文化建设规律的认识不断深化的过程。

在建党之初的新文化运动暨五四运动时期，我们党就特别注重马克思主义思想文化的引入和建设。实际上，正是有了马克思主义思想文化的引入，才有了中国共产党，才有了后来的中国革命。在新民主主义革命时期，毛泽东同志提出建设新民主主义文化，这就是无产阶级领导的人民大众的反帝反封建的文化，民族的科学的大众的文

化。在中华人民共和国成立以后,我们党领导人民在大力推动经济建设的同时,大力推动思想文化建设,特别是大力推进马克思主义理论建设,使得马克思主义思想文化成为中国社会的主流。改革开放以来,以邓小平同志为代表的中国共产党人,进一步推动中国特色社会主义文化发展,提出培育"四有"新人、"三个面向",及社会主义精神文明建设指导方针等新思想、新方针、新举措。20 世纪 90 年代,江泽民同志提出要建设社会主义先进文化。[1]进入新世纪以来,党中央又提出了和谐文化建设等一系列思想,并在党的十六大明确作出"积极发展文化事业和文化产业"的战略决策,2005 年底出台《中共中央、国务院关于深化文化体制改革的若干意见》,这些都是中国特色社会主义文化建设的重要内容。它表明,我们党对中国特色社会主义文化建设的本质、规律、形式和内容等的认识,愈来愈趋向深入。

这次十七届六中全会《决定》,进一步全面提出了中国特色社会主义文化建设的纲领、路线和方针政策,并和中国特色社会主义的经济建设、政治建设紧密联系在一起,作为一个系统来考虑,使得文化建设上升到一个新的高度。建设社会主义文化强国,是党中央在科学判断国际国内形势,全面把握当今世界文化发展趋势,深刻分析我国文化国情的基础上作出的一项重大决策,是对中国特色社会主义文化建设最新的顶层设计。如果说,毛泽东同志的《在延安文艺座谈会上的讲话》,回答的是文化如何为人民服务的问题,建设的是民族的、科学的、大众的文化;那么,这次六中全会《决定》,不仅回答了在新的历史时期文化发展为了谁、依靠谁的问题,还回答了文化建设如何面向现代化、面向世界、面向未来,如何建设社会主义文化强国的问题。它标志着我们党已经开辟出一条中国特色社会主义文化发展道路,必将带来中国文化建设空前的新高潮。

**第二,《决定》确定的指导思想、奋斗目标和重要方针,
为坚持中国特色社会主义文化发展道路提供了新的行动指南**

十七届六中全会《决定》在坚持中国特色社会主义文化发展道路,建设社会主义文化强国问题上,提出了指导思想、六项奋斗目标和五条重要方针。

一个国家、一个民族的文化要科学发展,必须有自己清晰的指导思想。十七届六中全会《决定》对此完整地进行了论述。坚持中国特色社会主义文化发展道路,就是要坚持社会主义文化这个方向,而不是资本主义文化的方向,不是要回到封建主义的文化。文化建设的主题就是要推进科学发展,出发点和落脚点就是要满足人们的文化需求,核心任务就是建立社会主义核心价值体系,动力就是改革创新,目标就是提高全民族文明素质,增强国家文化软实力。建设社会主义文化强国,就是要推动社会主义精神文明和物质文明全面发展,创造出一个全民族文化创造活力持续迸发、社会文化生活丰富多彩、人民基本文化权益得到更好保障、人民思想道德素质和科学文化素质全面提高的新局面,使我们的人民拥有一个美好的精神家园。[2]

六项奋斗目标是方向。实现"文化强国"的目标是有标准的,这个衡量的标准:一是社会主义核心价值体系建设取得实质进展,公民的道德文化素质有了明显提高,社会形成了良好思想道德风尚。二是文化、艺术、哲学、社会科学高度繁荣,形成一批有世界影响并广泛传播的文化艺术精品、作品和节目,而且精品力作能够层出不穷。三是建立起覆盖全社会的公共文化服务体系,做到城乡之间和东、中、西部之间的基本公共文化服务均等化,实现文化事业大繁荣。四是文化产业规模大幅提升,经济规模应该占到 GDP 比重的 5%以上,打造一批有国际竞争力的文化企业和文化产业集团,形成公有制为主体、多种

所有制共同发展的文化产业格局。五是文化体制、机制改革取得巨大
进展和成效,绽放出生机与活力,国家文化软实力大幅提高,能够引
领国际文化发展潮流。六是文化人才辈出,涌现一批有国际影响力的
文化艺术大师,涌现有中国风格、国际表达的文化艺术流派、学派,形
成百家争鸣、百花齐放的发展局面。

五条重要方针是保障。实现"文化强国"战略目标需要政治保障,
为此应从以下几个方面去努力:一是坚持马克思主义指导地位,自觉
地以中国特色社会主义理论、"三个代表"重要思想、科学发展观武装
头脑、指导实践和推动工作,以科学的理论创新推进文化创新,使二
者相互依存、相互影响、滚动式发展,统一于推动社会主义文化大发
展大繁荣的伟大实践。二是坚持社会主义先进文化前进方向,进一步
坚定信念和追求,采取多种形式大力弘扬社会主义先进文化,使社会
主义核心价值观水乳交融地渗透进社会各个领域。三是坚持以人为
本,发挥人民群众在文化建设中的主体作用,培养"四有"公民。四是
坚持把社会效益放在首位,实现社会效益和经济效益有机统一,既遵
循文化发展规律,又遵循市场经济规律,推动文化事业和文化产业各
个部分、各个环节科学协调发展。五是坚持改革开放,构建有利于文
化繁荣发展的体制机制,解放文化生产力,扩大文化对外开放水平,
不断增强中国文化软实力的传播力和竞争力,更好地维护我国的文
化安全。

第三,以进一步解放思想和改革创新,推动建设社会主义文化强国

实现建设文化强国目标,需要进一步解放人们的思想观念,激活
人们的改革创新精神,使探索的氛围更浓厚、改革的思维更活跃、创
新的动力更强劲。毫无疑问,我国现在是个文化大国,但又远远不是
个文化强国。这就要求我们以更广阔的国际视野和更强烈的创新意

识,去破除思想的禁锢,打破体制的束缚。

进一步解放思想,最重要的是需要在理论和实践上处理好坚守中国先进文化之魂、承继中华传统文化之根、包容外来新兴文化之枝叶三者之间的辩证关系。所谓坚守中国先进文化之魂,是指继续坚持植根于中国国情并开花结果的中国化马克思主义,即中国特色社会主义理论体系,这个魂,为我们提供了科学的世界观、方法论和锐利的思想武器,是引领中国实现民族伟大复兴的思想指南和精神旗帜。所谓承继中华传统文化之根,是指对中国五千年传统文化去芜存精,中国传统文化有封建糟粕,但其主体内容博大精深,蕴含着非常丰富的文化软实力要素,其理性价值和伦理精神适应人类社会发展趋势,是维系大陆和港澳台成为一个统一的中华民族生生不息的文化血脉。所谓包容外来新兴文化之枝叶,就是广泛吸收借鉴一外来的优秀文化,各国的文化都有尺长寸短,在我们今天所处的全球化时代,需要以全球为参照系,理应有更宽广的胸怀、更高远的视野,敢于宽容差异,善于包容多样,热于兼收并蓄,吸收各国之长处并创新超越。[3]鲁迅先生曾经提出,中国文化的未来理想是"取今复古,别立新宗"。未来文化强国目标能不能实现,最终取决于我们能不能通过解放思想,打造出兼具领先性、历史性和现代性的文化体系。

进一步改革创新,最主要的是敢于动真碰硬,探索解决文化领域的诸多改革热点、难点问题。继续革除文化管理体制不适应市场经济体制的弊端,理顺文化事业和文化产业的关系,增强文化创新能力,突破钱从哪里来、人往哪里去等改革难点,健全投入保障机制,加快文化产业的转型升级。总之,通过建设社会主义文化强国,让文化不仅能造福全国人民,而且能引领人类文明的发展,为和谐世界建设作出中华民族应有的贡献。

参考文献:

[1]杨金海,《六中全会将掀起中国现代文化建设新高潮》,中国共产党新闻网,2011 年 09 月 28 日。

[2]《中共中央关于深化文化体制改革推动社会主义文化大发展大繁荣若干重大问题的决定》,《人民日报》,2011 年 10 月 26 日。

[3]张国祚,《中国文化软实力:建设自觉、自信、自强之路》,人民网-理论频道,2011 年 10 月 14 日。

（原文刊登于《甘肃理论学刊》2011 年第 6 期）

表里兼治 解决"四风"

干部队伍尤其是领导干部中不同程度存在的"四风"问题,已经严重影响到党群关系,影响到现代化建设事业的正常推进。解决这些问题,需要既"治表"又"治里",从微观、中观、宏观三个层面,杜绝"四风"存在的土壤。

首先,要从微观层面入手,切实转变领导干部自身的作风。用对一个人,能搞好一个单位、一个部门;用错一个人,能搞垮一个单位、一个部门。此类现象,在社会中屡见不鲜。究其原因,就是因为一名领导干部的作风好坏,直接影响着一个单位、一个部门的工作风气,并最终关系到一个单位、一个部门的事业兴衰。

改进领导作风,千头万绪。既要有"高标准"要求,更要从"基本功"做起。长期以来,我们一直要求领导干部必须提高理论水平、世界眼光、战略思维。从道理上讲,这种做法完全正确,也应该朝这个方向继续努力。]改进领导作风,一方面,要继续坚持对领导干部的高标准、高素质要求,另一方面,更要强调领导干部的"基本功",也就是干好工作的起码要求,即:说真话、办真事、做真人。

哲学上讲"真、善、美"的统一,真是第一位的,没有了"真","善"和"美"就不可能有。要求领导干部做到"三真",第一是要"说真话"。如果一个领导干部总是说空话、大话、假话,必然任何问题都难以解决,也解决不了。第二是要"办真事"。给群众办事,不能玩花的、玩虚的,必须出实招,求实效。如此,才能真正体现出为人民服务,密切与群众的血肉联系。第三是要"做真人"。所谓真人，就是表里如一。如果表里不一，说一套做一套，不仅扰乱正常的工作秩序，更会在群众中造成极坏的影响。

其次，要从中观层面入手，狠抓各级组织与机构的工作作风。曾经有市级政府召开民营企业家座谈会，征求对政府工作的意见。有企业家讲：我们能到市级机关办的事，不到区上办；能到省级机关办的事，不到市上办。此言一出，获得企业家们一片共鸣。由此可见，各级组织与机构的作风是有差别的，说明我们的政府机关作风，一级比一级好，也可以说一级比一级需要改进。

当前，有很多矛盾都是基层组织"四风"严重，不作为、乱作为激出来的。以"乌坎村事件"为例，2012年1月，当地村民因土地问题、财务问题、选举问题对村干部不满，到市政府上访并发生摩擦。本来，村级班子的腐败问题，应该是乡一级解决；乡级不去解决，县一级就应解决；县级不去解决，市级就应解决。结果，最终矛盾激化，迫使省上领导解决，并造成很大的负面影响。试想，如果乡级、县级、市级政府主动作为，事不至于拖大、拖炸。可见，解决"四风"问题，尤其要着力改进基层组织的工作作风。

最后，要从宏观层面入手，改革形成"四风"的弊端源头。近些年，各级政府、各有关部门为治理不正之风，也曾屡屡发文。比如禁止公款吃喝、职务消费、杜绝教育乱收费等。但是，从现实情况看，很多文件下发后，没有起到应用的作用，治理效果并不明显。

各种发文，为什么作用不明显？其实很大程度上，源于一些体制上的问题。比如，"驻京办"的问题、"跑部前进"的问题，之所以长时期解决不了，说到底是财政转移支付制度不规范。面对"靠上吃饭"的状况，地方政府为了跑钱、跑项目，不得不挖空心思，在接待上下功夫，进而导致公款吃喝、职务消费等一系列问题。对此，有关部门不能置之不理，只好发文应对，进而便有了"公文旅行"。

所以，治理"四风"，必须下大决心，解决宏观层面的深层次体制问题。这次中央八项规定出台后，是历史上治理干部作风效果最好的一次，至少干部队伍不敢置若罔闻了，不敢明目张胆了。下一步，仍需要建立长效机制，从完善健全体制上想办法。

（原文刊登于《甘肃日报》2013 年 10 月 23 日理论版）

共产党员不能信教是政治纪律

共产党员不准信仰宗教,这是我们党的政治纪律,是我们党区别于大多数政党的一大特点。但是,现实生活中一些党员隐性信教,背离了党的辩证唯物主义世界观。党的十八届六中全会通过的《关于新形势下党内政治生活的若干准则》明确规定:"党员不准搞封建迷信,不准信仰宗教,不准参与邪教,不准纵容和支持宗教极端势力、民族分裂势力、暴力恐怖势力及其活动。"在全面从严治党的新形势下,共产党员在不信教问题上绝无折扣可打、绝无变通可言。

公民有信仰宗教的自由,但是共产党员不能信仰宗教,这是由党的理想信念决定的。马克思指出,"共产主义是径直从无神论开始的"。共产主义远大理想和中国特色社会主义共同理想是中国共产党人的精神支柱。党员如果信仰宗教、传播宗教思想,就意味着理想信念的动摇和滑坡。有些党员认为,公民有信仰宗教的自由,所以自己也能信教。我国宪法的确规定了中华人民共和国公民有信仰宗教的自由,但党员对此必须正确理解。共产党员是比一般公民具有更高政治觉悟、更高政治信仰、更强组织纪律性的"特殊公民",不仅要模范遵守国家的法律,还要遵守党的政治纪律和组织纪律。中国共产党是用马克思主义武装起来的先进政党,这决定了共产党员在世界观、政治立场、理论品格和社会理想等方面都与信教群众有着根本区别。马克思主义世界观和方法论正如列宁所指出的,是完备的哲学唯物主义。共产党员认识和掌握马克思主义世界观和方法论是为了认识把握社会发展规律,肩负起自己的历史使命;马克思主义最鲜明的政治立场是马克思主义政党的一切理论和奋斗都应致力于实现最广大人民的根本利益;马克思主义最重要的理论品格是与时俱进,坚持一切从实际出发,理论联系实际;马克思主义最崇高的理想是实现共产主义,实现物质财富极大丰富、人民精神境界极大提高,促进每个人自由全面发展。这些都与宗教对信教群众的要求有着根本区别。因此,共产党员应始终坚定共产主义远大理想和中国特色社会主义共同理想,而不能到宗教中寻找自己的价值和信念。

共产党员不准信仰宗教,但应树立马克思主义宗教观。马克思主义宗教观体现了共产党员对待宗教的立场、观点和方法。共产党员只有树立马克思主义宗教观,才能正确认识、理解和对待宗教。马克思主义宗教观认为,宗教作为一种意识形态和人类精神生活的组成部分,归根到底是由社会生产力和生产关系、经济基础和上层建筑的矛盾运动决定的。马克思主义宗教观要求共产党员用社会存在决定社会意识的原理看待和说明宗教的本质,看待宗教的存在,正确认识宗教在社会主义社会存在的长期性、民族性、群众性、复杂性和国际性。那种认为随着社会主义制度的建立宗教很快就会消亡的想法,那种认为依靠行政命令、行政手段就能消灭宗教的想法,都是与马克思主义宗教观背道而驰的。

共产党员不准信仰宗教,但应关心党的宗教工作、执行党的宗教政策。习近平同志在全国宗教工作会议上指出,全面贯彻党的宗教信仰自由政策,依法管理宗教事务,坚持独立自主自办原则,积极引导宗教与社会主义社会相适应。做好宗教工作,需要广大党员干部坚持马克思主义宗教观,尊重信教群众的信仰,把信教群众紧密团结在党和政府周围。能不能坚定执行党的宗教政策是检验共产党员党性是否坚强、人民立场是否牢固、与人民的联系是否密切的重要标准。共产党员必须认真贯彻党的宗教政策,善于与宗教界人士交朋友,注意倾听宗教界人士的意见和建议,积极引导宗教与社会主义社会相适应,不断巩固和扩大党的群众基础,增强党对信教群众的吸引力、凝聚力。

（原文为与马进教授合撰，刊登于《人民日报》2016 年 12 月 27 日理论版）

干事创业必须深刻认识国情

　　领导干部制定政策措施、推动改革发展，必须深刻认识国情，坚持一切从国情出发。不深刻认识国情，干事创业不是出现超越现实、超越阶段而急于求成的倾向，就是出现落后于实际、无视深刻变化着的客观事实而因循守旧、故步自封的倾向。在世情、国情、党情发生深刻变化的新形势下，领导干部必须把深刻认识国情作为干事创业的基点。

　　认识国情关系领导干部能否坚持正确政治方向。习近平同志指出："我国仍处于并将长期处于社会主义初级阶段的基本国情没有变，人民日益增长的物质文化需要同落后的社会生产之间的矛盾这一社会主要矛盾没有变，我国是世界最大发展中国家的国际地位没有变。"这"三个没有变"是我们党制定路线方针政策的基本依据，也是我们党在新形势下治国理政的现实基础。党的十八大以来，以习近平同志为核心的党中央之所以能统筹推进"五位一体"总体布局、协调推进"四个全面"战略布局、树立和落实新发展理念，带领人民不断开创中国特色社会主义事业新局面，就在于深刻认识和牢牢把握了国情。领导干部如果不深刻认识国情，就难以深入理解、坚决贯彻习近平同志系列重要讲话精神和治国理政新理念新思想新战略，就可能出现经验主义、教条主义、本本主义、主观主义等错误倾向。只有深刻认识国情，领导干部才能增强政治敏锐性，站稳政治立场，在贯彻落实中央决策部署时不打折扣，始终保持正确政治方向。

　　认识国情关系领导干部决策的成败。习近平同志指出："当代中国最大的客观实际，就是我国仍处于并将长期处于社会主义初级阶段，这是我们认识当下、规划未来、制定政策、推进事业的客观基点，不能脱离这个基点。"领导干部的工作千头万绪，其中一项极为重要的工作就是做好决策。决策正确与否，关键是看决策是不是从实际出发，是不是符合经济社会发展的客观要求，是不是反映人民群众的意愿。对国情没有深刻认识，决策工作就不可能真正做到实事求是，就难以作出与党的路线方针政策相一致、与客观规律相一致、与人民群众意愿相一致的正确决策。现实中，一些领导干部被称为拍脑袋决策、拍胸脯蛮干、拍屁股走人的"三拍干部"，他们最大的问题就在于对现实情况不熟悉而乱决策。领导干部只有认识国情、立足国情，才能使自己的决策符合客观实际，增强决策的科学性、预见性、实效性。

认识国情关系领导干部能否解决"本领恐慌"问题。习近平同志指出："很多同志有做好工作的真诚愿望，也有干劲，但缺乏新形势下做好工作的本领。""本领恐慌"是当前一些领导干部面临的重大问题。领导干部缺乏本领，思想和工作跟不上形势的发展变化，一个重要原因就是对国情、省情、市情、县情、乡情等基本情况不了解，干工作总是处于雾里看花、若明若暗、似懂非懂的状态。由于吃不透情况，就会对怎样做好工作心中无数，就会面临新办法不会用、老办法不管用的尴尬局面，导致在工作中畏首畏尾、优柔寡断。因此，解决"本领恐慌"问题，一个重要方面就是深刻认识国情，进而掌握省情、市情、县情、乡情等。这必然要求大兴调查研究之风。领导干部通过调查研究掌握了第一手的鲜活资料，熟悉了情况，就能够结合新的实际，用新思路、新举措不断开创工作新局面。

（原文为与马进教授合撰，刊登于《人民日报》2017年7月5日理论版）

《甘肃 50 大名胜古迹揽胜》前言

　　跨越千年时空,穿行万里丝路,我们的心灵总是一次又一次被充满诗意的丝绸之路所震撼。与之同时,博大精深的丝路文化与"和平合作、开放包容"的丝路精神同样也是世界文化史上一个永恒的热点话题。

　　甘肃,是华夏文明早期最辉煌的地方之一,因其独特的地理位置自古以来就是中西文化交流的咽喉要道,人类文明的交汇之地,多民族融合发展的重要区域,多元文化融混共生的前沿地带。无论是汉代之前的"玉帛之路",还是张骞凿空之后繁荣兴盛的丝绸之路,甘肃文化都是中华文明滋生孕育与发展壮大的历史见证者。

　　在"一带一路"建设中甘肃文化悄然走俏,丝绸之路(敦煌)国际文化博览会也永久落户陇原。2016 年 9 月 20 日,首届丝绸之路(敦煌)国际文化博览会花开敦煌,在这个以文化交流合作为主题的国家级平台和国际化盛会上,璀璨的名胜古迹、壮美的地理风光,浓郁的民族风情……丝绸之路甘肃黄金段再一次闪亮登场,走向世界。"羌笛何须怨杨柳,春风不度玉门关"的场景变得更加生动鲜活,"一驿过一驿,驿骑如流星。平明发咸阳,暮及陇山头"的情景也愈发真切立体。在此时代契机下,汇聚甘肃最具特色的人文景观和自然景观,并坚持以学术研究为根基,用平实易懂的语言表达,采用相得益彰的插图,将甘肃最精华的文化资源以活泼有趣、通俗形象的方式介绍给国内外读者,是社科研究者的责任与义务。

　　甘肃在历史遗产、经典文化、民族民俗文化、旅游观光文化等四类资源丰度排名中位居全国前列，是名副其实的中华民族重要的文化资源宝库。这里，从浩瀚丰富的文化资源中择取的50大景观，类型丰富，时代久远，序列齐全，是其总体显著特征。分而言之，既有像阳关大道、白塔会盟、大地湾陶、西王母宫等人文特色突出的资源，也有像雅丹魔城、焉支山色、梅园江南、桑科草原等自然景致优美的资源，还有像嘉峪长城、兴隆栖云、麦积石窟、西狭颂歌等人文与自然兼具的名胜古迹。完全可以说，这些景观既是丝绸之路多元文化交流荟萃的结晶，也是甘肃东西狭长的地理地貌与人文特点的如是写真。

　　若将选取的甘肃50大名胜大致按照从西到东的地理进行划分，在不同的地域单元也纷纷呈现出面貌迥异的文化气息。最西端的河西走廊，是丝绸之路的孔道，东西异域文化在此碰撞融汇，遗留至今的历史遗产更多地表现出石窟艺术与边塞文化的元素。蜚声国内外的敦煌莫高窟，以及天梯石窟、马蹄古寺等石窟中的壁画、塑像、建筑艺术各领风骚。同时，阳关、玉门、锁阳、嘉峪、酒泉、焉支等耳熟能详的文化符号，总是不由自主地将人带到金戈铁马、英雄美酒的遐想中。以兰州为中心的甘肃中部地段，鬼斧神工的黄河石林奇观，黄河明珠——刘家峡水库，托物寄情的青城民居，洞天福地的兴隆栖云等等，大都深深印有黄河文化的痕迹，处处散发着雄浑厚重的韵味。陇南山地峰峦叠嶂，植被葱郁，满目碧绿，胜似江南；甘南草原平坦开阔，水草丰美，牛羊遍地，藏传佛教文化魅力独具。甘肃东段，以崆峒为主的养生文化和以南梁为代表的红色文化更是远近驰名，游人如织。

　　总之，厚重久远的甘肃文化，在河西、中部、南部、东部的景观名胜各有特点，各具特色，但无一例外都是内涵丰富的人文遗址或壮美秀丽的自然景点，不仅仅能够满足现代人们猎奇逐新的心理需要，也值得细细品味!

附:

《甘肃50大名胜古迹揽胜》目录:敦煌壁画、月牙神泉、雅丹魔城、张掖丹霞、扁都道口、骊靬古城、伏羲古庙、南郭山寺、悬泉遗址、锁阳古城、玉门春风、嘉峪长城、松岩叠翠、冶力关口、麦积石窟、阳关大道、马蹄古寺、小三峡幽、黄河石林、刘家峡水、炳灵石窟、会宁会师、梅园江南、天池胜景、官鹅沟情、西狭颂歌、大堡子山、扎尕那村、哈达铺镇、雷台汉墓、白塔会盟、北石窟寺、郎木神寺、九曲黄河、拉卜楞寺、腊子口险、桑科草原、天梯石窟、崆峒问道、西王母宫、南梁烽火、大地湾陶、酒泉卫星、焉支山色、山丹军马、兴隆栖云、青城古镇、鲁土司衙、和政化石、贵清遮阳。

（原文为作者主编之《甘肃50大名胜古迹揽胜》前言,甘肃人民出版社,2017年1月出版）

《甘肃省文化资源名录》前言

甘肃是华夏文明的重要发祥地之一、中华民族重要的文化资源宝库、国家认定的"华夏文明传承创新区"。为了保护和传承甘肃恢宏的历史与当代文化资源,使之能够汇总展示给世界,并永久流传,甘肃省从2013年4月启动了全省性的文化资源普查工作。在甘肃省文化资源普查和分类分级评估工作领导小组组织下,动员全省各市县、31个省直厅局及单位人员,以及数十位专家学者,历时两年,完成普查和数据录入工作。甘肃省社会科学院又经过两年时间整理完善、拾遗补阙、校对编排,终于在2017年7月将全省文化资源普查成果分类编辑,完成付梓出版。

《甘肃省文化资源名录》展现了历史悠久、丰富多样的文化资源。甘肃历史文化遗存位列全国前茅,民族民俗文化特色鲜明,现代文化颇具实力。伏羲文化、大地湾文化、马家窑文化、齐家文化、寺洼文化、彩陶文化、周秦早期文化、长城文化、汉简文化、三国文化、五凉文化、敦煌文化、石窟文化、黄河文化等历史文化资源积淀深厚;道教文化、西夏文化、伊斯兰文化、藏传佛教文化等民族宗教文化资源星罗棋布;大革命文化、根据地文化、长征文化、抗日文化、解放区文化等红色文化资源耀眼夺目;工业文化、科技文化、歌舞文化、大众文化等现代文化资源特色鲜明。可以说,文化资源是历代生活在甘肃的华夏儿女,留给这块大地的永不磨灭的最辉煌印记。

就甘肃文化资源的精华而言,截至2017年初,全省馆藏可移动文物为 195.84 万件,各类不可移动文物 16895 处。有世界文化遗产 7 处,全国重点文物保护单位 131 处,省级文物保护单位 556 处,国家级非物质文化遗产代表性项目名录 68 项。有国家级历史文化名城 4 座,国家级历史文化名镇 7 座,中国历史文化名村 2 座,中国传统村落 36 个。莫高窟、嘉峪关、伏羲庙、麦积山、炳灵寺、阳关、玉门关、锁阳城、崆峒山、拉卜楞、中山桥……,都是甘肃文化的历史见证;敦煌汉简、悬泉汉简、铜奔马、牛肉面、剪纸、花儿、皮影、羊皮筏子、黄河水车……都是甘肃永恒的文化名片;腊子口、哈达铺、会师楼、南梁……都是甘肃代表性红色文化遗产;酒泉卫星发射中心、刘家峡、玉门油田、《读者》《丝路花雨》《大梦敦煌》……都是甘肃之所以为甘肃的鲜明标志;祁连山、雪山冰川、河西走廊,大漠戈壁、高原草原、天池梅园……都是如意甘肃的生动写照。众多的历史、自然和现代文化资源犹如满天繁星,镶嵌在广袤的甘肃大地上熠熠生辉。

《甘肃文化资源名录》汇总甘肃文化资源的精华,完成了打造华夏文明传承创新区的一项基础性工作。名录将文化资源分为二十大类,分别是:文物;红色文化;重要历史事件与人物;重要历史文献;民族语言文字;非物质文化遗产;自然景观文化;宗教文化;文学艺术;饮食文化;建筑文化;节庆、赛事文化;文化之乡;地名文化;文化传媒;社科研究;文化类高等教育;文化艺术机构团体;文化产业;文化人才。每类文化资源按属性又分若干子分类,每个子分类都有严格的界定。同时,将文化资源级别分为省级和市州级。省级文化资源是指国务院、国家有关部委、甘肃省政府和省直部门已经明确命名、认定、管理(或委托管理)的国家级和省级文化资源,以及甘肃省文化资源普查办公室评估认定并核定公布、报送备案的文化资源。市州级文化资源是指甘肃省各市州、县级政府及各管理部门已经明确命名、认定、管理的市县文化资源,以及甘肃省文化资源普查办公室评估认定并核定公布、报送备案的市县文化资源。甘肃省内世界级文化资源（遗产）纳入省级文化资源管理范围，暂未认定级别和不需认定级别的文化资源统一纳入市州级文化资源范围。

推出《甘肃省文化资源名录》，对于推进华夏文明传承创新区建设、甘肃文化大省建设、丝绸之路黄金段建设意义深远。名录不仅仅是记录甘肃文化资源种类和数量，也在于使甘肃文化资源的资源类别、品相级别、蕴藏情况、流布地域、传承范围和衍变情况得以准确和清晰化。通过编辑出版《甘肃省文化资源名录》，形成一个科学完整的文化资源数据库、文化资源研究的学术平台、文化资源传承保护和开发利用的指南，有助于更好地挖掘文化资源中具有世界影响、国家价值、显著特点、唯一仅存、开发潜力巨大的代表性文化资源，为文化资源有效保护、理性挖掘提供科学依据，为重点文化资源找到开发的机遇并重塑生长的价值，为文化产业项目的开发利用提供可靠的参考。所以，《甘肃省文化资源名录》的推出是甘肃省文化资源普查成果面向世界迈出的第一步，它为甘肃省今后对文化资源进行保护传承、专题研究、数字展示、市场开发奠定了基础。

（原文为作者总主编之《甘肃省文化资源名录》50 卷的前言，中国书籍出版社，2017 年 10 月出版）

《甘肃文化建设成果报告》前言

近五年来,甘肃文化战线以十八大精神为指针,深入学习贯彻习近平总书记系列重要讲话和党中央治国理政新理念新思想新战略,坚持新时代文化建设的基本方略,立足省情,抢抓国家实施文化强国战略机遇和"一带一路"发展倡议,坚持"保护祖业、繁荣事业、发展产业"三业并举,积极推进华夏文明传承创新区建设和文化大省建设,历史文化遗产得到有效保护,现代公共文化服务体系逐步完善,文化产业取得长足进步,文化助推经济发展的作用日益明显,全省文化工作亮点频出,文化建设水平迈上新台阶。

《甘肃蓝皮书·甘肃省文化建设成果报告》立足重点,体现亮点,通过对全省近五年(2013—2017)来重大文化建设成果的总结梳理,力图全面展现全省文化建设水平。本报告共分十二个部分。

文化平台:建设水平不断提升

文化平台是文化建设的重要载体,是为完成文化建设任务而搭建的文化传承创新、保护利用、资源展示、信息共享、交流发展等形式的文化生产创意服务体系,对于营造文化建设大环境,对于文化转化为物质力量具有不可估量的作用。甘肃文化建设主要有三大平台。

一是华夏文明传承创新区。华夏文明传承创新区是国务院批准的关于支持甘肃发展的一项重大战略规划,是中国第一个国家层面上的文化发展战略平台。一带三区的工作布局统揽甘肃文化建设方方面面,根据《甘肃省实施中华优秀传统文化传承发展工程方案》总体目标要求,到2020年,华夏文明传承创新区基本建成。华夏文明传承创新区自获批以来,一手抓总体思路的完善拓展,一手抓"十三板块"的破解深化;一手抓基础平台的构建提升,一手抓重大项目的策划实施,统筹协调、狠抓落实,推动华夏文明传承创新区建设工作取得重大进展。100个细节,见证着华夏文明传承创新区建设征程,平台效应,日渐显现,顶层设计得到加强,工作基础更加夯实。

二是丝绸之路(敦煌)国际文化博览会。丝绸之路(敦煌)国际文化博览会是中国与丝绸之路沿线国家开展文化交流合作平台和经济合作综合服务平台。以"推动文化交流、共谋合作发展"为宗旨,以丝绸之路精神为纽带,以文明互鉴与文化交流合作为主题,以实现民心相通为目标,已成功举办两届。敦煌文博会通过举办丰富多彩的活动,将为文化交流与合作创造出更多成果,为"一带一路"建设实现取得更大成效奠定人文基础。

三是甘肃省文化资源云平台。甘肃省文化资源云平台是在全省文化资源普查和分类分级评估工作以及信息平台建设、文化资源名录编撰工作的基础上发展而来,是目前国内领先、省内最大的综合性文化资源数据库,是对甘肃文化资源数据化的重要尝试。2018年1月15日,甘肃省社科院的"传承华夏文明 弘扬甘肃文化——甘肃省文化资源云平台暨名录建设项目"荣获2017年度全省宣传思想文化工作创新"原创奖"。这是改革开放以来,继"敦煌国际文化旅游名城发展规划纲要"和"申办丝绸之路(敦煌)国际文化博览会"之后,甘肃历史上产生的第三个全省宣传思想文化工作创新"原创奖"。

文化工程:三大工程扎实推进

近年来,甘肃省以华夏文明传承创新区建设为契机,全面贯彻党的十八大精神,组织实施了文化走出去、历史再现和文化传承发展三大文化工程,成功举办了两届丝绸之路(敦煌)国际文化博览会,推出了一批展示甘肃优秀历史文化研究成果和文学艺术精品,举办了一系列以敦煌艺术、丝绸之路文物为特色,具有中国内涵、国际表达、创意融合的对外文物展览,促进了丝路沿线国家和地区文化交流合作。文化产业快速发展,文化艺术产品出口不断扩大,国际间文化交流日益增多。

一是甘肃文化走出去项目工程。扎实做好"一带一路"对外文化交流工作设计,着力推动覆盖面广的对外文化工作阵地、品牌、平台和渠道建设,积极争取承担国家重大对外文化交流项目。实施文艺精品剧目西进工程,总结推广《丝路花雨》《大梦敦煌》等优秀舞剧、歌剧、杂技等剧目赴外演出。推进敦煌国际文化旅游名城建设,办好丝绸之路(敦煌)国际文化博览会等活动。发挥文化在脱贫攻坚中的重要作用,推动贫困地区文化"走出去"。

二是甘肃省文化遗产历史再现工程。截至目前,全省"历史再现"工程博物馆总数达到555个,包括文化系统博物馆166个、行业博物馆102个、非国有博物馆79个、"乡村记忆"博物馆185个、非遗博物馆16个,遗址类博物馆7个。其中,202个博物馆列入全国博物馆名录,排名全国第11位。敦煌研究院、天水市博物馆成功晋级国家一级博物馆,张掖市博物馆、天水麦积区博物馆等8个新馆陆续建成开放。甘肃简牍博物馆新馆建设项目已经省发改委批复立项。2017年,全省各级博物馆纪念馆共推出新陈列6个、改造提升基本陈列8个、举办临时展览150余个,组织开展"四进"、青少年教育等社教活动1000余场次,接待观众近2700万人次,成为公共文化服务体系的重要支撑。

三是甘肃省优秀传统文化传承发展工程。立足甘肃厚重文化底蕴,增强文化自觉和文化自信,深入挖掘中华优秀传统文化价值内涵,以教育引导为关键,以传承创新为牵引,以内化外拓为重点,全面推进华夏文明传承创新区建设,构建优秀传统文化研究阐发、普及教育、实践养成、保护传承、传播交流"五大体系",进一步激发了中华优秀传统文化的生机与活力。加强文化遗产保护传承,推进"历史再现"工程。大力推进文艺作品创作生产,实施一批重点工程:"文学八骏"人才培养工程、"敦煌画派"打造工程、戏剧大省建设工程、纪录片大省建设工程、西部类型影视剧创拍工程、文艺百粒种子创作扶持工程。推进中华优秀传统文化融入生活、深化交流,实施农耕食文化活态传承工程、"书香陇原"全民阅读工程。

文化遗产:得到有效保护

文物保护方面,甘肃省现有不可移动文物 16895 处,其中世界文化遗产地 7 处、全国重点文物保护单位 131 处,省级文物保护单位 556 处,市、县级文物保护单位 4726 处。330 个国有单位共收藏可移动文物 42.34 万件(套),包括珍贵文物 11.83 万件(套)。

大遗址保护方面,秦安大地湾遗址、高台许三湾城及墓群、瓜州锁阳城遗址、高台骆驼城遗址、礼县大堡子山遗址、金塔居延遗址及长城、丝绸之路、秦直道、茶马古道等 10 处大遗址被列入国家大遗址保护。

非物质文化遗产保护方面,花儿和环县道情皮影戏列入联合国教科文组织"人类非物质文化遗产代表作",国家级非物质文化遗产代表性项目有 68 项,省级代表性项目 493 项;有 617 名传承人入选国家级和省级非物质文化遗产代表性项目代表性传承人(其中国家级传承人 68 名)。此外,还有市州级非遗代表性项目 1911 项,县区级 4575 项;市州级非遗代表性传承人 2169 名,县区级非遗代表性传承人 4857 名。同时,经过甘肃省非遗保护普查,累计发现非物质文化遗产线索 27000 多条,已形成较为完整的国家、省、市、县四级非遗名录体系。

历史文化名城名镇名村保护利用方面,现有国家历史文化名城 4 座,中国历史文化名镇 7 座,中国历史文化名村 2 座,省级历史文化名城 8 座,省级历史文化名村 9 座。甘肃省历史文化名城名镇名村及中国传统村落保护有序推进。明确了构建"丝绸之路""茶马古道"两条路;建立以"民族宗教、断代遗址、历史脉络"为三个平台的发展路径;遵循"坚持科学求实的态度和对历史负责的精神、推进丝绸之路华夏文明传承创新区的文明创造、结合经济转型发展需求多手段推进创建"三原则。一是政策制度更加完善。二是省域统筹成效显著。三是历史定位更加精准。

古籍整理方面,甘肃省现有古籍藏量约 140 余万册,其中汉文文献 110 余万册、少数民族文献 30 余万册;文溯阁《四库全书》共有古籍 3474 种,36315 册,79000 多卷,229 万多页;甘南拉卜楞寺藏有医药、声韵、天文历算等各类藏传佛教文献 68730 部,以及宗喀巴、西藏各大活佛、历世嘉木样大师的作品集。甘肃省现有 266 部古籍收入《国家珍贵古籍名录》。甘肃发现的 6 万多枚汉简以及在敦煌藏经洞发现的 5 万多件文书经卷,不仅享誉世界,由此兴起的简牍学、敦煌学已经发展成为世界显学。

民族文化传承方面,实施甘肃民族民俗文化艺术园等重大公共文化基础设施建设工程、少数民族文艺院团扶持和群众性文化活动发展工程、少数民族文化传承发展研究工程、少数民族特色文化遗产发掘保护和少数民族特色民居村寨保护修复工程、少数民族和民族团结进步事业重大事件与重要人物研究宣传展示工程、少数民族文化产业发展工程、少数民族文化人才培养工程等七大工程。先后整理出版《中国少数民族古籍总目提要·东乡族·裕固族·保安族卷》，对甘肃独有的有语言无文字的三个民族优秀文化进行抢救性传承保护，修订再版大型民族文献《少数民族自治地方概况丛书》，组织撰写《甘肃各少数民族对华夏文明的历史贡献》等书籍，筹拍大型历史人文电视纪录片《凉州会盟》。

红色文化：持续弘扬

各地市着力加强革命历史文化遗产保护，对红色场馆进行新建及修缮。庆阳市按照"一县一个主馆，配套若干景点"的思路，着力构建"一区七县八馆"红色教育基地和红色旅游景点网络。甘南州积极争取甘肃省"77153"红色文化项目，全州6个纪念馆全部向公众免费开放。酒泉市先后建成了瓜州县红西路军纪念馆、酒泉起义纪念馆等，现有各级各类爱国主义教育基地共计44个。金昌市先后完成永昌县北海子保卫战纪念馆、红西路军总指挥部、宣家庄大沽政治部、柴家老庄等革命战斗遗址改造升级，并成功申报红西路军总指挥部旧址、大沽政治部旧址和八坝阻击战遗址为省级文物保护单位，有效提升了红色纪念遗址的档次。平凉市已建成静宁中国工农红军长征界石铺纪念园、庄浪中国梯田模范县纪念馆、华亭工委纪念馆。

文艺创作：精品不断

五年来，全省作家共发表长篇小说100多部，中短篇小说500多部。《我的帐篷里有平安》荣获鲁迅文学奖，今年8月，甘肃省作家弋舟的短篇小说《出警》获第七届鲁迅文学奖。几部民间文艺理论作品获中国文联中国民协山花奖，在国家级奖项中亦多有斩获。《天下第一桥》《西狭长歌》等作品获蜚声全国剧坛。"甘肃文学八骏"品牌享誉文坛。品牌打造不断深入，中国当代丝绸之路文学基础建设工程、微电影大赛、丝绸之路音乐节、"敦煌画派"、中国藏族锅庄舞大赛、敦煌国际摄影双年展、"草圣故里"全国草书名家学术提名展暨首届中国草书论坛、甘肃"文学八骏"人才工程等具有较大潜力的品牌项目重点发力。

文化服务:现代公共文化服务体系逐步完善

五年来,甘肃全面推进公共文化服务体系建设,加大政府投入,提升公共文化服务标准化、均等化水平。目前,全省共有公共图书馆103个,文化馆103个,各类博物馆、纪念馆385个,美术馆、画院54个,乡镇综合文化站(中心)1228个,文化信息资源共享工程各级分(支)中心和服务站点1.6万个,建成行政村综合性文化服务中心(乡村舞台)14580个(占全省行政村的91%),形成了健全完善的五级公共文化服务体系,公共文化服务硬件水平明显提升。"乡村舞台"建设项目,为精准扶贫搭建了智力支持平台。行政村"乡村舞台"建设任务,占全省行政村的94%,2017年底前实现全覆盖。深入开展送戏曲、送电影、送展演、送科普等服务活动,把文化产品、文化服务送到群众家中,做到让文化爱民更加实际、文化惠民更加精准。五年来,全省面向基层群众共举办文艺演出1.6万余场次,开展基层艺术培训展览3.4万多场次,举办实用技术培训7600余场次。

文化旅游:深度融合

实施旅游强省战略,提出构建"一个旅游龙头、两大区域旅游集散地、三大特色国际旅游目的地、四条旅游发展带、十大主题旅游线路、五个百强产业带动区"文化旅游发展新格局。坚持把大景区作为文化旅游产业核心竞争力来打造,作为全省文化资源优势向产业优势转化的瓶颈来突破。实施"旅游+"战略,不断拓宽文化旅游融合发展空间。努力将甘肃打造成为文化旅游融合发展的先行区和示范区，有力有序推进了祁连山自然保护区开展旅游项目生态环境督查整治工作，全省成功创建了 5 个国家生态旅游示范区。强化宣传促销，"交响丝路·如意甘肃"文化旅游品牌影响力持续扩大。2018 年初，《纽约时报》最新发布的"2018 年全球必去的 52 个目的地"榜单中，甘肃位列第 17 位，是我国唯一入选省份。这是继甘肃荣登世界权威旅游指南《孤独星球》"2017 亚洲最佳旅行目的地榜单"榜首之后的又一全球性荣誉，意味着甘肃旅游的知名度和美誉度进入全球视野。策划推动大敦煌全域旅游生态圈建设，打造文化旅游融合发展示范工程。加快文化旅游商品开发步伐，提升产业融合水平。全面启动"一部手机游甘肃"，推进文化旅游景区多维展示利用。

文化产业：加速发展

甘肃省着力推进文化体制改革，积极培育市场主体，加大文化产业招商引资，倾力打造产业发展平台，切实推进产业结构调整、项目建设和一批重点工程顺利实施，初步形成了符合甘肃实际的产业体系。预计到 2020 年，随着华夏文明传承创新区功能的日趋完善，进一步形成在全国独具特色的文化产业体系、现代文化创新发展的新高地，文化产业增加值占 GDP 的比重达到 5%以上，成为国民经济支柱性产业。截至 2017 年，甘肃省 33 个重点文化产业项目入选文化部《2017 中国文化产业重点项目手册》，27 个重大文化产业项目和优秀基层院团获得 2390 万元国家专项资金支持。兰州创意文化产业园获得首批十大国家级文化产业示范园区创建资格，入园企业达到 153家，年产值实现 9.7 亿元，上缴利税 5000 多万元，示范园区产业助推器和孵化器的作用明显增强。

文化人才：才尽其用

一是着力抓好高层次文化人才队伍建设。二是大力实施各类文化人才项目。三是大力开展技能大师工作室项目建设。四是不断优化基层文化人才队伍结构。五是进一步加大文化人才培训力度。

2013—2017 年，甘肃省文化系统从业人员中，有正高级职称人员 128 人、副高级 584 人、中级 2112 人，加强了非公有制领域文化人才的培养，省级和市级先后为 986 名农村文化实用人才评定了职称。其中，正高级职称 12 人、副高级职称 242 人、中级职称 226 人、初级职称 506 人，国家级非遗代表性传承人人数增至 68 人。

节庆赛事：形式多样

甘肃省节庆赛事形式多样，群众参与广泛，"文化搭台，旅游唱戏"，以"赛"育"市"和以"市"促"赛"成为新的发展模式，节庆赛事的举办日渐成为文化、旅游、经济发展的重要载体，在对外宣传、品牌推介、招商引资等方面扮演者越来越重要的角色。为了进一步规范和加强对各类节庆活动的管理，甘肃省清理和规范庆典研讨会论坛活动工作领导小组于 2015 年 5 月 26 日颁布了《甘肃省节庆活动管理实施细则》，从制度上规范了节庆活动的举办，对加强监督管理、促进节庆活动健康有序发展具有重要意义。敦煌行·丝绸之路国际旅游节、公祭伏羲大典暨天水伏羲文化旅游节、陇南乞巧女儿节、兰州国际马拉松、嘉峪关国际铁人三项赛活动等节赛成为知名品牌。

文化会展：丰富多彩

整体而言，虽然甘肃会展业相对滞后，竞争力不强，但甘肃文化会展近年来规模不断扩大，形式丰富多彩，组展主体呈现多元化，文化内涵逐渐增强,会展中心及配套设施日益完善。以"一带一路"为背景,以甘肃厚重的文化资源为底蕴,大力发展文化会展业,是甘肃会展业的创新发展思路,丝绸之路(敦煌)国际文化博览会、兰洽会、丝绸之路(嘉峪关)国际房车博览会、丝绸之路旅游产品(文创产品)展览会等成为重要文化会展。

智库建设:开始发力

近年来,甘肃中国特色新型智库的功能定位,突出"地方特色",以开展地方社会实践为基础,以彰显地方风格为特征,以研究地方问题为目标,逐渐形成了符合地方发展特征的特色新型智库体系,智库建设初步发力,智库作用日渐明显。

中国特色社会主义文化建设要求坚持新时代文化建设的基本方略,甘肃文化建设要围绕文化资源大省做文章,要围绕现代文化建设补短板,要围绕决胜小康、脱贫攻坚强基础。《甘肃文化建设成果报告》蓝皮书不是对文化建设成果的简单堆砌,而是在文化建设成果重点亮点的展示中让我们思考困难和不足。新时代有新任务,新时代理应有新作为,让我们坚持习近平新时代中国特色社会主义思想,坚持文化自信,坚持社会主义核心价值观,为甘肃文化建设成果鼓与呼,为甘肃未来文化建设加油助力!

(原文为作者主编之《甘肃省文化建设成果报告》的前言,甘肃人民出版社,2018年9月出版)

新时代中国文化软实力的价值传播

通观历史,在大国博弈兴衰的时代浪潮中,文化软实力是最难得最持久的战略依托。直面现实,在中华民族伟大复兴的征程中,文化软实力是凝心聚力引领发展的力量源泉。

进入新世纪,随着我国综合国力的稳步提升,文化软实力建设的重要性日益凸显。党的十八大以来,习近平总书记在不同场合多次就国家文化软实力建设作出了一系列重要论断。比如,"提高国家文化软实力,关系'两个一百年'奋斗目标和中华民族伟大复兴中国梦的实现";"文化是一个国家、一个民族的灵魂。文化兴国运兴,文化强民族强。没有高度的文化自信,没有文化的繁荣兴盛,就没有中华民族伟大复兴"。由此可见,文化不仅是衡量一个社会综合发展的重要指标,而且是提升一个国家核心竞争力的动力源泉,尤其是弘扬一个国家核心价值观的关键抓手。推动文化繁荣、坚定文化自信、传播"中国价值",已成为新时代文化建设的必然要求。

价值传播是文化软实力建设的基本功能

文化软实力是中国特色社会主义现代化建设的重要内容。"软实力"最早由美国政治学家约瑟夫·奈提出,他认为一个国家的综合国力既包括由经济、科技、军事等表现出来的"硬实力",也包括以文化和意识形态吸引力体现出来的"软实力"。中国语境下的文化软实力是这一"软实力"概念的"中国化"表达。文化既是软实力的核心内容之一,也是对经济社会发展中"硬实力"的有效补充,还是一个国家增强国民凝聚力的重要根基,更是提升国家综合实力的"倍增器"。显然,文化软实力建设是文化生产力发展的时代体现,是经济发展和社会进步的重要源泉,是新时代中国特色社会主义现代化建设的题中之义。

价值是文化的内核,文化软实力建设及其提升离不开文化价值的指引与导向。从文化资源到文化软实力是一个国家文化软实力建设的基本路径,也是其文化价值的彰显过程。新时代的文化软实力建设应涵盖两个方面基本内容:(1)就其内涵而言,文化软实力既包括以文化产业、文化产品等为核心的显性文化软实力,也包括以社会传统和核心价值为依托的隐性文化软实力。(2)就其外延来讲,文化软实力具有两种表现形态:对内形成以自身文化为核心的亲和力、认同力和凝聚力,其标志是文化自信的涵育培养;向外则是对"他者"(其他国家或区域群体)产生文化亲和力、影响力和吸引力,其标志是文化魅力的传播彰显,即在文化交流交融交锋过程中的文化认同与价值传播。因此,价值传播是文化软实力建设的基本功能。在提升我国文化软实力的同时,使"他者"亲近、认同、学习并传播中国文化,从而彰显中华文化优势,积淀中华文化魅力,拓展中国发展战略空间,有效提升我国"硬实力",是文化软实力建设的根本使命。

传播"中国价值"是文化软实力建设的核心内容

如果说价值传播是文化软实力建设的基本功能,那么传播"中国价值"就是文化软实力建设的核心内容。坚定文化自信,讲好中国故事,构建中国特色话语体系,发出中国声音,让中国价值走向世界并广泛传播,展现真实、立体、全面的中国,这既是提升国家文化软实力的本质要求,也是新时代中国文化发展的必然趋势。如果一个国家或民族的价值在国内外不能得到广泛认同和有效传播，那么文化软实力就无法形成。因此，要发展中国文化软实力，必须重视文化软实力的价值传播。

"中国价值"至少包括两个方面的主体内容：一是中华优秀传统文化理念体系，二是当代中国特色社会主义价值观念体系。前者是"中国价值"的传统基因，后者是"中国价值"的时代表达。一方面，中华优秀传统文化是"中国价值"的重要组成部分，是中华民族在历史上积淀形成的文明结晶；另一方面，当代中国价值观念的实质是中国特色社会主义价值观念，是中国共产党建设中国特色社会主义的实践总结和时代贡献，它的提出和形成离不开中华优秀传统文化理念的积淀和熏陶。二者相互影响，不可分割，共同构成"中国价值"的基本内容。

文化是传播价值观念、构建国际关系、拓展战略空间的重要桥梁。纵观人类社会数千年的兴衰更替，但凡文明发展得到公认的国家、民族，都在人类历史上铭刻了不可磨灭的文化印迹。从汉唐盛世到五四运动，从中华人民共和国成立到新时代中国特色社会主义，从丝绸之路到"一带一路"，文化交流和价值传播始终是贯穿历史发展的永恒纽带。在比拼"软实力"的全球化新阶段和新媒体时代，以"软实力"为主的隐性竞争成为世界大国竞争的基本范式，文化创新与价值传播日益成为国家核心竞争力的重要标志。近年来，在党的顶层设计与统筹规划下，我国从专注于经济建设走向推进经济、政治、文化、社会、生态一体化发展，从单纯的发展文化产业到树立文化自信，文化软实力建设全方位展开。这一文化发展战略的转变，意味着民族精神与民族性格的基本元素在新时代必将有质的飞跃与提升。整体来看，"提高国家文化软实力，要努力传播当代中国价值观念"；"我国成功走出了一条中国特色社会主义道路，实践证明我们的道路、理论体系、制度是成功的"。为了彰显我国文化软实力的基本价值,应当做到:(1)强化提炼阐释,拓展平台载体,在国际合作、交流、交往中,多维融入当代中国价值观念;(2)依托中国各民族优秀传统文化资源及价值观念,培育推出具有中国特色的文化产品产业,借此讲好中国故事、阐释中国特色、凸显中国成就、增强中国引力。这是新时代文化软实力建设的本意所在。

树立"中国立场"是传播"中国价值"的必然要求

传播中国价值既需要全面把握文化基本内涵,更需要牢固树立文化基本立场。中国价值是中华民族精神的时代体现,是中华优秀传统文化理念和当代价值观念体系的综合体现,是坚定文化自信、提升国家文化软实力以及实现中华民族伟大复兴中国梦的基本内核。其中,中华优秀传统文化及其价值积淀历史悠久,思想文化源远流长,处世态度平和包容,是中华儿女在长期的历史实践中形成的宝贵财富,是中华民族最基本的文化基因,是我国文化软实力建设与价值传播的源头活水。当代价值观念体系,以马克思主义特别是新时代中国特色社会主义思想为价值灵魂,统领主导中国价值的发展走向,是我国文化软实力建设的根本指针。

价值问题的实质是立场问题,传播中国价值必须旗帜鲜明地确立中国价值的文化立场。提升中国文化软实力、坚定中国文化自信、构建中国话语体系,其大前提就是表明中国立场。当然,构建具有中国特色的当代价值观念体系离不开对中华优秀传统文化和西方先进理念的学习与借鉴,但当代中国价值绝不是西方话语体系在中国的变相表达。因此,传播中国价值"既需要建立起与西方话语之间的桥梁,同时又需要坚持中国特色,讲述中国故事、传递中国声音、阐释中国特色",使之立足于中国大地,根植于中国特色社会主义伟大事业,聚焦于中华民族伟大复兴。中国价值的传播既要具备民族性和传统性，又要具备时代性和发展性。具体来讲，"就是要在当代中国价值观念的传播中，传播话语既应该能够传递中国传统价值精髓，传递社会主义价值理念，传递中国人民价值追求，形成传递中国特色价值形态，同时又能够体现人类普遍的价值追求"。

党的十九大报告强调，要"展现真实、立体、全面的中国，提高国家文化软实力"。而提升文化软实力是一个动态的、系统的、长期的、复杂的过程，既要深刻领会文化软实力建设的主要内涵与其价值传播的基本功能，也要贯彻落实传播"中国价值"这一核心内容，更要牢固树立"中国立场"这一基本前提。同时，还要培育中华儿女的文化自信，展示中华文化的独特魅力，体现中国立场，彰显中国智慧，增强中国价值的认同度与吸引力。

（原文刊载于《中国社会科学报》2019 年 1 月 31 日头版头条）

附录

王福生科研成果目录

主要成果——代表作

1.《大变法：中国改革的历史思考》，金城出版社，2010 年 6 月出版。

2.《对非公有制企业党的建设工作"甘肃模式"的调查与思考》，《甘肃理论学刊》，2011 年第 1 期，中国人民大学复印报刊资料《中国共产党》2011 年第 5 期全文转载。

3.《2006 年以来地方党委实行常委分工负责制实际运行效果研究》，中央党校《理论动态》，2013 年总第 1951 期。

4.《论社会主义核心价值体系与中华优秀传统文化的对接路径》，《甘肃社会科学》，2014 年第 5 期，中国人民大学复印报刊资料《思想政治教育》2014 年第 11 期全文转载。

5.《推动丝绸之路经济带构建应立足西北省区》，《中国党政干部论坛》，2014 年第 9 期。

6.《以创新理念探索基层公共文化服务治理新模式》，《光明日报》，2016 年 11 月 23 日专题版。

7.《共产党员不能信教是政治纪律》，《人民日报》，2016 年 12 月 27 日理论版；甘肃日报，2017 年 1 月 9 日理论版转载。

8.《干事创业必须深刻认识国情》，《人民日报》，2017 年 7 月 14 日理论版。

9.《扩大城乡中等收入群体的改革重点及路径》,《开发研究》,2017 年第 3 期,中国人民大学复印报刊资料《社会主义经济理论与实践》2017 年第 9 期全文转载,《新华文摘》2017 年第 18 期论点摘编,《社会科学报》2017 年 8 月 4 日论点摘编。

10.《改革开放 40 年回顾与新时代改革》,《开发研究》,2018 年第 1 期,中国人民大学复印报刊资料,《国际经济文摘》2018 年第 3 期全文转载,《新华文摘》2018 年第 10 期论点摘编。

11. 联合哈萨克斯坦中国研究中心主编《中国—哈萨克斯坦友好关系发展史》,中国书籍出版社,2019 年 6 月出版。

12.《南水北调西线工程需要新思路、新方案——关于西线调水应从怒江、帕龙江或雅鲁藏布江选点的调研报告》,《开发研究》,2020 年第 1 期。

13.《关于南水北调西线工程的思考和建议》,《甘肃日报》,2020 年 6 月 4 日理论版。

14. 联合塔吉克斯坦总统战略研究中心主编《中国—塔吉克斯坦友好关系发展史》,中国书籍出版社,2020 年 12 月出版。

15.《南水北调中线建设成效对规划西线的启示》,《开发研究》,2021 年第 4 期。

主要成果——论文类

1.《行政区划体制同政府机构一样需要改革》,《发展》,1998 年第 5 期。

2.《营造改革开放宽松环境 以发展非公有制为突破口振兴县域经济》,省委办公厅《送阅件》1999 年第 5 期,省政府办公厅《情况通报》1999 年第 25 期。

3.《继续推进甘肃的思想解放和观念转变》,《时代学刊》,2003

年第 7 期。

4.《2005 年甘肃省国民经济和社会发展报告》白皮书"经济体制改革"部分,甘肃人民出版社,2005 年 6 月出版。

5.《2005 年中国经济体制改革年鉴》"甘肃篇"部分,中国财政经济出版社,2005 年 7 月出版。

6.《以科学发展观为指导,加快甘肃体制机制创新》,《发展》,2006 年第 11 期。

7.《关于构建和谐社会需要把握和处理好的几个关系》,中央党校《理论前沿》,2007 年第 4 期。

8.《充满创新精神的马克思主义中国化的光辉文献》,《甘肃日报》,2007 年 10 月 21 日理论版,《甘肃理论学刊》2007 第 6 期。

9.《以思想再解放实现甘肃新发展》,《调查与研究》,2009 年第 1 期。

10.《在学习实践科学发展观中建立保障和促进科学发展的体制机制》,《甘肃理论学刊》,2008 年第 6 期。

11.《当代中国改革的走向和未来探析》,《未来与发展》,2010 年第 6 期。

12.《以更伸展的历史眼光和更宽广的世界眼光透视当代中国改革》,《未来与发展》,2010 年第 10 期。

13.《历史的拐点只有两次—关于中国历史上的社会转型式改革》,《甘肃理论学刊》,2011 年第 1 期。

14.《当代中国改革的国际比较与启示》,《未来与发展》,2011 年第 2 期。

15.《当代中国改革需要解决的三大问题》,《未来与发展》,2011 年第 9 期。

16.《坚持中国特色社会主义文化发展道路,努力建设社会主义文化强国》,《甘肃理论学刊》,2011 年第 6 期。

17.《论改革的起因与动因》,《未来与发展》,2012 年第 1 期。

18.《重筑我们的信仰与道德—兼论社会主义核心价值体系与中国传统文化的对接路径》,《甘肃理论学刊》,2012 年第 1 期。

19.《论改革的成败原因》(上),《未来与发展》,2012 年第 3 期。

20.《论改革的成败原因》(下),《未来与发展》,2012 年第 4 期。

21.《表里兼治解决"四风"》,《甘肃日报》,2013 年 10 月 23 日理论版。

22.《发挥智库重要作用,凝聚全面改革共识》,《甘肃日报》,2013 年 11 月 30 日理论版。

23.《全面深化改革的几点思考》,《甘肃日报》,2014 年 4 月 4 日理论版。

24.《甘肃国企 35 年改革回顾与展望》,《甘肃日报》,2014 年 4 月 14 日理论版。

25.《对精准扶贫实施情况的阶段性评估及建议》,《甘肃日报》,2015 年 10 月 23 日理论版。

26.《在贯彻"五个坚持"中推动经济转型和体制转变》,《甘肃日报》,2015 年 12 月 7 日理论版。

27.《努力向现代特色高端智库转型》,《甘肃日报》,2016 年 1 月 15 日理论版。

28.《推进甘肃结构性改革的思考与对策》,《甘肃日报》,2016 年 1 月 22 日理论版。

29.《解开经济转型与体制转变相互制约的连环套》,《甘肃日报》,2016 年 3 月 28 日理论版。

30.《品鉴历史,传承文化》,《学习时报》,2016 年 5 月 23 日。

31.《用活"组合拳"打赢"决胜战"》,《甘肃日报》,2016 年 6 月

20 日理论版。

32.《习近平总书记重要讲话体现了党对哲学社会科学工作规律的新思想新认识》，甘肃日报，2016 年 12 月 30 日理论版。

33.《激活生产要素，突破制约瓶颈》，《甘肃日报》，2017 年 5 月 13 日理论版。

34.《围绕贯彻"八个着力"推动甘肃新发展》，《甘肃日报》，2017 年 6 月 13 日理论版。

35.《甘肃改革开放 40 年回顾与新时代改革》，《甘肃日报》，2018 年 3 月 2 日理论版。

36.《以发展着的马克思主义指引新时代的改革开放》，《甘肃日报》，2018 年 3 月 13 日理论版。

37.《激发甘肃经济内生动力　推动构建"五个制高点"》，《甘肃日报》，2019 年 2 月 1 日理论版。

38.《新时代中国文化软实力的价值传播》，中国社会科学报，2019 年 1 月 31 日头版头条。

39.《以哲学思维深刻理解和认识初心与使命》，《甘肃日报》，2019 年 7 月 16 日理论版。

40."多措并举进一步筑牢甘肃经济基础"，《甘肃日报》，2021 年 12 月 31 日理论版。

主要成果——著作类

1.《甘肃省"十二五"人力资源开发研究》，金城出版社，2011 年 1 月出版。

2. 主编《丝绸之路经济带研究》，甘肃人民出版社，2013 年 12 月出版。

3. 主编《甘肃文化发展分析与预测》（2014），社会科学文献出版社,2013 年 12 月出版。

4. 主编《甘肃住房和城乡建设发展分析与预测》(2015),甘肃人民出版社,2014 年 12 月出版。

5. 主编《甘肃酒泉经济社会发展报告》(2015),甘肃人民出版社,2014 年 12 月出版。

6. 主编《共圆中国梦　建设新甘肃》文化卷,甘肃文化出版社,2015 年 1 月出版。

7. 主编《甘肃住房和城乡建设发展分析与预测》(2016),甘肃人民出版社,2015 年 12 月出版。

8. 主编《甘肃酒泉经济社会发展报告》(2016),甘肃人民出版社,2015 年 12 月出版。

9. 主编《甘肃商贸流通发展报告》(2016),社科文献出版社,2015 年 12 月出版。

10. 主编《甘肃与丝绸之路经济带沿线国家关系:历史与现状》,金城出版社,2016 年 12 月出版。

11. 主编《甘肃住房和城乡建设发展分析与预测》(2017),甘肃人民出版社,2016 年 12 月出版。

12. 主编《甘肃酒泉经济社会发展报告》(2017),甘肃人民出版社,2016 年 12 月出版。

13. 主编《甘肃商贸流通发展报告》(2017),社科文献出版社,2016 年 12 月出版。

14. 主编《甘肃 50 大名胜古迹揽胜》,甘肃人民出版社,2017 年 1 月出版。

15. 主编《甘肃住房和城乡建设发展分析与预测》(2018),甘肃人民出版社,2017 年 12 月出版。

16. 主编《甘肃酒泉经济社会发展报告》(2018),甘肃人民出版社,2017 年 12 月出版。

17. 主编《甘肃商贸流通发展报告》(2018),社科文献出版社,2017 年 12 月出版。

18. 总主编《甘肃省文化资源名录》50 卷,中国书籍出版社,2017 年 10 月出版。

19. 主编《甘肃省文化建设成果报告》(2018),甘肃人民出版社,2018 年 9 月出版。

20. 主编《中国住房公积金制度的改革创新实践研究》,甘肃人民出版社,2018 年 11 月出版。

21. 主编《甘肃住房和城乡建设发展分析与预测》(2019),甘肃人民出版社,2018 年 12 月出版。

22. 主编《甘肃商贸流通发展报告》(2019),社科文献出版社,2018 年 12 月出版。

23. 主编《甘肃住房和城乡建设发展分析与预测》(2020),甘肃人民出版社,2019 年 12 月出版。

24. 主编《甘肃商贸流通发展报告》(2020),社科文献出版社,2019 年 12 月出版。

25. 主编《天河——藏水入甘考察报告(上册)》,中国书籍出版社,2020 年 5 月出版。

26. 主编《甘肃住房和城乡建设发展分析与预测》(2021),甘肃人民出版社,2020 年 12 月出版。

27. 主编《甘肃商贸流通发展报告》(2021),社科文献出版社,2020 年 12 月出版。

28. 主编《甘肃住房和城乡建设发展分析与预测》(2022),甘肃人民出版社,2021 年 12 月出版。

29. 主编《甘肃商贸流通发展报告》(2022),社科文献出版社,

2021 年 12 月出版。

30. 总主编《陇上学人文存》第三至第八辑 60 卷丛书,甘肃人民出版社,2014—2021 年出版。

主要成果——项目类

1.《"十一五"甘肃工业发展战略研究》,省软科学项目,2005 年。

2.《"十二五"人力资源开发研究》,省发改委"十二五"规划重大调研项目,省软科学项目,2010 年。

3.《文化强国战略研究》,省社科规划重点委托项目,2012 年。

4.《甘肃省十二五总体规划中期评估综合评估》,省发改委委托第三方评估项目,省软科学项目,2013 年。

5.《甘肃省"十三五"重大问题前期研究现代农业研究》,省发改委"十三五"规划重大调研项目,省软科学项目,2014 年。

6.《华夏文明传承创新区建设的战略布局》,中宣部马工程重大实践经验总结课题 "甘肃省以建设华夏文明传承创新区为重要平台助推丝绸之路经济带建设"第 4 子课题,省社科规划项目,2017 年。

7.《甘肃省"十三五"总体规划中期评估》,省发改委委托第三方评估项目,2018 年。

8.《统筹南水北调西线工程甘肃段与黑山峡水利工程建设规划方案比选研究》,省政府决策咨询委员会委托项目,2021 年。

《陇上学人文存》已出版书目

第一辑

《马　通卷》马亚萍编选　　　《支克坚卷》刘春生编选

《王沂暖卷》张广裕编选　　　《刘文英卷》孔　敏编选

《吴文翰卷》杨文德编选　　　《段文杰卷》杜琪　赵声良编选

《赵俪生卷》王玉祥编选　　　《赵遹夫卷》韩高年编选

《洪毅然卷》李　骅编选　　　《颜廷亮卷》巨　虹编选

第二辑

《史苇湘卷》马　德编选　　　《齐陈骏卷》买小英编选

《李秉德卷》李瑾瑜编选　　　《杨建新卷》杨文炯编选

《金宝祥卷》杨秀清编选　　　《郑　文卷》尹占华编选

《黄伯荣卷》马小萍编选　　　《郭晋稀卷》赵遹夫编选

《喻博文卷》颜华东编选　　　《穆纪光卷》孔　敏编选

第三辑

《刘让言卷》王尚寿编选　　　《刘家声卷》何　苑编选

《刘瑞明卷》马步升编选　　　《匡　扶卷》张　堡编选

《李鼎文卷》伏俊琏编选　　　《林径一卷》颜华东编选

《胡德海卷》张永祥编选　　　《彭　铎卷》韩高年编选

《樊锦诗卷》赵声良编选　　　《郝苏民卷》马东平编选

第四辑

《刘天怡卷》赵　伟编选　　《韩学本卷》孔　敏编选
《吴小美卷》魏韶华编选　　《初世宾卷》李勇锋编选
《张鸿勋卷》伏俊琏编选　　《陈　涌卷》郭国昌编选
《柯　杨卷》马步升编选　　《赵荫棠卷》周玉秀编选
《多识·洛桑图丹琼排卷》杨士宏编选
《才旦夏茸卷》杨士宏编选

第五辑

《丁汉儒卷》虎有泽编选　　《王步贵卷》孔　敏编选
《杨子明卷》史玉成编选　　《尤炳圻卷》李晓卫编选
《张文熊卷》李敬国编选　　《李　恭卷》莫　超编选
《郑汝中卷》马　德编选　　《陶景侃卷》颜华东　闫晓勇编选
《张学军卷》李朝东编选　　《刘光华卷》郝树声　侯宗辉编选

第六辑

《胡大浚卷》王志鹏编选　　《李国香卷》艾买提编选
《孙克恒卷》孙　强编选　　《范汉森卷》李君才　刘银军编选
《唐　祈卷》郭国昌编选　　《林家英卷》杨许波　庆振轩编选
《霍旭东卷》丁宏武编选　　《张孟伦卷》汪受宽　赵梅春编选
《李定仁卷》李瑾瑜编选　　《赛仓·罗桑华丹卷》丹　曲编选

第七辑

《常书鸿卷》杜　琪编选　　《李焰平卷》杨光祖编选
《华　侃卷》看本加编选　　《刘延寿卷》郝　军编选
《南国农卷》俞树煜编选　　《王尚寿卷》杨小兰编选
《叶　萌卷》李敬国编选　　《侯丕勋卷》黄正林　周　松编选
《周述实卷》常红军编选　　《毕可生卷》沈冯娟　易　林编选

第八辑

《李正宇卷》张先堂编选　　《武文军卷》韩晓东编选
《汪受宽卷》屈直敏编选　　《吴福熙卷》周玉秀编选
《寒长春卷》李天保编选　　《张崇琛卷》王俊莲编选
《林　立卷》曹陇华编选　　《刘　敏卷》焦若水编选
《白玉岱卷》王光辉编选　　《李清凌卷》何玉红编选

第九辑

《李　蔚卷》姚兆余编选　　《郗慧民卷》戚晓萍编选
《任先行卷》胡　凯编选　　《何士骥卷》刘再聪编选
《王希隆卷》杨代成编选　　《李并成卷》巨　虹编选
《范　鹏卷》成兆文编选　　《包国宪卷》何文盛　王学军编选
《郑炳林卷》赵青山编选　　《马　德卷》买小英编选

第十辑

《王福生卷》孔　敏编选　　《刘进军卷》孙文鹏编选
《辛安亭卷》卫春回编选　　《邵国秀卷》肖学智　岳庆艳编选
《李含琳卷》邓生菊编选　　《李仲立卷》董积生　刘治立编选
《李黑虎卷》郝希亮编选　　《郭厚安卷》田　澍编选
《高新才卷》何　苑编选　　《蔡文浩卷》王思文编选